“十四五”时期国家重点出版物出版专项规划项目

高速铁路基础研究与技术创新丛书

动车组系列

高速列车辅助供电系统

本丛书编委会　总主编
张立伟　姜东杰　徐海大　编　著
任　刚　主　审

中国铁道出版社有限公司

2024年·北　京

内 容 简 介

本书为“高速铁路基础研究与技术创新丛书”之分册。本书基于国家重点研发计划“先进轨道交通”重点专项中的“轨道交通新型供电制式车辆与车载储能技术”等课题成果，针对高速列车辅助供电系统，分析、论述了辅助变流器、DC/DC变换器、蓄电池组、蓄电池移车系统、碳化硅器件的工作原理、控制逻辑、数学模型和相关研究成果，兼顾整体关键控制技术和单体部件研究，展现了我国高速列车辅助供电系统技术的最新进展及应用成就。本书还论述了中低速磁悬浮列车和导轨式胶轮列车辅助供电系统的最新研究进展，指出辅助变流器、隔离型直流变换器、碳化硅器件三方面的未来研究方向。

本书适合高速列车相关科研和研发一线的研究人员、工程技术人员参考，也可供具有一定电气和车辆专业基础的高校本科生、研究生参考。

图书在版编目(CIP)数据

高速列车辅助供电系统 / 张立伟，姜东杰，徐海大编著. -- 北京 ：中国铁道出版社有限公司，2024. 12.
(高速铁路基础研究与技术创新丛书). -- ISBN 978-7-113-31574-0

Ⅰ. U238

中国国家版本馆 CIP 数据核字第 2024AQ3230 号

书　　名：**高速列车辅助供电系统**
作　　者：张立伟　姜东杰　徐海大

策　　划：李润华
责任编辑：李润华　　编辑部电话：(010)51873138　　电子邮箱：jiliang@tdpress.com
封面设计：刘　莎　　封面摄影：王明柱　　丛书标识设计：崔丽芳
责任校对：刘　畅
责任印制：高春晓

出版发行：中国铁道出版社有限公司(100054，北京市西城区右安门西街8号)
网　　址：https://www.tdpress.com
印　　刷：北京联兴盛业印刷股份有限公司
版　　次：2024年12月第1版　2024年12月第1次印刷
开　　本：787 mm×1 092 mm　1/16　**印张**：14　**字数**：281千
书　　号：ISBN 978-7-113-31574-0
定　　价：95.00元

高速铁路基础研究与技术创新丛书

编　辑　组

序

我国高速铁路起步晚、发展快、后劲足，经过几代人的不懈努力，通过原始创新、集成创新、引进消化吸收再创新，成功地走出了一条符合中国国情路情、具有中国特色的自主创新之路。我国已系统掌握各种复杂地质和气候条件下高速铁路建造成套技术；在工务工程、列车运行控制、牵引供电、动车组等高速铁路核心技术方面实现自主化；形成了复杂路网条件下处理跨线运行的运营管理成套技术，构建了人防、物防、技防三位一体的主动安全保障机制。我国已成为全球高速铁路运营里程最长、在建规模最大、运营速度最快、技术体系最全、运营和管理经验最丰富的国家。我国高速铁路技术已走在世界前列，成为推动世界高速铁路发展的重要力量。

为贯彻落实中共中央、国务院《交通强国建设纲要》，推进国铁集团《新时代交通强国铁路先行规划纲要》的落地，系统总结、梳理我国高速铁路各领域前沿理论和技术，向我国乃至世界高速铁路科研工作者和工程技术人员提供一套前沿性的参考书，中国国家铁路集团有限公司铁道出版社公司特组织编著出版"高速铁路基础研究与技术创新丛书"。

丛书以习近平新时代中国特色社会主义思想为指导，以国家自然科学基金课题、国家基金委-国铁集团高铁联合基金课题、国家"973"课题、国家重点研发计划课题等科研成果为支撑，从高速铁路前沿研究、补短板技术、核心技术、技术发展趋势等方向组织选题，涵盖动车组、供电、通信与信号、列控与检测、工程勘察与设计、智能建造、运营与管理、现代信息技术、安全和维护等领域，规模为100册，是全面系统论述我国高速铁路基础研究与技术创新成就的大型系列原创性科技著作。

丛书力求突出制高点、原创性、权威性、全覆盖特色。丛书各册内容以作者团队长期从事高速铁路科学研究的成果为依托，多数成果居于国内领先水平甚至世界先进水平，多种成果荣获国家科学技术奖一等奖、二等奖，国家技术发明奖一等奖、二等奖，茅以升科学技术奖，詹天佑铁道科学技术奖，铁道科技进步奖等奖项，丛书内容体现了我国当今最新、最前沿以及展现未来发展趋势的高速铁路相关研究成果和应用技术。丛书包括动车组、供电、工程施工与组织等十个系列，基本实现高速铁路各领域全覆盖。

丛书由编委会总负责。编委会阵容强大，认真负责。编委会各成员都是长期从事我国高速铁路科研、技术、生产和管理的一流专家学者，是所从事领域的翘楚，其中包括高速铁路及其相关领域的四位院士。编委会多次开会商讨丛书的体系、内容特色、作者条件及质量保障机制；分工负责，精心审订和修改各册编写提纲；多次遴选选题，先从150多个选题意向中遴选出100个选题，后又剔除了内容特色不太鲜明的8个选题，还对10多个选题提出了较大的改进意见，补充了8个关键技术和弥补技术空白的选题；最后邀请专人对各册内容进行审定，从而保证了各册内容的正确性和先进性。

2021年年底，国家新闻出版署经过严格评审，"高速铁路基础研究与技术创新丛书"(100册)成功入选"'十四五'时期国家重点出版物出版专项规划——重大出版工程"。这是对本丛书项目的认可，也是对编委会、作者和编辑等人员前期工作的认可，更是一种鞭策。我们相信，本丛书的出版，将助力于《交通强国建设纲要》的贯彻落实，推动我国乃至世界高速铁路事业的发展，也将为铁路领域的科研工作者、工程技术人员、管理人员，以及高校相关专业师生提供一套高水平、原创性、权威性、全覆盖的大型高铁科技精品著作。

中国工程院院士
"高速铁路基础研究与技术创新丛书"编委会主任 卢春房

2022年2月

前　言

本书为“高速铁路基础研究与技术创新丛书”之分册，按丛书要求，力图体现高速列车辅助供电系统技术的前沿性、原创性特色。

进入21世纪，特别是近十年，我国铁路技术快速发展，高铁运营里程快速增长。我国在2008年拥有了第一条时速超过300 km的高速铁路——京津城际高速铁路，于2017年建成“四纵四横”高铁网。我国路网布局和结构功能不断优化，高速铁路的安全可靠性和运输效率均为世界领先。2017年9月21日，复兴号动车组在京沪高铁上率先实现350 km时速运营，我国成为世界上高铁商业运营速度最高的国家，开创了中国铁路装备自主化研究的崭新时代，也奠定了中国在全球高铁发展上不可替代的地位。

高速列车是高速铁路技术体系的核心，是国家相关技术发展水平、相关制造能力、自主创新能力以及国家核心竞争力的综合体现。继续提高列车速度和实现高速列车谱系化、智能化是世界高速铁路技术的发展方向，也是我国高速铁路装备的研究方向。辅助供电系统是高速列车的重要组成部分，其主要功能是为高速列车除牵引系统之外的所有设备提供稳定、高效的电能，进而保证高速列车长时间的安全、稳定运行。辅助供电系统的技术水平在一定程度上决定了高速列车技术的发展水平。对高速列车辅助供电系统进行研究，既需要根据系统组成结构从拓扑模型、工作原理等方面对辅助供电系统的各单体模块进行研究，也需要对辅助供电系统相关控制技术进行研究。这样，有利于对高速列车辅助供电系统性能进行持续研究，提高后续现场应用及维保方面的工作效率，同时为新型辅助供电系统的研发提供参考。

本书主要基于国家重点研发计划“先进轨道交通”重点专项中的“轨道交通新型供电制式车辆与车载储能技术”等课题成果，主要章节以复兴号动车组为研究对象，部分章节以城市轨道交通中低速磁悬浮列车和导轨式胶轮列车为研究对象。在深入分析其辅助供电系统整体供电结构和控制逻辑的基础上，从拓扑结构、工作原理、数学模型等方面对辅助变流器、直流变换器、蓄电池、碳化硅器件等单体部件进行研究，同时，根据辅助供电系统实际工作情况对整体的关键控制技术和工作逻辑进行研究。

本书归纳总结了高速列车辅助供电系统的发展历程及前沿领域成果，详细论述了高速列车辅助供电系统的理论基础与研究方法，进行了国内外前沿性的实证研究和应用分析，指出了辅助变流器、隔离型直流变换器、碳化硅器件三方面的未来研究方向。本书在一定程度上弥补了国内轨道交通领域研究高速列车辅助供电系统的空白，具有一定的学术价值和社会意义。

本书由北京交通大学教授张立伟、中车唐山机车车辆有限公司正高级工程师姜东杰、中车浦镇阿尔斯通运输系统有限公司总工程师徐海大共同编著，由中车唐山机车车辆有限公司总工程师任刚主审。

由于编著者水平有限，书中难免有不妥、疏漏之处，欢迎广大读者批评指正，以便今后进一步修改和完善。

编著者

2024 年 10 月

目　　录

第1章 绪　　论

1964 年，日本建成了世界第一条高速铁路——日本东海道新干线，标志着世界高速铁路发展的正式开始。法国东南线高速铁路(TGV)于 1981 年正式运行，之后始终处于世界铁路发展及运输的前沿。相比于法国 TGV 高速列车，德国 ICE 高速列车起步与发展较晚，其内部制造原理与法国 TGV 高速列车相似，并于 1988 年创下 409 km 的最高时速。随后 1992 年至 2004 年，西班牙、比利时、荷兰与韩国也逐渐对高速铁路系统进行了研究规划和生产开发。我国在 2008 年拥有了第一条时速超 300 km 的高速铁路——京津城际高速铁路，并于 2017 年建成“四纵四横”高铁网。进入 21 世纪后，全球各国和地区都在对高速铁路网进行改造和建设，研制高性能、高速度、高质量的国家铁路干线，全球高速铁路进入快速发展阶段。2017 年 9 月 21 日，我国自主研发的中国标准动车组“复兴号”在京沪高铁率先实现 350 km 时速运营，开创了中国铁路装备自主化研究的崭新时代。

高速铁路技术由很多独立、复杂的各类技术组成，而高速列车是高速铁路技术集成和创新的重要代表。高速列车是由许多部件组成的庞大系统集成体，其中，辅助供电系统作为高速列车的重要组成部分，其技术先进程度直接或间接决定了高速列车技术水平的高低。辅助供电系统的作用主要是将牵引网输入的电能转换为车上负载工作所需要的交流电和直流电。高速列车从牵引网获得电能，并通过辅助供电系统为列车上的直流负载与交流负载供电，其主要负载包括空调机组、空气压缩机、冷却风机、辅助加热装置、控制系统、蓄电池、车载信号等。辅助供电系统的性能与列车的行车安全和乘客的舒适性息息相关，因此辅助供电系统对列车的正常运行起到至关重要的作用。

1.1　国外辅助供电系统技术

目前国外动车组主要以欧系与日系两大类为代表。由于各国技术存在差异，各国高速列车辅助供电系统在供电制式、供电电压等级和拓扑型式等方面都存在一定的不同。法国 TGV、德国 ICE 和日本新干线高速列车辅助供电系统均有各自的优势和特点，下面以这三种具有代表性的高速列车辅助供电系统为例进行分析。

1.1.1 法国 TGV 高速列车辅助供电系统

法国 TGV 高速列车的发展先后经历了第一代 TGV-PSE，第二代 TGV-A、TGV-R、TGV-TMST 等，第三代 TGV Duplex、TGV Dasye、TGV 2N2 等，第四代 AGV。第一、二、三代高速列车采用动力集中方式，第四代 AGV 高速列车采用动力分散方式。法国 TGV 高速列车如图 1-1 所示。

(a) TGV-PSE

(b) TGV-A

(c) TGV-TMST

图 1-1

(d)AGV

图 1-1　法国 TGV 高速列车

TGV 高速列车的辅助供电系统采取多种不同的电压制式母线进行供电，从主牵引变流器辅助绕组侧取电后，采用“交—直—交”型拓扑结构。这种结构可提高系统的可靠性，降低辅助供电系统中变流器的耐压程度，这样在开关器件的选择上就更为便利，可以选择耐压较低、价格较低的器件，降低系统的成本。

TGV 高速列车从主牵引变流器辅助侧取电，主要有 1 500 V 交直流、3AC 380 V、DC 72 V、DC 500 V 等多种不同供电电压等级。其中 1 500 V 交直流主要为列车主采暖供电；3AC 380 V 主要为采用变频调速系统（VVVF）控制的空调、通风机等三相负载供电；DC 72 V 不间断为照明及控制系统等高用电等级负载供电。

1.1.2　德国 ICE 高速列车辅助供电系统

德国 ICE 高速列车主要有 ICE1、ICE2、ICE3、ICE4 等型号，经历了从动力集中向动力分散发展的过程。其中 ICE1 采用动力集中方式，最高运营速度 280 km/h；ICE3 为最典型车型，采用动力分散方式，最高运营速度提高到 320 km/h；最新研制并已投入运营的动力分散动车组为 ICE4，典型配置采用 6 动 6 拖，最高运营速度 250 km/h。德国 ICE 高速列车如图 1-2 所示。

(a)ICE1

图　1-2

(b)ICE2

(c)ICE3

(d)ICE4

图 1-2　德国 ICE 高速列车

早期的 ICE1 高速列车辅助变流装置采用两条高压交流母线布置在整车中，每台拖车上必须设置低频大功率的交流变换器进行 AC/AC 变换，拉出两个抽头，一个抽头提供 460 V 交流电，为风机、取暖等较大功率的负载供电，另一个抽头经过 AC/DC 变换，为充电机充电。由于 ICE1 高速列车的拖车上采用重量和体积较大的低频大功率 AC/AC 变换装置，因此不便于列车的整体设计与安装。

针对此问题,ICE2高速列车取消安装ICE1高速列车中原有的低频大功率变压器,利用拖车上的AC/DC变换装置,将交流母线作为辅助供电系统的供电母线。ICE2高速列车在设计时考虑到低频大功率的变压器体积大,故在每台拖车上配备了AC/DC变换器,采用直流母线给系统供电,根据不同的电压制式,分成各路输出再进行变换,这样的设计大大减轻了辅助供电系统的重量和体积,顺应了高速列车辅助供电系统轻量化的趋势。

ICE1和ICE2是动力集中高速列车,第三代ICE3是动力分散高速列车,但其辅助供电模式均采用直流供电。ICE3高速列车在每个拖车上都设置了两个250 kV·A的整流器,经过变换之后以DC 670 V的母线向整车送电,之后再根据不同的负载送电要求,进行逆变或是降压处理。高压直流供电母线根据三相交流负载工作需求分散变流后,供给相应三相交流电压。充电机将DC 670 V转换为DC 110 V送至低压直流母线,为照明、控制等直流负载提供电能。

1.1.3 日本新干线高速列车辅助供电系统

日本新干线高速列车主要采用动力分散方式,主要包括两大系列:第一种是以百位数字表示的高速列车,从0系开始,发展出100系、200系、300系、400系、500系、700系、800系及N700系等型号;第二种是E系高速列车,有E1、E2、E3、E4、E5、E6、E7/W7等型号。日本目前运行的各系动车组最高运营速度从210 km/h到320 km/h不等。其研制的新一代动车组为N700S型动车组,最高运营速度300 km/h,专注于轻量化、节能、提升舒适性,采用了基于碳化硅功率器件的牵引系统。E2-1000型动车组如图1-3所示。

图1-3 E2-1000型动车组

以E2-1000型动车组为例,其辅助供电系统由牵引变压器辅助绕组、辅助电源装置、辅助变流器、蓄电池组及用电设备等部分组成。辅助电源装置组成器件采用高耐压、小体积器件,实现部件轻量化。E2-1000型动车组依据其负载设计,不同的负载对应专门的变流器进行控制,因此其交流供电制式繁多、复杂。

日本新干线高速列车通常用动车的牵引变压器二次侧辅助供电绕组供电，一共有两种单相交流电，以动车和拖车为供电单元。小容量的用电设备和控制设备由单相 AC 100 V 供电，大容量的用电设备例如空调、暖气设备由单相 AC 440 V 供电，高用电的负载例如控制和照明等由 DC 100 V 供电。其中，空调采用了专门的变流器并进行 VVVF 供电。可以看出新干线高速列车的辅助供电系统是针对负载来设计的，对应不同的负载都有相应的变流器控制。

1.2 国内辅助供电系统技术

1.2.1 CRH 系列动车组辅助供电系统

从 2004 年开始，我国与日本川崎重工、德国西门子、法国阿尔斯通、加拿大庞巴迪等公司合作，引进国外先进技术，开展联合设计生产。我国通过技术引进、消化吸收再创新形成了和谐号 CRH 系列动车组，主要包括 CRH1、CRH2、CRH3、CRH5 四个系列。CRH 系列动车组如图 1-4 所示。

(a)CRH1 型动车组

(b)CRH2 型动车组

图 1-4

(c)CRH3 型动车组

(d)CRH5 型动车组

图 1-4　CRH 系列动车组

1. CRH1 型动车组

CRH1 型动车组辅助供电系统向列车上的负载提供电源采用“直—交”型方式，主变流器直流电压输入到辅助变流器，输出的电压分为两路，分别是 3AC 400 V 三相交流电和 DC 110 V 直流电。CRH1 型动车组辅助供电系统电路拓扑如图 1-5 所示，列车的牵引变压器将接触网 25 kV 的交流电降压转换，通过网侧变流器进行整流，得到电压值为 1 650 V 的直流电，再通过辅助逆变器单元逆变，输出需要的三相交流电。三相交流电经过滤波器将大量谐波去除，经隔离变压器和接触器到达交流母线，给列车提供 3AC 400 V/50 Hz 三相交流电。直流母线和蓄电池需要的直流电，由交流母线的三相交流电通过蓄电池充电机，整流成 DC 110 V 直流电。

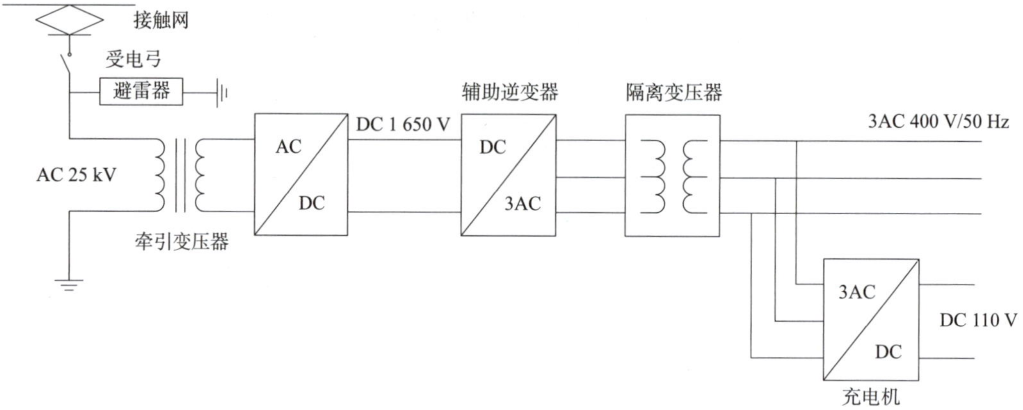

图 1-5　CRH1 型动车组辅助供电系统电路拓扑

2. CRH2 型动车组

CRH2 型动车组辅助供电系统电路拓扑如图 1-6 所示。其输出供电电压制式较多，牵引变压器原边的 AC 27.5 kV/50 Hz 交流电经过辅助绕组降压得到 AC 400 V/50 Hz 交流电，再经过辅助整流器得到 DC 850 V 直流电，稳压逆变之后得到三相 3AC 400 V/50 Hz 交流电。因为 CRH2 型动车组交流负载需要的电压较低，所以 3AC 400 V/50 Hz 输出不直接给负载供电，取其中两相得到两路单相交流电，主要供给列车中交流设备，从图 1-6 可以看出这两路电是在不同位置取电；此外还给充电机提供电能，整流为 DC 110 V 直流电。

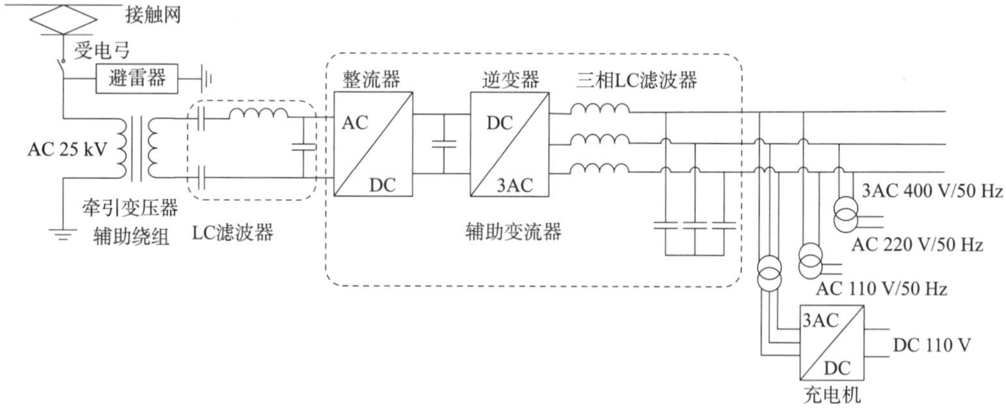

图 1-6　CRH2 型动车组辅助供电系统电路拓扑

3. CRH3 型动车组

与 CRH2 型动车组不同，CRH3 型动车组辅助供电系统是从主牵引系统的中间直流环节获取 DC 3 000 V 直流电压，其辅助供电系统电路拓扑如图 1-7 所示。辅助变流器将直流电逆变、降压后输出 3AC 400 V/50 Hz，直接供给交流母线，为空调、压缩机等大功率交流负载提供电能。工频降压器同时将交流母线电压降压至 3AC 230 V/50 Hz，为厨房用电设备提供电能。充电机从交流母线取电整流变换为 DC 110 V 供给直流母线，为蓄电池等直流负载提供电能。单相逆变器将直流电逆变为 AC 220 V/50 Hz，保证列车内照明等旅客用电。

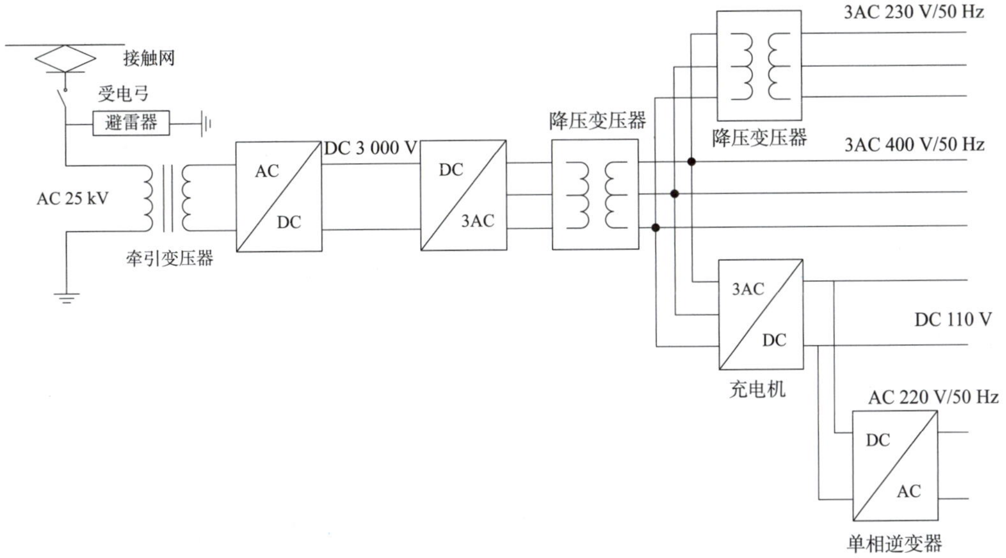

图 1-7 CRH3 型动车组辅助供电系统电路拓扑

4. CRH5 型动车组

CRH5 型动车组辅助供电系统电路拓扑如图 1-8 所示。辅助供电系统从主电路直流环节取 DC 3 600 V 直流电，经过斩波降压、逆变处理后得到 3AC 400 V/50 Hz 三相交流电，该三相交流电经过降压和蓄电池充电机整流后，得到 DC 24 V 直流电为车载蓄电池充电，一些直流低压负载在没有接入外电源时也可直接使用蓄电池充电机所输出的 24 V 直流电，3AC 400 V/50 Hz 三相交流电还给大功率交流设备提供电能。

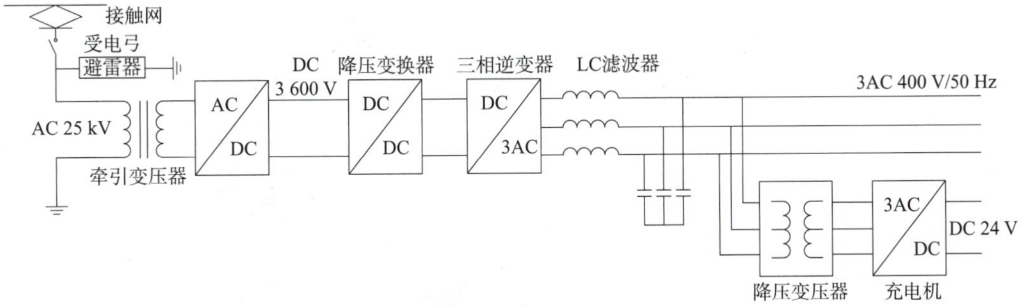

图 1-8 CRH5 型动车组辅助供电系统电路拓扑

CRH2 型动车组辅助供电系统拓扑为“交—直—交”型结构，CRH3 型和 CRH5 型动车组辅助供电系统拓扑均为“直—交”型结构。CRH2 型动车组供电制式较为复杂，能够针对不同负载实现按需供电，提高了工作系统的效率，但也存在着系统维护保养较为困难的情况。CRH5 型动车组则采用简单的单一供电制式，全车负载统一供电，极大简化了系统配电线路，但在一定程度上降低了系统的工作效率。

1.2.2 中国标准动车组辅助供电系统

为解决我国动车组技术引进后带来的自主化、简统化及运用适应性问题，按照国家创新驱动发展战略，2013 年起，我国开始研制 CR400 和 CR300 中国标准动车组（复兴号），8 辆编组相同速度等级的复兴号动车组可互联互通、实现重联运营。2017 年以后，为满足我国智能高铁发展需求，研制了京张智能动车组和京雄智能动车组。复兴号动车组是在充分吸收我国多年来动车组运用检修经验基础上，全面提高自主化水平研制的具有完全自主知识产权的标准化、系列化、简统化动车组，达到国际领先水平。中国标准动车组如图 1-9 所示。

(a)CR400BF 型动车组

(b)CR300AF 型动车组

图 1-9　中国标准动车组

1. CR400BF型动车组

CR400BF型动车组是运营时速为350 km的复兴号动车组。CR400BF型动车组采用标准制式的3AC 380 V/50 Hz辅助供电系统，为先逆变后降压式的“直—交”型结构，具有自动平衡负载和冗余供电功能。CR400BF型动车组辅助供电系统电路拓扑如图1-10所示。辅助变流器从中间环节获取DC 3 000 V直流电，依次经过逆变、降压、滤波处理后得到3AC 380 V/50 Hz三相交流电，输出到交流母线。而直流母线从交流母线取电，再通过充电机整流后得到DC 110 V直流电。CR400BF型动车组辅助供电系统采用3种供电制式：空调采暖、压缩机等较大功率的辅助设备由交流母线3AC 380 V/50 Hz供电；蓄电池等直流负载由直流母线DC 110 V供电；列车插座等设备由单相逆变器输出的AC 220 V/50 Hz供电。

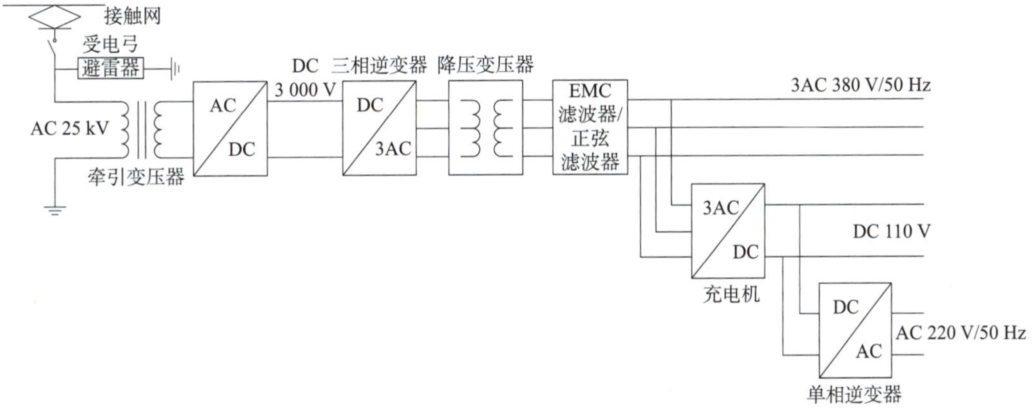

图1-10　CR400BF型动车组辅助供电系统电路拓扑

2. CR300AF型动车组

CR300AF型动车组是运营时速为250 km的复兴号动车组。CR300AF型动车组辅助供电系统电路拓扑如图1-11所示。辅助供电系统从接触网获得AC 25 kV单相交流电，经过牵引变压器和整流电路，得到DC 1 850 V直流电，再经过辅助变流器得到3AC 380 V/50 Hz三相交流电，为列车中的三相负载供电。同时，辅助供电系统中的充电机将3AC 380 V/50 Hz三相交流电整流为DC 110 V直流电，为蓄电池组、直流负载以及单相逆变器供电；单相逆变器将DC 110 V直流电逆变为AC 220 V/50 Hz交流电，为列车插座等设备供电。

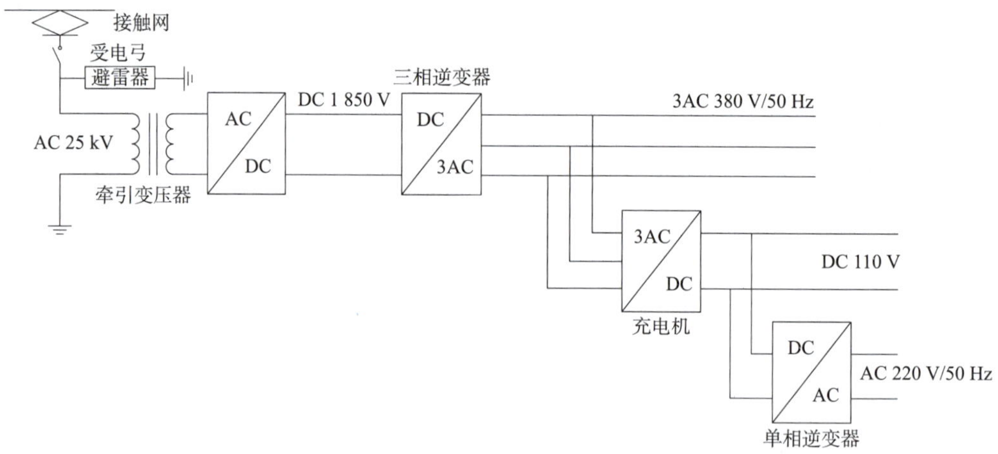

图 1-11　CR300AF 型动车组辅助供电系统电路拓扑

1.3　中国标准动车组辅助供电系统基本原理

本节以 CR400BF 型、CR300AF 型动车组为例，阐述中国标准动车组辅助供电系统的基本原理。

1.3.1　CR400BF 型动车组辅助供电系统基本原理

1. 辅助供电系统整体结构

CR400BF 型动车组辅助供电系统由牵引变压器、辅助变流器、充电机、蓄电池组及各种负载组成。

动车组共配置两台牵引变压器，分别位于 TP03 和 TP06 车。牵引变压器用于将接触网上获得的 AC 25 kV 高压电变换为单相交流电，再通过整流电路得到 DC 3 000 V 直流电为辅助变流器供电。除此之外，TP03 和 TP06 车还配备有外接电源箱。当动车组处于库内检修模式时，列车的所有受电弓不再抬起，列车所需的 3AC 380 V/50 Hz 三相交流电由外接电源箱提供。

动车组共配置四台辅助变流器，分别位于 M02、MH04、MB05 和 M07 车，为列车上的 3AC 380 V/50 Hz 交流母线供电。同时，MB05 车上还配备了降压变压器，将 3AC 380 V/50 Hz 交流母线提供的三相交流电降压为 3AC 220 V/50 Hz 三相交流电，为厨房的伴热系统、冷却柜等三相负载供电。

动车组共配置两台充电机，分别位于 TC01 和 TC08 车，为列车上 DC 110 V 直流母线供电。CR400BF 型动车组共有 BN1、BN2、BD 三条 DC 110 V 直流母线。同时，两组蓄电池组分别吊挂于 TC01 和 TC08 车底架上，每个蓄电池组由四组容量为 120 A·h 的蓄电池构成。同时，每节车厢均配置一台单相逆变器，从 BN2 号 DC 110 V 直流母线取电，输出 AC 220 V/50 Hz 单相交流电，为列车插座供电。CR400BF 型动车组辅助供电系统结构如图 1-12 所示。

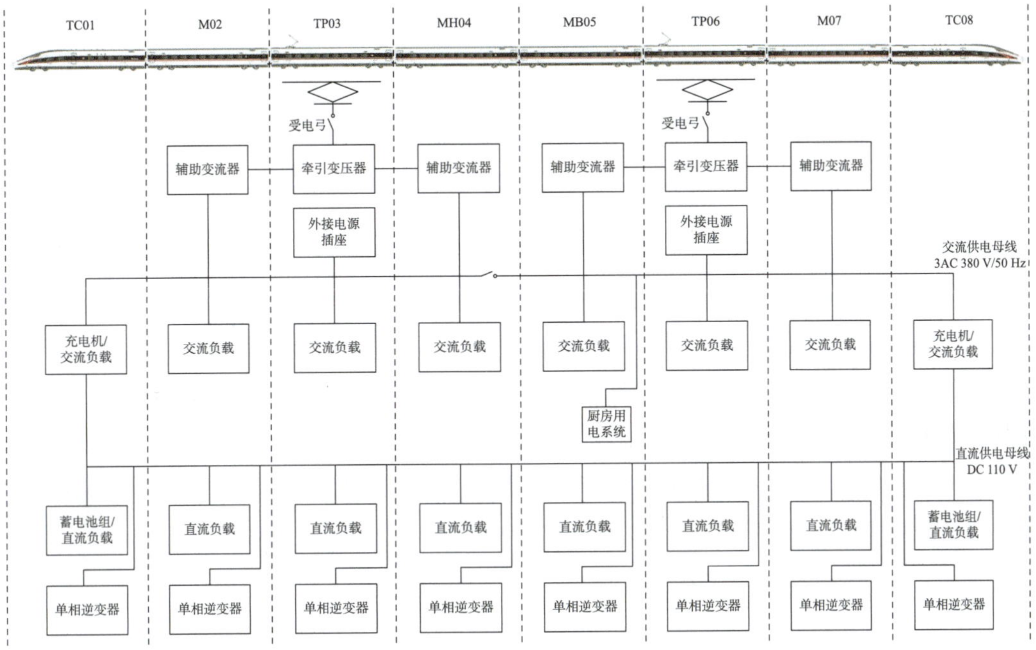

图 1-12　CR400BF 型动车组辅助供电系统结构

动车组负载种类繁多，了解负载种类及功率分布对于辅助供电系统负载的配置设计十分重要。按照供电方式，可分为交流母线供电的三相负载和直流母线供电的直流负载两大类。CR400BF 型动车组辅助供电系统主要交流负载、直流负载的容量见表 1-1 和表 1-2，每种系统中包含若干个不同种类的负载，其中交流负载又分为夏季运行与冬季运行两种不同条件。

表 1-1　CR400BF 型动车组辅助供电系统主要交流负载容量

交流负载	夏季功率/kW	冬季功率/kW
空调系统	119.4	172.4
牵引系统	122.6	108.7
制动系统	9.5	9.5
水系统	13	46.6
厨房系统	3.4	3.4
辅助系统	96.7	139.1

表 1-2 CR400BF 型动车组辅助供电系统主要直流负载容量

直流负载	功率/kW
网络系统	4.60
制动系统	0.86
辅助系统	9.84
照明系统	7.93
通风系统	15.09
厨房系统	0.11

2. 辅助供电系统工作逻辑

辅助供电系统的工作逻辑决定系统的控制策略。CR400BF 型动车组辅助供电系统采用母线并网的供电方式，为前后对称结构，正常情况下系统工作控制逻辑如图 1-13 所示。首先，主断路器闭合，连通 DC 3 000 V 直流电，然后启动一台辅助变流器；其次，其他辅助变流器并联工作，交流母线输出 3AC 380 V/50 Hz 交流电。这种启动方法也称为固定先导变流器启动策略。充电机从辅助变流器获得稳定的三相交流电后输出 DC 110 V，为蓄电池组和直流负载供电。当充电机为蓄电池充电时，充电机的输出电压及电流需根据蓄电池组的充电状态而改变，从而实现了系统的整体稳定运行。

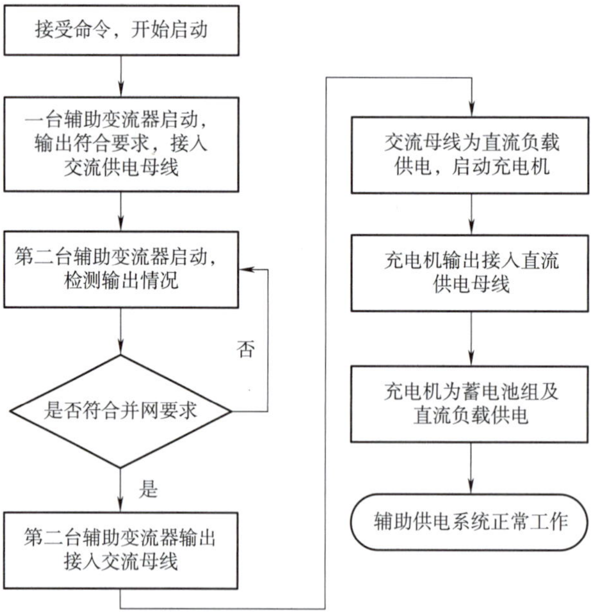

图 1-13 CR400BF 型动车组辅助供电系统工作控制逻辑

为了应对列车运行途中的突发状况，系统必须设计一定的冗余。TC01 车至 MH04 车与 MB05 车至 TC08 车这两段供电母线之间通过隔离接触器连接，隔离接触器受网络控制，当发生故障时可以按照故障情况维持列车辅助设备用电。辅助变流器发生故障时辅助供电系统输出功率必然减少，此时一部分非重要负载需要被切除以保证重要负载的正常工作。而衡量负载重要程度的两个基本准则是：保障列车安全稳定运行的负载优先于保障旅客舒适度的负载；保障司机室的负载优先于保障客室的负载。CR400BF 型动车组共设有四台额定功率为 200 kV·A 的辅助变流器，当一台辅助变流器发生故障时，对列车用电设备基本无影响，此时只需要切除故障设备即可；当两台辅助变流器出现故障时，非重要负载会半载运行以保证列车的正常工作；当三台辅助变流器出现故障时，则需要加大负载的切除数量。

1.3.2 CR300AF 型动车组辅助供电系统基本原理

1. 辅助供电系统整体结构

CR300AF 型动车组辅助供电系统由牵引变压器、辅助变流器、充电机、蓄电池组及各种负载组成。

动车组的 2 台牵引变压器分别位于 TP03 和 TP06 车。其中，位于 TP03 车的牵引变压器主要为位于 M02 和 MH04 车的辅助变流器供电，位于 TP06 车的牵引变压器主要为位于 MB05 和 M07 车的辅助变流器供电。牵引变压器用于将接触网上获得的 AC 25 kV 高压电变换为单相交流电，再通过整流电路得到 DC 1 850 V 直流电为辅助变流器供电。

动车组共配置 4 台辅助变流器，分别位于 M02、MH04、MB05 和 M07 车，为列车上的 3AC 380 V/50 Hz 交流母线供电。每台辅助变流器的输出功率为 200 kV·A。

动车组共配备 3 台充电机，分别位于 TC01、M07 和 TC08 车，为列车上的 DC 110 V 直流母线供电。每节拥有充电机的车厢中各配备有蓄电池组，每个蓄电池组由 5 组额定容量为 180 A·h 的碱性蓄电池组成。其中，TC01 和 TC08 车包含两台充电机以及两组蓄电池组，每台充电机输出功率为 30 kW；M07 车包含一台充电机以及一组蓄电池组，每台充电机输出功率为 28 kW。每节车厢中均配备一台单相逆变器，从 DC 110 V 直流母线取电，输出 AC 220 V/50 Hz 单相交流电，为列车插座供电。CR300AF 型动车组辅助供电系统结构如图 1-14 所示。

CR300AF 型动车组的负载种类繁多，按照负载类型，可分为三相交流负载和直流负载两种。三相交流负载主要包括每节车厢都配备的空调系统以及 MB05 车特有的厨房设备。其中，厨房设备的供电系统从 3AC 380 V/50 Hz 交流母线取电后，通过降压变压器得到厨房设备所需的 3AC 220 V/50 Hz 三相交流电。与此同时，除 MB05 车以外，每节车厢均配备电伴热系统，该系统从 3AC 380 V/50 Hz 交流母线获取单相交流电，再通过单相变压器得到伴热系统所需的 AC 220 V/50 Hz 单相交流电。

CR300AF 型动车组共有 102、103 和 115 三条直流母线。其中，102 母线直接与蓄电池组相连，103 和 115 母线与蓄电池组之间通过断路器控制连接。每节车厢均配备配电柜照明系统，部分车厢配备辅助空压机，由 102 母线供电；每节车厢配备的烟火报警系统、视频监

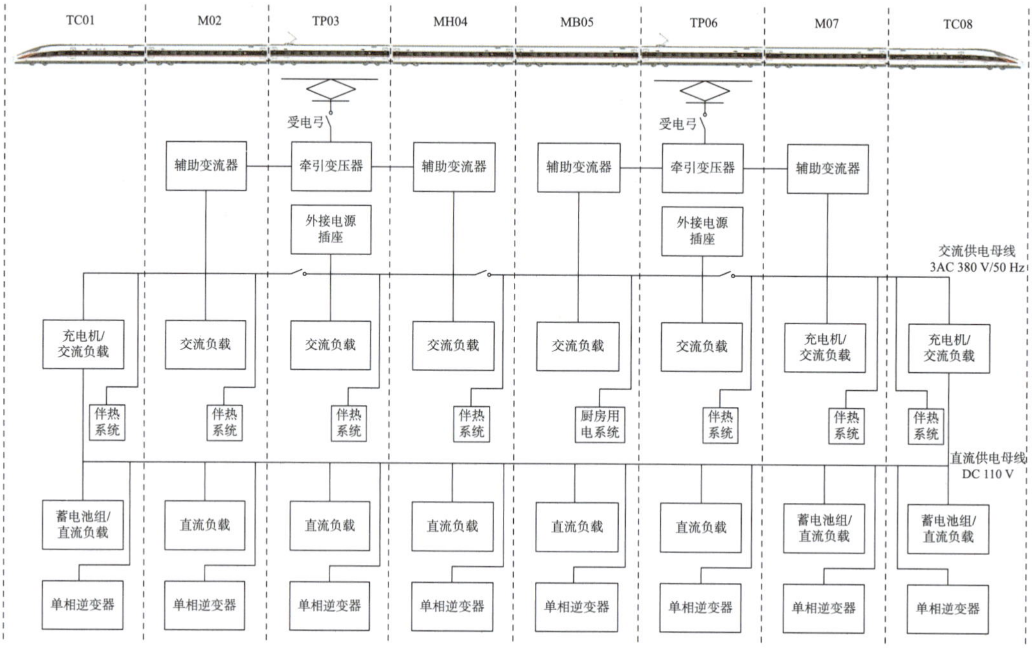

图 1-14　CR300AF 型动车组辅助供电系统结构

控系统、厕所及禁烟显示器等直流负载由 103 母线供电；无线上网系统、照明系统、座位信息显示系统以及单相逆变器由 115 母线供电。

2. 辅助供电系统工作逻辑

辅助供电系统的工作逻辑决定系统的控制策略。CR300AF 型动车组辅助供电系统采用母线并网的供电方式，为前后对称结构。其中，四台辅助变流器统一为 3AC 380 V/50 Hz 三相交流母线供电，三台充电机统一为 DC 110 V 直流母线供电。

列车在 TP03、MH04 和 TP06 三节车上装备有三相隔离接触器，将列车的三相交流电路划分为四个区域，其中每个区域由一台辅助变流器为两节车厢的三相负载供电。当车辆断电时，隔离接触器断开；当车辆启动上电，四台辅助变流器输出三相交流电相序一致后，三相隔离接触器闭合。当列车正常运行时，三相隔离接触器处于闭合状态；当列车某一部分三相电路发生故障时，可通过断开三相隔离接触器来切除故障单元。在列车运行的过程中，当接触器断开以后无法进行恢复操作，避免切除前后相位不同造成短路。

当辅助变流器稳定输出三相交流电，三相隔离接触器闭合之后，充电机启动，为直流负载供电。当充电机正常工作时，充电机通过 102 母线为蓄电池组充电，通过 103 和 115 母线为列车直流负载供电。102 母线从蓄电池直接得电，蓄电池断电后，102 母线负载设备仍可工作。当蓄电池投入后，103 母线得电；当充电机正常工作情况下，103 母线从充电机得电；当充电机停止工作后，103 母线从蓄电池组得电，延时 30 s 断电。当充电机正常输出时，105 母线得电；当充电机停止供电后，115 母线延时 2 min 断电；当 103 母线断电后，115 母线立刻断电。

此外，当列车处于库内检修模式时，列车的所有受电弓不再抬起，列车所需的 3AC 380 V/50 Hz 三相交流电由装配在 TP03 和 TP06 车上的外接电源插座提供。此时，只允许一台空调启动，列车所有伴热装置工作（仅冬季），列车所有空压机根据车辆总风压力值按需工作，列车牵引系统固定负载手动切除，列车充电机启动，为蓄电池充电，102 母线得电，103 母线可得电，厨房设备切除，开水炉手动切除。

第 2 章　辅助变流器的建模与控制

辅助变流器是动车组的重要部件，为整车的交流负载供电。其中，牵引系统冷却风机、空调、空气压缩机等是十分重要的负载代表，或与动车组的安全性相关，或与乘客舒适度密切相连，因此辅助变流器的供电可靠性十分重要。辅助变流器的相关研究主要包括调制策略研究和控制策略研究。

2.1　动车组辅助变流器结构分析

2.1.1　CRH 系列动车组辅助变流器结构简述

目前 CRH 系列动车组使用的辅助供电系统主要是两种结构，分别是“交—直—交”型和“直—交”型，而我国动车组辅助供电系统多数采用“直—交”型结构。辅助变流器是辅助供电系统的核心部件，系统从哪取电、取的是何种电决定了辅助变流器的结构，因此，动车组辅助变流器拓扑结构根据不同运行要求分为“逆变—降压”和“降压—逆变”两种形式。

1. “逆变—降压”型辅助变流器

“逆变—降压”型辅助变流器拓扑如图 2-1 所示。先逆变后经过△-Y 型变压器降压，特点是开关器件少、控制简单，但输出电压受输入电压影响大。当输入电压过大时，每个开关器件承受电压过大，因此对开关器件的耐压性要求高，增加了器件的采购成本。

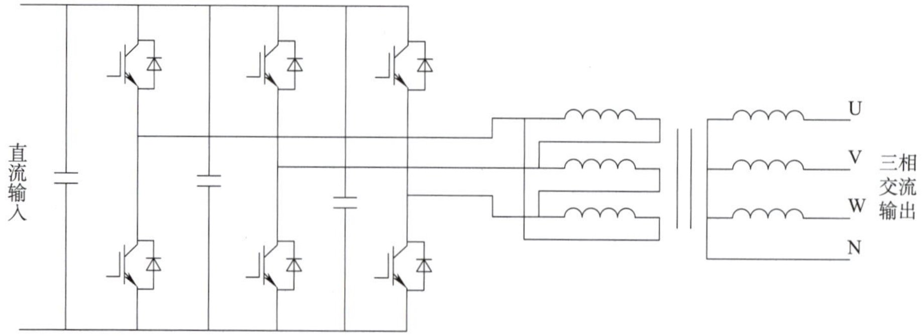

图 2-1　“逆变—降压”型辅助变流器拓扑

2. “降压—逆变”型辅助变流器

“降压—逆变”型辅助变流器(无隔离)拓扑如图 2-2 所示。输入侧加入降压斩波器,保证稳定输入,输入对输出影响小,输入电压较低,结构简单,开关器件选型容易,器件成本低。整个变流器只用到一个大功率开关器件,降压斩波器中的 IGBT 需选用高压功率管,其他 IGBT 选用低压功率管即可,减少成本;但其没有电气隔离装置,这种拓扑结构对于大功率系统是不安全的。

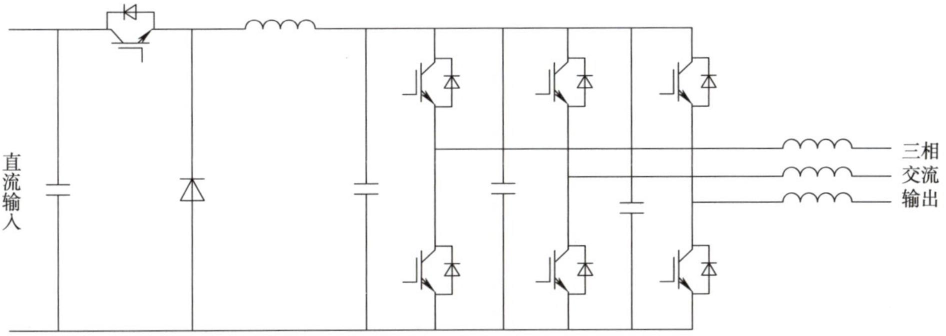

图 2-2 “降压—逆变”型辅助变流器(无隔离)拓扑

“降压—逆变”型辅助变流器(有隔离)拓扑如图 2-3 所示。输入侧使用串联型半桥式逆变,经过变压器降压,再整流得到稳定的直流输出,再经过逆变电路得到三相交流电。这种方式经过两次功率变换,用到器件较多,电路结构较复杂,虽然技术指标和经济指标都较高,但在实际应用中大容量直流电源采用不多,多集中在中小型容量。

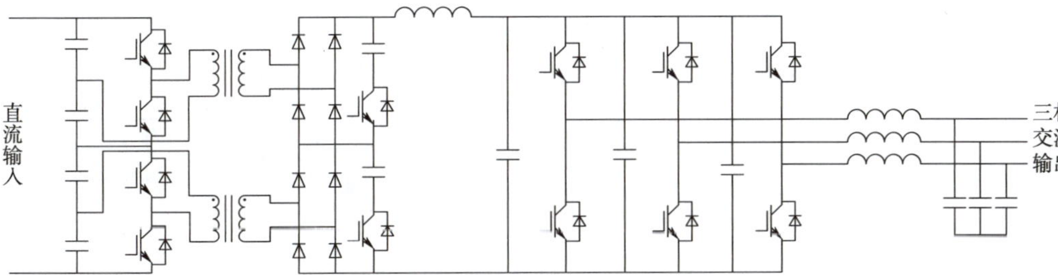

图 2-3 “降压—逆变”型辅助变流器(有隔离)拓扑

根据动车组设计要求,不同车型应选择不同结构的辅助变流器。CRH1 型动车组辅助变流器拓扑如图 2-4 所示,辅助变流器从网侧变流器获得 DC 1 650 V 电压,通过三相逆变部分逆变为稳定的三相交流电,辅助变流器的功率元件采用 IGBT,每个 IGBT 并联一个续流二极管。逆变后的交流电经过变压器降压为幅值较低的交流电为列车交流负载供电,三相变压器绕组采用△-Y 型连接,将原边的三相交流电压转换成三相四线 3AC 400 V/50 Hz 的次级电压,并实现辅助电源系统和交流用电设备之间的电气隔离。在辅助变流器的输出端连接三相滤波器以削弱逆变器的谐波输出，除滤波作用外，三相电容还起无功功率补偿作用，补偿变压器及其他感性负载的无功损失。优点：开关器件较少，更易控制高压输入电源和负载之间的降压变压器，具有隔离电气的效果；可以做成牵引变流器模块，使之模块化，便于生产及维修，减少了开发成本。但逆变器上的输入电压高，必须选用能承受较高电压的开关器件，造价较高。

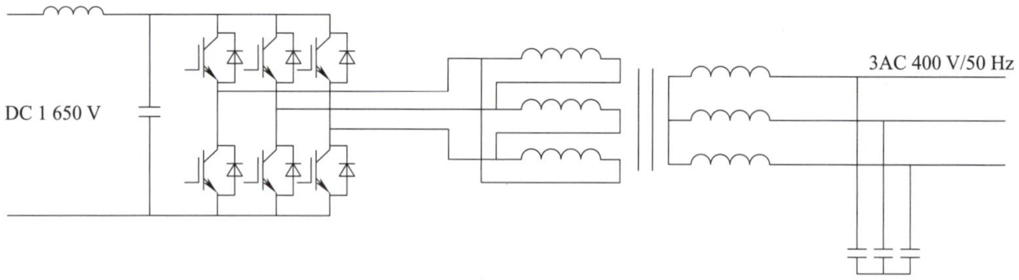

图 2-4　CRH1 型动车组辅助变流器拓扑

CRH5 型动车组辅助变流器拓扑如图 2-5 所示，从中间回路取得 DC 3 600 V 直流电压，通过 LC 型输入滤波器滤波，经过两组单相半桥斩波电路、两个谐振变压器、两组串联的单相全波整流电路输出脉宽可调的斩波电压，再经过串联的两组谐振滤波器（两个 IGBT、两个电容串联组成）、斩波电抗器、滤波电容、均压电阻，输出三相逆变部分所需的 DC 600 V 电压。三相逆变器经过 PWM 调制后，输出 3AC 400 V/50 Hz 三相交流电为三相负载供电。优点：可以采用轻巧的高频变压器取代大体积工频变压器，有效减轻列车重量；逆变开关器件承受电压要求较低，节约成本。

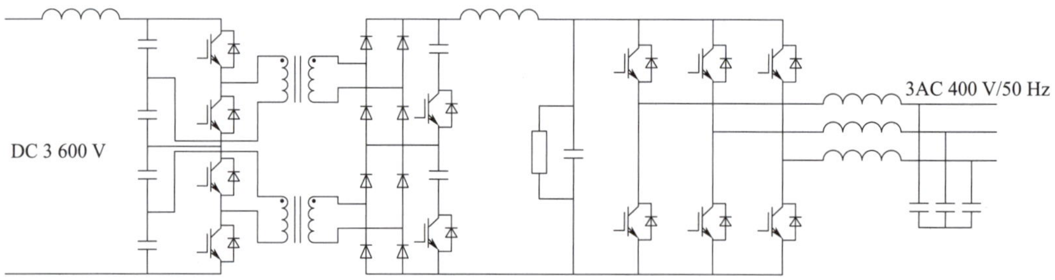

图 2-5　CRH5 型动车组辅助变流器拓扑

2.1.2　CR400BF 型动车组辅助变流器结构分析

辅助变流器是动车组辅助供电系统交流供电环节的核心部件，而先逆变后降压式辅助变流器结构相对简单，在国内动车组中应用较为广泛。CR400BF 型动车组辅助变流器相关参数见表 2-1。辅助变流器直流侧与主牵引变流器中间回路并联，使 3 000 V 直流电逆变降压后得到稳定的 3AC 380 V/50 Hz 三相交流电。

表 2-1　CR400BF 型动车组辅助变流器参数

参　数	数　值
额定输入直流电压	3 000 V
额定输出相电压	220 V
额定频率	50 Hz
额定功率	200 kV·A
电压变化	±5%
总谐波失真	≤10%
效率	≥90%

CR400BF 型动车组辅助变流器主电路拓扑如图 2-6 所示，电路主要由三相全桥逆变电路、工频变压器及三相 LC 滤波电路等组成。工频隔离变压器 T_r 采用△/yn-11 的连接方式，原边为三角形接法，副边为星形接法。这种连接方法具有隔离原边电压 3 倍频谐波通路的优点，输出电压质量较好且中性点电位不发生漂移。变压器副边侧的低通滤波器能滤除高频电压分量，输出稳定的三相正弦交流电，为列车负载供电。图 2-6 中 L_{in} 为直流侧滤波电感；C_{in} 为直流侧滤波电容；L 为交流侧滤波电感；C 为交流侧滤波电容；R 为线路等效阻抗；Z_L 为辅助变流器三相负载；VD_i（$i=1\sim6$）为三相全桥逆变电路中的 IGBT 模块；u_A、u_B、u_C 为变压器原边各相桥臂中点电压；u_a、u_b、u_c 为变压器副边绕组相电压；u_{oa}、u_{ob}、u_{oc} 为三相输出电压；i_{La}、i_{Lb}、i_{Lc} 为三相电感电流；i_{oa}、i_{ob}、i_{oc} 为三相输出电流。

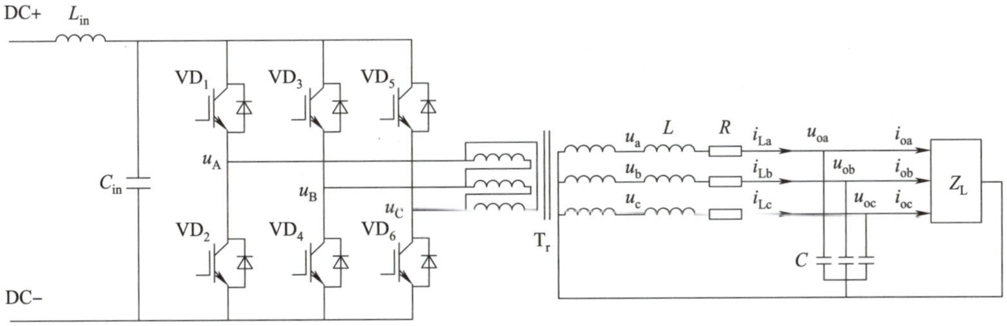

图 2-6　CR400BF 型动车组辅助变流器主电路拓扑

在建立辅助变流器数学模型时，有如下假设：(1)开关器件频率远大于输出电压频率；(2)所有功率开关元件不考虑死区时间，均为理想工作状态；(3)输出滤波器忽略寄生电阻、电感等情况。

1. 三相静止坐标系下的数学模型

以中性点为电压基准值，根据基尔霍夫电压定律和基尔霍夫电流定律，建立变压器副边回路电压及电流方程。

$$\begin{pmatrix} u_{\mathrm{a}} \\ u_{\mathrm{b}} \\ u_{\mathrm{c}} \end{pmatrix} - \begin{pmatrix} u_{\mathrm{oa}} \\ u_{\mathrm{ob}} \\ u_{\mathrm{oc}} \end{pmatrix} = L\,\frac{\mathrm{d}}{\mathrm{d}t}\begin{pmatrix} i_{\mathrm{La}} \\ i_{\mathrm{Lb}} \\ i_{\mathrm{Lc}} \end{pmatrix} + R\begin{pmatrix} i_{\mathrm{La}} \\ i_{\mathrm{Lb}} \\ i_{\mathrm{Lc}} \end{pmatrix} \tag{2-1}$$

$$\begin{pmatrix} i_{\mathrm{La}} \\ i_{\mathrm{Lb}} \\ i_{\mathrm{Lc}} \end{pmatrix} = C\,\frac{\mathrm{d}}{\mathrm{d}t}\begin{pmatrix} u_{\mathrm{oa}} \\ u_{\mathrm{ob}} \\ u_{\mathrm{oc}} \end{pmatrix} + \begin{pmatrix} i_{\mathrm{oa}} \\ i_{\mathrm{ob}} \\ i_{\mathrm{oc}} \end{pmatrix} \tag{2-2}$$

辅助变流器工作时，三相桥臂 IGBT 总是处于“开”或“关”两种工作状态，不考虑死区时，每相桥臂上、下两个模块处于相反的工作状态。定义开关函数 S_k。

$$S_k = \begin{cases} 1 & \text{上桥臂导通，下桥臂关断} \\ 0 & \text{上桥臂关断，下桥臂导通} \end{cases} \qquad k=\mathrm{A,B,C} \tag{2-3}$$

△/yn-11 型隔离变压器变比为 1∶N，由此可得变压器原边、副边三相电压与输入直流电压 U_{dc} 的关系式为

$$\begin{pmatrix} u_{\mathrm{a}} \\ u_{\mathrm{b}} \\ u_{\mathrm{c}} \end{pmatrix} = N\begin{pmatrix} u_{\mathrm{AB}} \\ u_{\mathrm{BC}} \\ u_{\mathrm{CA}} \end{pmatrix} = NU_{\mathrm{dc}}\begin{pmatrix} S_{\mathrm{A}}-S_{\mathrm{B}} \\ S_{\mathrm{B}}-S_{\mathrm{C}} \\ S_{\mathrm{C}}-S_{\mathrm{A}} \end{pmatrix} = NU_{\mathrm{dc}}\begin{pmatrix} S_{\mathrm{AB}} \\ S_{\mathrm{BC}} \\ S_{\mathrm{CA}} \end{pmatrix} \tag{2-4}$$

联立式(2-1)、式(2-2)、式(2-4)，可得辅助变流器三相静止坐标系下的数学模型表达式为

$$\frac{\mathrm{d}}{\mathrm{d}t}\begin{pmatrix} u_{\mathrm{oa}} \\ u_{\mathrm{ob}} \\ u_{\mathrm{oc}} \end{pmatrix} = \frac{1}{C}\left(\begin{pmatrix} i_{\mathrm{La}} \\ i_{\mathrm{Lb}} \\ i_{\mathrm{Lc}} \end{pmatrix} - \begin{pmatrix} i_{\mathrm{oa}} \\ i_{\mathrm{ob}} \\ i_{\mathrm{oc}} \end{pmatrix}\right) \tag{2-5}$$

$$\frac{\mathrm{d}}{\mathrm{d}t}\begin{pmatrix} i_{\mathrm{La}} \\ i_{\mathrm{Lb}} \\ i_{\mathrm{Lc}} \end{pmatrix} = \frac{NU_{\mathrm{dc}}}{L}\begin{pmatrix} S_{\mathrm{AB}} \\ S_{\mathrm{BC}} \\ S_{\mathrm{CA}} \end{pmatrix} - \frac{1}{L}\begin{pmatrix} u_{\mathrm{oa}} \\ u_{\mathrm{ob}} \\ u_{\mathrm{oc}} \end{pmatrix} - \frac{R}{L}\begin{pmatrix} i_{\mathrm{La}} \\ i_{\mathrm{Lb}} \\ i_{\mathrm{Lc}} \end{pmatrix} \tag{2-6}$$

由于 IGBT 的开关函数不连续，因此式(2-5)、式(2-6)为非线性方程。为方便对辅助变流器进一步分析，需要将其线性化。根据傅里叶变换可得

$$\begin{cases} S_k = S_{\mathrm{l}} + S_{\mathrm{h}} = d_k + \sum\limits_{n=1}^{\infty}(-1)^n\,\dfrac{2}{n\pi}\sin(nd_k\pi)\cos(n\omega t) \\ d_k = \dfrac{1}{2\pi}\displaystyle\int_{(1-d_k)}^{(1+d_k)} S_k\,\mathrm{d}(\omega t) \end{cases} \qquad k=\mathrm{A,B,C} \tag{2-7}$$

式中 d_k——对应相的 PWM 占空比；

S_{l}——开关函数低频分量；

ω——基波角频率；

S_h——开关函数高频分量。

忽略高频分量 S_h，将式(2-6)变换为

$$\frac{\mathrm{d}}{\mathrm{d}t}\begin{pmatrix} i_{\mathrm{La}} \\ i_{\mathrm{Lb}} \\ i_{\mathrm{Lc}} \end{pmatrix} = \frac{NU_{\mathrm{dc}}}{L}\begin{pmatrix} d_{\mathrm{AB}} \\ d_{\mathrm{BC}} \\ d_{\mathrm{CA}} \end{pmatrix} - \frac{1}{L}\begin{pmatrix} u_{\mathrm{oa}} \\ u_{\mathrm{ob}} \\ u_{\mathrm{oc}} \end{pmatrix} - \frac{R}{L}\begin{pmatrix} i_{\mathrm{La}} \\ i_{\mathrm{Lb}} \\ i_{\mathrm{Lc}} \end{pmatrix} \tag{2-8}$$

联立式(2-5)和式(2-8)，进行拉普拉斯数学变换后可得

$$\begin{pmatrix} u_{\mathrm{oa}} \\ u_{\mathrm{ob}} \\ u_{\mathrm{oc}} \end{pmatrix} = G_{\mathrm{op}}(s)NU_{\mathrm{dc}}\begin{pmatrix} d_{\mathrm{AB}} \\ d_{\mathrm{BC}} \\ d_{\mathrm{CA}} \end{pmatrix} - Z_{\mathrm{op}}(s)\begin{pmatrix} i_{\mathrm{oa}} \\ i_{\mathrm{ob}} \\ i_{\mathrm{oc}} \end{pmatrix} \tag{2-9}$$

$$G_{\mathrm{op}}(s) = \frac{1}{LCs^2 + RCs + 1} \tag{2-10}$$

$$Z_{\mathrm{op}}(s) = \frac{Ls + R}{LCs^2 + RCs + 1} \tag{2-11}$$

式中　s——复频率。

观察式(2-10)、式(2-11)，辅助变流器可等效为可控电源，$G_{\mathrm{op}}(s)$和 $Z_{\mathrm{op}}(s)$分别代表电源控制量和电源输出阻抗。$Z_{\mathrm{op}}(s)$的存在会影响辅助变流器输出电压的质量，使系统具有一定的下垂特性。

2. 同步旋转坐标系下的数学模型

从三相静止坐标系下的数学模型可以看出，输出的电压、电流信号均为交流信号，增加了控制系统设计难度。Clark、Park 坐标变换能够将三相静止坐标系下的交流变量转变为 dq 坐标系下的直流量，通过控制 d、q 轴下的直流分量可实现对变流器三相静止坐标系下交流基波分量的控制，极大降低了控制系统的设计难度。

Clark 变换又称为三相静止/两相静止坐标系变换(3s/2s 变换)，通过 Clark 变换将交流变量从三相 abc 静止坐标系变换到 $\alpha\beta$ 坐标系，减少变量数。设 $\alpha\beta$ 坐标系中的 α 轴与 abc 坐标系中的 a 相重叠，β 轴超前 α 轴 90°。具体变换关系为

$$\begin{pmatrix} x_\alpha \\ x_\beta \end{pmatrix} = \frac{2}{3}\begin{pmatrix} 1 & -1/2 & -1/2 \\ 0 & \sqrt{3}/2 & -\sqrt{3}/2 \end{pmatrix}\begin{pmatrix} x_{\mathrm{a}} \\ x_{\mathrm{b}} \\ x_{\mathrm{c}} \end{pmatrix} \tag{2-12}$$

式中　x_α，x_β——两相静止坐标系中 α 轴和 β 轴变量；

x_{a}，x_{b}，x_{c}——三相静止坐标系中三相输出交流变量。

由此可推导出经 Clark 变换后辅助变流器在两相静止坐标系下的数学模型。

$$\frac{\mathrm{d}}{\mathrm{d}t}\begin{pmatrix} u_{\mathrm{o}\alpha} \\ u_{\mathrm{o}\beta} \end{pmatrix} = \frac{1}{C}\left(\begin{pmatrix} i_{\mathrm{L}\alpha} \\ i_{\mathrm{L}\beta} \end{pmatrix} - \begin{pmatrix} i_{\mathrm{o}\alpha} \\ i_{\mathrm{o}\beta} \end{pmatrix}\right) \tag{2-13}$$

$$\frac{\mathrm{d}}{\mathrm{d}t}\begin{pmatrix} i_{\mathrm{L}\alpha} \\ i_{\mathrm{L}\beta} \end{pmatrix}=\frac{NU_{\mathrm{dc}}}{L}\begin{pmatrix} d_{\alpha} \\ d_{\beta} \end{pmatrix}-\frac{1}{L}\begin{pmatrix} u_{\mathrm{o}\alpha} \\ u_{\mathrm{o}\beta} \end{pmatrix}-\frac{R}{L}\begin{pmatrix} i_{\mathrm{L}\alpha} \\ i_{\mathrm{L}\beta} \end{pmatrix} \tag{2-14}$$

式中 $u_{\mathrm{o}\alpha}, u_{\mathrm{o}\beta}$——两相静止坐标系下辅助变流器输出电压，V；

$i_{\mathrm{L}\alpha}, i_{\mathrm{L}\beta}$——两相静止坐标系下交流侧电感电流，A；

$i_{\mathrm{o}\alpha}, i_{\mathrm{o}\beta}$——两相静止坐标系下辅助变流器输出电流，A；

d_{α}, d_{β}——两相静止坐标系下辅助变流器 PWM 波占空比。

Park 变换又称为静止/同步旋转坐标系变换（2s/2r 变换），通过 Park 变换将 $\alpha\beta$ 静止坐标系中的交流变量变换为 dq 旋转坐标系下的直流信号，通过控制 d、q 轴的直流分量进而实现控制三相静止坐标系下的交流基波分量，进一步简化辅助变流器数学模型，降低了分析难度。dq 坐标系中的 d、q 两轴旋转方向与角速度相同，q 轴超前 d 轴 90°。具体变换关系为

$$\begin{pmatrix} x_{\mathrm{d}} \\ x_{\mathrm{q}} \end{pmatrix}=\begin{pmatrix} \cos\theta & \sin\theta \\ -\sin\theta & \cos\theta \end{pmatrix}\begin{pmatrix} x_{\alpha} \\ x_{\beta} \end{pmatrix} \tag{2-15}$$

式中 $x_{\mathrm{d}}, x_{\mathrm{q}}$——两相旋转坐标系中 d 轴和 q 轴直流变量；

θ——两相旋转坐标系旋转角，rad。

两种变换在不同坐标系下的位置关系如图 2-7 所示，ω 为基波角频率。

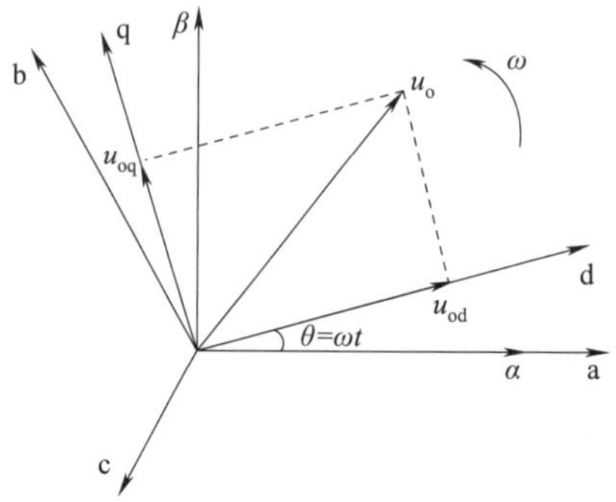

图 2-7 Clark 变换与 Park 变换在不同坐标系下位置关系

将式(2-15)代入式(2-13)、式(2-14)，可得辅助变流器两相旋转坐标系下的数学模型表达式。

$$\frac{\mathrm{d}}{\mathrm{d}t}\begin{pmatrix} u_{\mathrm{od}} \\ u_{\mathrm{oq}} \end{pmatrix}=\frac{1}{C}\left(\begin{pmatrix} i_{\mathrm{Ld}} \\ i_{\mathrm{Lq}} \end{pmatrix}-\begin{pmatrix} i_{\mathrm{od}} \\ i_{\mathrm{oq}} \end{pmatrix}\right)+\begin{pmatrix} 0 & \omega \\ -\omega & 0 \end{pmatrix}\begin{pmatrix} u_{\mathrm{od}} \\ u_{\mathrm{oq}} \end{pmatrix} \tag{2-16}$$

$$\frac{\mathrm{d}}{\mathrm{d}t}\begin{pmatrix} i_{\mathrm{Ld}} \\ i_{\mathrm{Lq}} \end{pmatrix}=\frac{NU_{\mathrm{dc}}}{L}\begin{pmatrix} d_{\mathrm{d}} \\ d_{\mathrm{q}} \end{pmatrix}-\frac{1}{L}\begin{pmatrix} u_{\mathrm{od}} \\ u_{\mathrm{oq}} \end{pmatrix}-\frac{1}{L}\begin{pmatrix} R & -\omega L \\ \omega L & R \end{pmatrix}\begin{pmatrix} i_{\mathrm{Ld}} \\ i_{\mathrm{Lq}} \end{pmatrix} \tag{2-17}$$

式中 $u_{\mathrm{od}}, u_{\mathrm{oq}}$——两相旋转坐标系下辅助变流器输出电压，V；

i_{Ld}，i_{Lq}——两相旋转坐标系下交流侧电感电流，A；

i_{od}，i_{oq}——两相旋转坐标系下辅助变流器输出电流，A；

d_d，d_q——两相旋转坐标系下辅助变流器 PWM 波占空比。

经过拉普拉斯变换后得到图 2-8 所示辅助变流器结构框图。可以看出，两相旋转坐标系下的辅助变流器是一个两输入输出的耦合系统，d 轴和 q 轴模型上的电感电流和输出电压相互耦合。

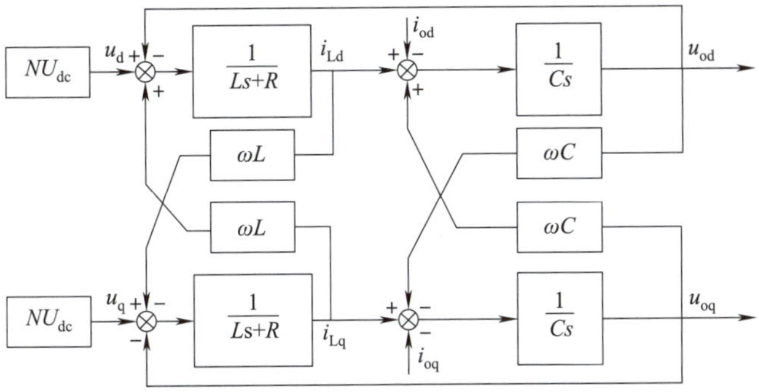

图 2-8　辅助变流器两相旋转坐标系下的结构框图

2.2　单体辅助变流器脉宽调制技术

脉宽调制(pulse width modulation，PWM)技术是用一种参考波(通常是正弦波，有时也采用梯形波或注入零序谐波的正弦波或方波等)为调制波，以 N 倍于调制波频率的三角波(有时也用锯齿波)为载波，在调制波大于载波的部分产生一组幅值相等、宽度正比于调制波的矩形脉冲序列来等效调制波。用开关量取代模拟量，并通过对逆变器开关管的通/断控制，把直流电变成交流电，这种技术称为脉宽控制逆变技术。

脉宽调制技术的发展是一个逐渐完善的过程。1963 年，F. G. Turnbull 提出了消除特定谐波法。1964 年，德国的 A. Schonung 和 H. Stemmler 把通信系统中的调制技术推广应用于交流传动逆变器中，提出脉宽调制变频思想，产生了正弦脉宽调制(sinusoida PWM)技术，简称 SPWM 技术。用这种技术构成的脉宽调制变频器基本上解决了常规六拍阶梯波变频器中存在的问题，为近代交流调速系统开辟了新的发展领域。1975 年，英国布里斯托大学的 S. R. Bowes 对 SPWM 进行了推广和应用，使 SPWM 技术成为广泛关注的热点。后来，Bowes 又相继提出了全数字化 SPWM 技术方案、规则采样数字化脉宽调制方案以及准优化脉宽调制技术，以提高直流电压的利用率。1983 年，J. Holtz 等又提出了空间矢量脉宽调制技术，即 SVPWM 技术，从用于异步电机的角度出发，直接采用以电动机磁链圆形轨迹为目的的控制方法，因而使用起来更直观方便。此外，A. B. Plunkett 于 1980 年提出的电流滞环比较脉宽调制技术，以及在此基础上发展起来的全数字化无差拍控制（dead-beat control）脉宽调制技术，都具有实现简单的特点。为了消除噪声，1993 年至 1994 年，AM. Trzgnadlowsky 和 V. G. Agelidis 等提出了随机脉宽调制法，从改变谐波的频谱分化入手，使谐波均匀分布在较宽的频带范围内，以达到抑制噪声和机械共振的目的。

脉宽调制技术在电力电子领域广泛研究及应用。脉宽调制的方法很多，从脉宽调制的极性上看，有单极性和双极性之分；从载波和调制波的频率关系来看，分为同步调制、异步调制和分段同步调制；从脉宽调制的线性度上来看，分为线性调制和过调制。目前辅助变流器脉冲给定常用的控制方法有正弦脉宽调制（SPWM）和空间矢量脉宽调制（SVPWM）。

2.2.1 正弦脉宽调制

SPWM 调制原理如图 2-9 所示，调制中选择频率为 f_c 的三角波作为载波，频率为 f_o 的正弦波作为调制波，利用载波和调制波交点来控制开关管通断，得到一组矩形脉冲。按照正弦方式改变矩形脉冲波，其基波频率也是 f_o，且基波幅值和调制信号幅值是正比关系。通常在设置三角波后不再改变属性，频率和幅值为恒值，通过改变调制波的幅值和频率进行控制。调制波幅值和载波幅值比较得到调制系数 M，取值为 0～1，逆变器输出电压基波分量和 M 是线性关系，实际应用中改变 M 值来调节输出电压幅值；载波频率同调制波频率比值称为载波比 N。需改变输出电压频率时，只需改变调制波频率。

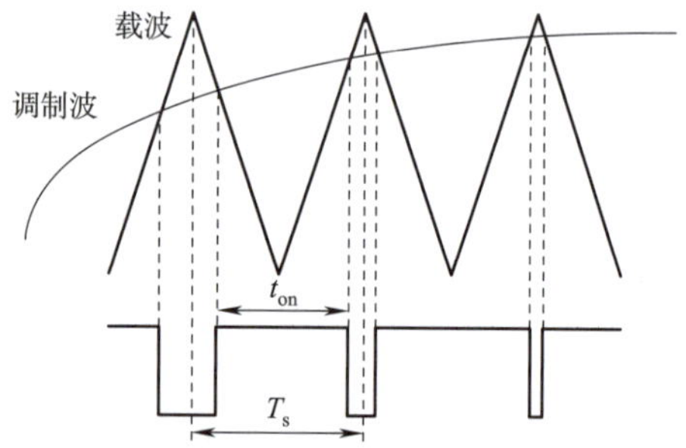

t_{on}——一个开关周期内开关信号为“1”的时间；T_s—开关周期。

图 2-9　SPWM 调制原理

按照上述原理，在给出正弦波频率、幅值和半个周期内的脉冲数后，PWM 波形各脉冲的宽度和间隔就可准确计算出来。按照计算结果控制电路中各开关部件的通断，得到所需要的 PWM 波形。但是，这种计算较繁琐，正弦波的频率、幅值等变化时，结果都要变化。较为实用的方法是采用调制的方法，即把所希望的波形作为调制信号，把接受调制的信号作为载波，通过对载波的调制得到所期望的 PWM 波形。调制信号为正弦波的脉宽调制称为正弦波脉宽调制（SPWM），产生的脉宽调制波是等幅而不等宽的脉冲列。

2.2.2　空间矢量脉宽调制

SVPWM 的主要原理是在平均值等效的理论基础上，通过控制空间电压矢量的切换得到轨迹为准圆形旋转磁场。从三相输出电压整体效果的角度出发，将逆变系统看作一个整体。与 SPWM 调制方式相比，SVPWM 具有开关损耗小、直流电压利用率高、计算简单、响应速度快等优点。

将 IGBT 等效为理想开关对两电平逆变器进行简化分析，逆变器的拓扑如图 2-10 所示，其中 V_d 为逆变器输入直流电压。由于逆变器同一相桥臂上的两个开关管只能工作在相反的开关状态，故逆变器各桥臂只能为上管导通下管关断或上管关断下管导通这两种工作模式，仍以开关函数 S_k 对逆变器工作状态进行分析。具有 3 个桥臂的两电平逆变器共有 8 种组合方式，即 8 种空间矢量，分别是 000、001、010、011、100、101、110、111。这 8 种工作状态对应记为 $\boldsymbol{V}_0$、$\boldsymbol{V}_1$、$\boldsymbol{V}_2$、$\boldsymbol{V}_3$、$\boldsymbol{V}_4$、$\boldsymbol{V}_5$、$\boldsymbol{V}_6$、$\boldsymbol{V}_7$，其中，$\boldsymbol{V}_0$、$\boldsymbol{V}_7$ 表示零矢量，$\boldsymbol{V}_1 \sim \boldsymbol{V}_6$ 表示有效空间矢量，得到 SVPWM 空间矢量分布如图 2-11 所示。

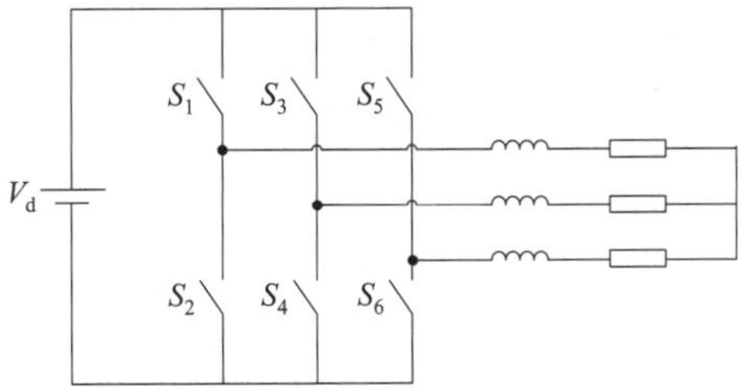

图 2-10　两电平逆变器简化拓扑

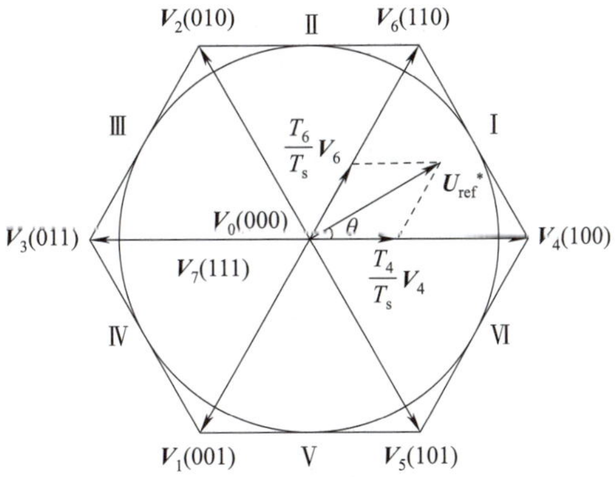

图 2-11　SVPWM 空间矢量分布

由图 2-11 可知，零矢量在 $\alpha\beta$ 坐标系的原点，不存在幅值和相位，而各非零矢量的幅值相等，相邻两矢量之间的相位相差 60°。这 8 个基本空间电压矢量见表 2-2，它们将 $\alpha\beta$ 坐标系均分为六个面积相等的扇区，各扇区的边界均由 $\boldsymbol{V}_1 \sim \boldsymbol{V}_6$ 中任意两个非零矢量构成，每个扇区内的空间矢量均可由扇区边界的两个非零矢量与零矢量按一定规则组合而成。将每个扇区时间分成 N 等份，取每一份的作用时间为 T_s，则电压空间矢量的顶点轨迹构成一个 $6N$ 边形，N 值越大，轨迹越接近于圆形，三相交流电也越接近于正弦波。

表 2-2　逆变器工作状态及对应电压值

矢量	模式	V_a	V_b	V_c	V_{ab}	V_{bc}	V_{ca}
$\boldsymbol{V}_0$	000	0	0	0	0	0	0
$\boldsymbol{V}_1$	001	$-V_d/3$	$-V_d/3$	$2V_d/3$	0	$-V_d$	V_d
$\boldsymbol{V}_2$	010	$-V_d/3$	$2V_d/3$	$-V_d/3$	$-V_d$	V_d	0
$\boldsymbol{V}_3$	011	$2V_d/3$	$V_d/3$	$V_d/3$	$-V_d$	0	V_d
$\boldsymbol{V}_4$	100	$2V_d/3$	$-V_d/3$	$-V_d/3$	V_d	0	$-V_d$
$\boldsymbol{V}_5$	101	$V_d/3$	$-2V_d/3$	$V_d/3$	V_d	$-V_d$	0
$\boldsymbol{V}_6$	110	$V_d/3$	$V_d/3$	$-2V_d/3$	0	V_d	$-V_d$
$\boldsymbol{V}_7$	111	0	0	0	0	0	0

注：V_a，V_b，V_c—输出三相电压的相电压；V_{ab}，V_{bc}，V_{ca}—输出三相电压的线电压。

以扇区Ⅰ为例，设在一个开关周期（T_s）内，T_4、T_6、T_0 分别为 $\boldsymbol{V}_4$、$\boldsymbol{V}_6$ 和零矢量的作用时间，则由图 2-11 可知

$$\begin{cases} \boldsymbol{U}_{ref}^{*}=\dfrac{T_4}{T_s}\boldsymbol{V}_4+\dfrac{T_6}{T_s}\boldsymbol{V}_6 \\ T_s=T_6+T_4+T_0 \end{cases} \tag{2-18}$$

将 $\boldsymbol{U}_{ref}^{*}=\boldsymbol{V}_{\alpha}^{*}+\mathrm{j}\boldsymbol{V}_{\beta}^{*}$ 代入式(2-18)，将参考电压转换到 $\alpha\beta$ 坐标系下，并结合 $V_4=V_6=\dfrac{2}{3}V_d$，可得

$$\begin{cases} \boldsymbol{V}_{\alpha}^{*}=\dfrac{T_4}{T_s}\boldsymbol{V}_4+\dfrac{T_6}{T_s}\boldsymbol{V}_6\cos 60^{\circ} \\ \boldsymbol{V}_{\beta}^{*}=\dfrac{T_6}{T_s}\boldsymbol{V}_6\sin 60^{\circ} \end{cases} \tag{2-19}$$

对式(2-19)进行变换可得

$$\begin{cases} T_4=\dfrac{3}{2}\dfrac{T_s}{V_d}V_{\alpha}-\dfrac{\sqrt{3}}{2}\dfrac{T_s}{V_d}V_{\beta} \\ T_6=\sqrt{3}\dfrac{T_s}{V_d}V_{\beta} \\ T_0=T_s-T_4-T_6 \end{cases} \tag{2-20}$$

由式(2-20)可得给定电压 U_{ref}^{*} 在第Ⅰ扇区时各基电压矢量的作用时间，同理可推得 U_{ref}^{*}

在各扇区的作用时间。

DC/AC 逆变器采用七段式 SVPWM 调制，在一个周期内开关切换 6 次，参考电压在第Ⅰ扇区时，逆变器的开关状态切换顺序为 000、100、110、111、111、110、100、000，即电压空间矢量作用序列按 04677640 排列。同理，可得到图 2-12 所示的Ⅱ～Ⅵ扇区的开关状态切换顺序。

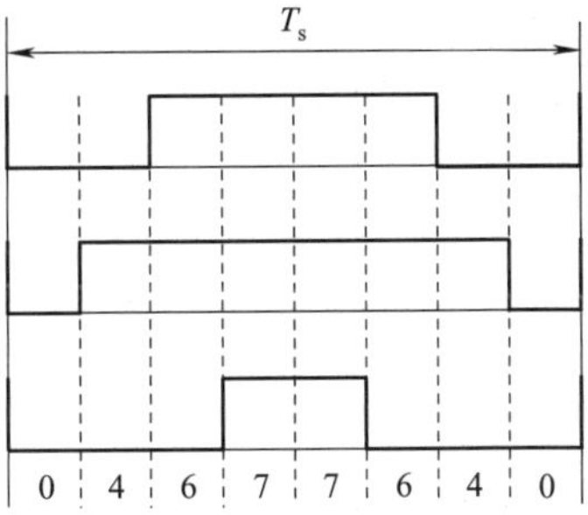

(a)第Ⅰ扇区(04677640)

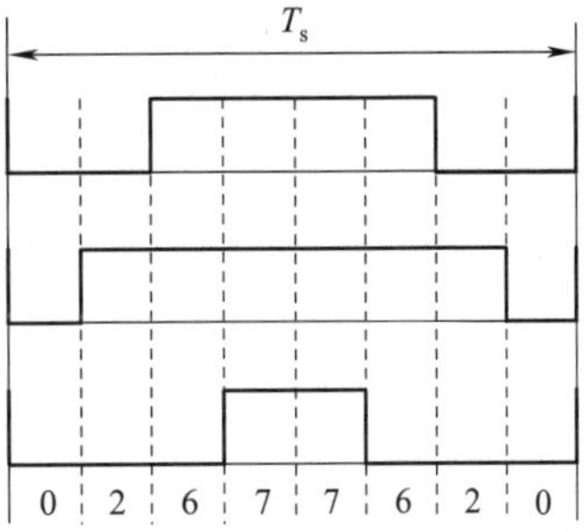

(b)第Ⅱ扇区(02677620)

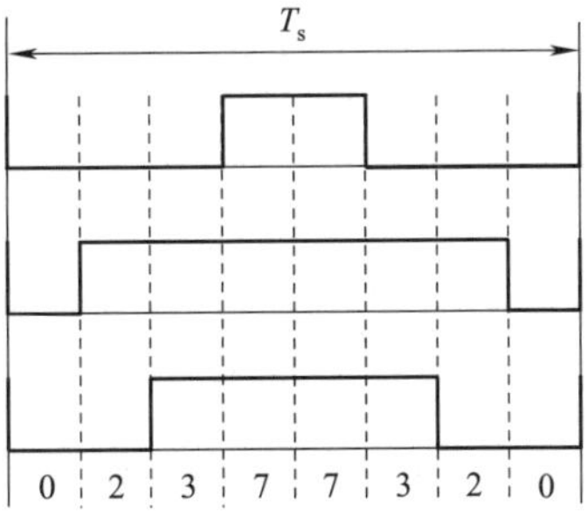

(c)第Ⅲ扇区(02377320)

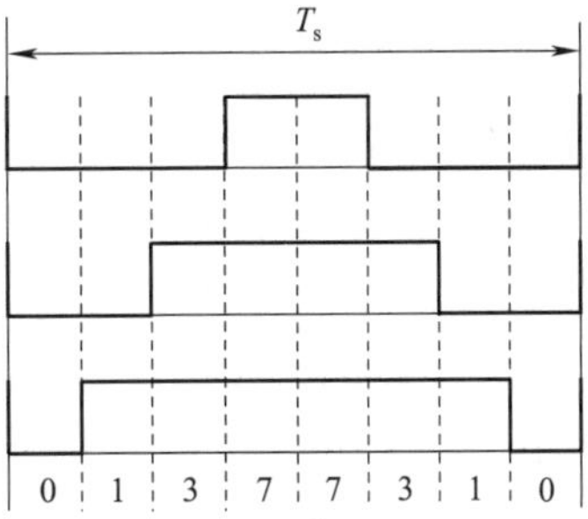

(d)第Ⅳ扇区(01377310)

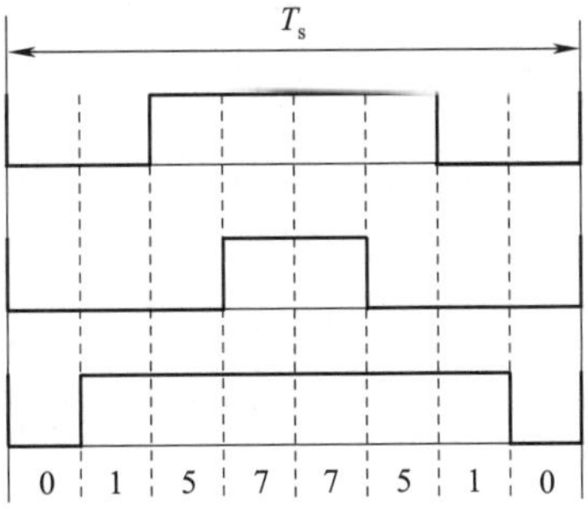

(e)第Ⅴ扇区(01577510)

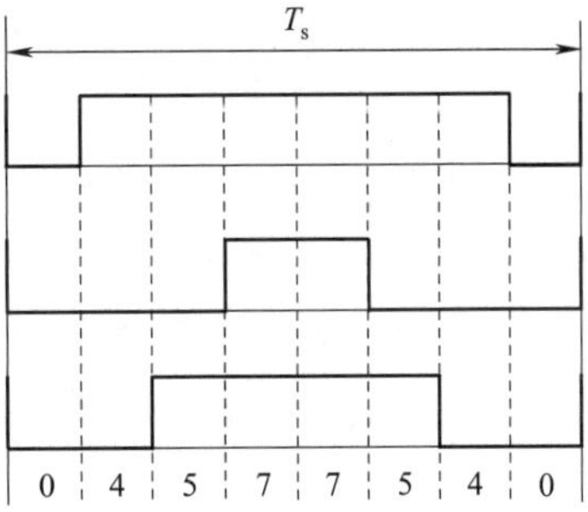

(f)第Ⅵ扇区(04577540)

图 2-12　七段式 SVPWM 调制在 6 个扇区的开关状态切换示意

2.3 单体辅助变流器控制策略

在辅助变流器技术发展的过程中，针对其而设计的控制策略也随着各种控制理论的发展不断提出。早期的控制策略大多是用模拟技术实现，后来随着微处理器特别是数字信号处理(DSP)技术的发展，逐渐转为数字化实现。逆变器发展至今，根据不同的理论，发展出许多种类控制器，包括PI控制器(静止坐标系下或旋转坐标系下)、重复谐波控制器、无差拍控制器等。

PI控制器是一种线性控制器，原理简单、使用方便、适应性强、鲁棒性强，其控制品质对被控对象的变化不太敏感，比较适合不间断电源(UPS)这类负载类型不确定的设备。逆变器虽是一个非线性系统，但只取各量的低频成分，可以等效为一个线性系统，当开关频率较高时，这种等效是可以接受的。控制器中的比例项用以提高系统的动态响应性能，积分项用于缩小稳态误差。对于辅助变流器这种三相系统，更好的策略是在旋转坐标系dq下设计PI控制器，三相正弦量在两相同步旋转坐标系中变成直流量，所以分别在两个坐标分量上用PI控制器进行控制时，可以使误差量为零。由于在旋转坐标系中，两个坐标分量之间存在耦合，所以需要进行解耦控制。

重复控制的基本思想来源于内模理论，即当控制器中添加了来自外部的输入信号，对信号进行动态建模时，控制器可以实现较好的指令追踪和抗干扰性。在逆变器的控制中，指令值和大部分干扰量均为正弦波，而动力学模型则是一个与输入频率一致的正弦波信号。由于重复控制系统对谐波的抑制作用较好，因而被广泛应用于并网逆变器。此类信号的特点是周期性的，而重复控制器就是为了满足这一特点而设计的。该方法将每个周期的误差都进行积分，以保证系统在零误差条件下仍能得到较好的输出。

K. P. Gokhale等在1987年提出逆变器无差拍控制方法，该方法是离散控制器中控制效果最好的方法之一，能在有限的采样率下使得各状态变量的稳态误差为零，动态响应迅速，实现简单。无差拍控制器根据逆变器的状态方程以及输出的反馈信号来计算逆变器在下一个采样周期的控制量(占空比)，使得下一个采样时刻的输出能够准确跟踪参考指令。虽然无差拍控制有许多优点，但它的缺点也比较明显，其控制效果取决于所建模型的准确程度。但实际上，要对电路参数做出准确的估计是不太可能的，且系统模型会随着负载不同而变化，鲁棒性不强。

2.3.1 双闭环解耦控制技术

逆变器控制技术在电力电子领域中已经相当成熟，逆变器输出波形控制也是逆变器技术的关键。逆变器控制根据控制器的不同，可以分为电压单闭环控制和电压电流双闭环控制。电压单闭环控制在实现时较为方便、简单，但电压单闭环控制在软件中无法实现限流功能，为了让逆变器达到高品质输出条件，需要采用硬件限流，采用这种限流方式得到的波形品质很差，因此目前动车组上通常采用双闭环控制策略对逆变器进行控制。

以 CR400BF 型动车组辅助变流器模型为例进行分析。CR400BF 型动车组辅助变流器的数学模型是一个两输入两输出的耦合系统，为简化控制器的参数整定，首先需要对系统进行解耦计算。

将式(2-17)展开可得

$$\begin{cases} L\dfrac{\mathrm{d}i_{\mathrm{Ld}}}{\mathrm{d}t}=NU_{\mathrm{dc}}d_{\mathrm{d}}-u_{\mathrm{od}}-Ri_{\mathrm{Ld}}+\omega Li_{\mathrm{Lq}} \\ L\dfrac{\mathrm{d}i_{\mathrm{Lq}}}{\mathrm{d}t}=NU_{\mathrm{dc}}d_{\mathrm{q}}-u_{\mathrm{oq}}-Ri_{\mathrm{Lq}}-\omega Li_{\mathrm{Ld}} \end{cases} \tag{2-21}$$

式中　$u_{\mathrm{od}},u_{\mathrm{oq}}$——两相旋转坐标系下辅助变流器输出电压，V；

$i_{\mathrm{Ld}},i_{\mathrm{Lq}}$——两相旋转坐标系下交流侧电感电流，A；

$i_{\mathrm{od}},i_{\mathrm{oq}}$——两相旋转坐标系下辅助变流器输出电流，A；

$d_{\mathrm{d}},d_{\mathrm{q}}$——两相旋转坐标系下辅助变流器 PWM 波占空比；

ωL——电路电抗值。

定义辅助变流器 dq 坐标系下的电压函数为 u_{dm}、u_{qm}，则有

$$\begin{cases} u_{\mathrm{dm}}=NU_{\mathrm{dc}}d_{\mathrm{d}} \\ u_{\mathrm{qm}}=NU_{\mathrm{dc}}d_{\mathrm{q}} \end{cases} \tag{2-22}$$

为方便解耦计算，采用前馈电流解耦控制，电流内环采用 PI 控制器，得到 dq 坐标系下的控制方程。

$$\begin{cases} u_{\mathrm{dm}}=\left(K_{\mathrm{iP}}+\dfrac{K_{\mathrm{iI}}}{s}\right)(i_{\mathrm{Ld}}^{*}-i_{\mathrm{Ld}})+u_{\mathrm{od}}-\omega Li_{\mathrm{Lq}}+Ri_{\mathrm{Ld}} \\ u_{\mathrm{qm}}=\left(K_{\mathrm{iP}}+\dfrac{K_{\mathrm{iI}}}{s}\right)(i_{\mathrm{Lq}}^{*}-i_{\mathrm{Lq}})+u_{\mathrm{oq}}+\omega Li_{\mathrm{Ld}}+Ri_{\mathrm{Lq}} \end{cases} \tag{2-23}$$

式中　$K_{\mathrm{iP}},K_{\mathrm{iI}}$——电流内环 PI 控制器参数；

$i_{\mathrm{Ld}}^{*},i_{\mathrm{Lq}}^{*}$——电流内环整定后的电感电流给定值，A。

以此类推，可以得到电压外环的控制方程。

$$\begin{cases} i_{\mathrm{Ld}}^{*}=\left(K_{\mathrm{vP}}+\dfrac{K_{\mathrm{vI}}}{s}\right)(u_{\mathrm{odref}}-u_{\mathrm{od}})+i_{\mathrm{od}}-\omega Cu_{\mathrm{oq}} \\ i_{\mathrm{Lq}}^{*}=\left(K_{\mathrm{vP}}+\dfrac{K_{\mathrm{vI}}}{s}\right)(u_{\mathrm{oqref}}-u_{\mathrm{oq}})+i_{\mathrm{oq}}+\omega Cu_{\mathrm{od}} \end{cases} \tag{2-24}$$

式中　$K_{\mathrm{vP}},K_{\mathrm{vI}}$——电压外环 PI 控制器参数；

$u_{\mathrm{odref}},u_{\mathrm{oqref}}$——电压外环的电压给定值，V。

将式(2-23)、式(2-24)代入辅助变流器两相旋转坐标系下的数学模型后，可得

$$\begin{cases} L\dfrac{\mathrm{d}i_{\mathrm{od}}}{\mathrm{d}t}=\left(K_{\mathrm{iP}}+\dfrac{K_{\mathrm{iI}}}{s}\right)(i_{\mathrm{Ld}}^{*}-i_{\mathrm{Ld}})-Ri_{\mathrm{Ld}} \\ L\dfrac{\mathrm{d}i_{\mathrm{oq}}}{\mathrm{d}t}=\left(K_{\mathrm{iP}}+\dfrac{K_{\mathrm{iI}}}{s}\right)(i_{\mathrm{Lq}}^{*}-i_{\mathrm{Lq}})-Ri_{\mathrm{Lq}} \\ C\dfrac{\mathrm{d}u_{\mathrm{od}}}{\mathrm{d}t}=\left(K_{\mathrm{vP}}+\dfrac{K_{\mathrm{vI}}}{s}\right)(u_{\mathrm{odref}}-u_{\mathrm{od}}) \\ C\dfrac{\mathrm{d}u_{\mathrm{oq}}}{\mathrm{d}t}=\left(K_{\mathrm{vP}}+\dfrac{K_{\mathrm{vI}}}{s}\right)(u_{\mathrm{oqref}}-u_{\mathrm{oq}}) \end{cases} \tag{2-25}$$

由式(2-25)可以看出闭环系统 d 轴、q 轴输出量只取决于各自输入量，变量之间无耦合干扰。忽略电路等效电阻 R，根据方程组可以得到图 2-13 所示的 PI 控制器系统框图。以 d 轴为例，辅助变流器输出电压的 d 轴分量 u_{od} 通过电压外环 PI 控制器追踪给定参考值 u_{odref}，外环 PI 控制器输出量叠加辅助变流器输出电流的 d 轴分量 i_{od} 和前馈电压 q 轴补偿量 $-\omega Cu_{\mathrm{oq}}$ 作为电感电流 d 轴分量 i_{Ld} 的参考给定值 i_{Ld}^{*}；i_{Ld} 通过电流内环 PI 控制器追踪 i_{Ld}^{*}；内环 PI 控制器输出量叠加电压分量 u_{od} 和前馈电感电流 q 轴补偿量 $-\omega Li_{\mathrm{oq}}$ 作为输出电压分量 u_{dm}。

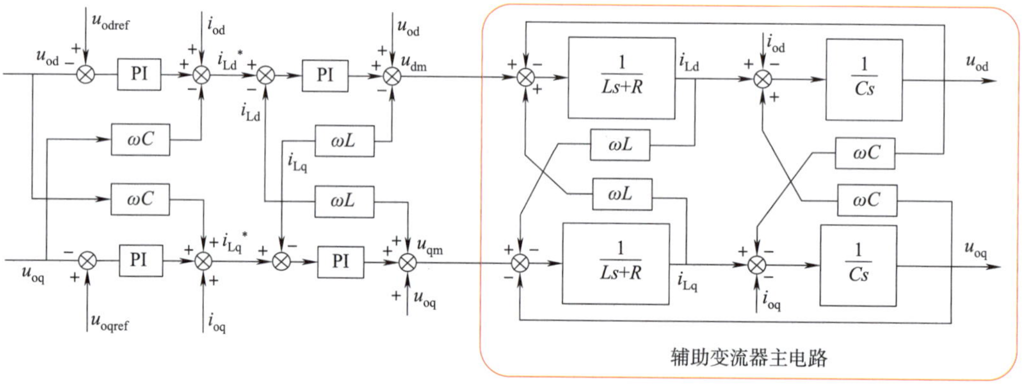

图 2-13　PI 控制系统框图

PI 控制器的设计是控制系统的主要环节，遵循多环控制系统"先内后外"的设计原则，首先应设计电流 PI 控制器参数。

1. 控制器内环设计

解耦计算后可以得到相互独立的 d 轴、q 轴两个系统，以 d 轴为例对控制器参数进行设计。在一个短暂周期内忽略系统电容电压的扰动，则在连续 S 域上可以得到如图 2-14 所示的 d 轴电流内环系统等效结构框图。

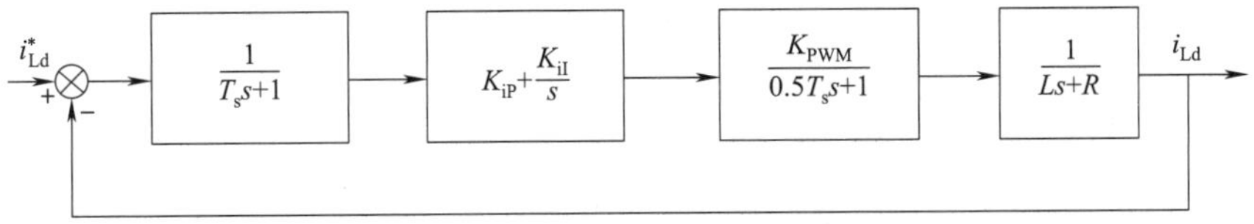

T_s—电流采样及反馈的惯性时间常数；K_{PWM}—高频逆变器等效增益；$0.5T_s$—开关电路的惯性时间常数。

图 2-14　d 轴电流内环系统等效结构框图

将 PI 控制器传递函数写为零极点形式

$$K_{iP}+\frac{K_{iI}}{s}=K_{iP}\frac{\tau_i+1}{\tau_i} \tag{2-26}$$

式中　τ_i——电流环传递函数极点。

合并小惯性环节后得到图 2-15 所示 d 轴电流内环系统等效结构框图。

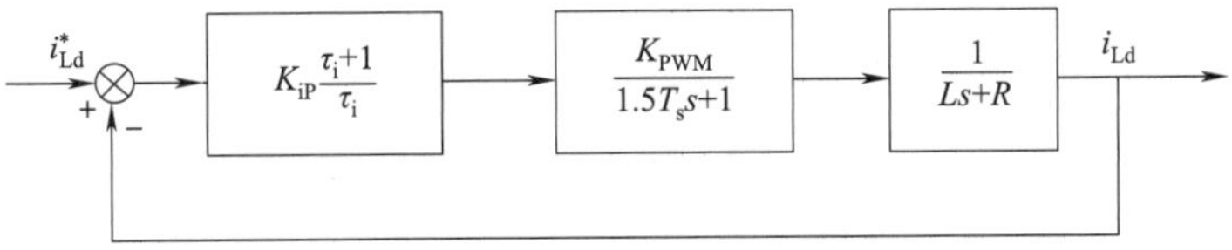

图 2-15　d 轴电流内环系统等效结构框图

根据控制理论可知，典型Ⅰ型系统具有超调量小、跟随性能佳等优点，能够满足电流内环系统准确快速响应的设计要求。此时定义 $\tau_i=L/R$，可得内环系统开环传递函数 $G_{oi}(s)$ 的表达式为

$$G_{oi}(s)=\frac{K_{iP}K_{PWM}}{R\tau_i s(1.5T_s s+1)} \tag{2-27}$$

由二阶最佳系统可知，当阻尼比 $\xi=0.707$ 时，系统综合性能最优，此时有

$$\frac{1.5T_s K_{iP}K_{PWM}}{R\tau_i}=0.5 \tag{2-28}$$

将式(2-28)代入式(2-26)可得

$$\begin{cases} K_{iP}=\dfrac{R\tau_i}{3T_s K_{PWM}} \\ K_{iI}=\dfrac{R}{3T_s K_{PWM}} \end{cases} \tag{2-29}$$

根据图 2-19 可得内环系统闭环传递函数 $G_{ci}(s)$。

$$G_{ci}(s)=\frac{G_{oi}(s)}{1+G_{oi}(s)}=\frac{1}{1+\dfrac{R\tau_i}{K_{iP}K_{PWM}}s+\dfrac{1.5T_s R\tau_i}{K_{iP}K_{PWM}}s^2} \tag{2-30}$$

当辅助变流器开关频率较高时，T_s 趋近于0，此时 s^2 项系数远小于 s 项系数，忽略 s^2 项得

$$G_{ci}(s) \approx \frac{1}{1+\frac{R\tau_i}{K_{iP}K_{PWM}}s} \tag{2-31}$$

将式(2-29)代入式(2-31)，可得简化后的内环系统传递函数。

$$G_{ci}(s)=\frac{1}{1+3T_s s} \tag{2-32}$$

式(2-32)表明：按照典型Ⅰ型系统设计且逆变器开关频率较高时，电流内环闭环传递函数可以等效为惯性时间常数为 $3T_s$ 的延迟环节，具有动态响应速度快等优点。

2. 控制器外环设计

电压外环控制器是在电流内环的基础上进行设计，前文将电流内环等效为一阶惯性环节。电压外环将辅助变流器输出实际值和给定值进行比较和调节后，将电压量转化为电流内环的给定电流信号。在连续S域上，可以得到图2-16所示的d轴电压外环系统等效结构框图。

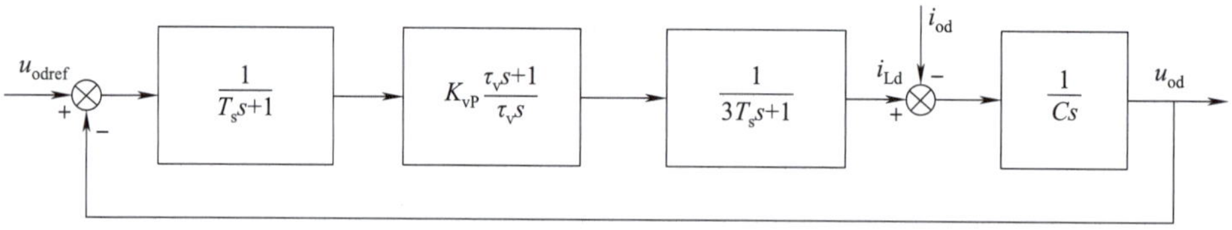

图2-16　d轴电压外环系统等效结构框图

在理想情况下，忽略扰动及其他补偿环节的影响，将电压采样和等效电流内环系统惯性环节合并，可得电压外环开环传递函数。

$$G_{ov}(s)=\frac{K_{vP}(\tau_v s+1)}{C\tau_v s^2(4T_s s+1)} \tag{2-33}$$

式中　τ_v——电压环传递函数极点。

由于电压外环的设计必须具有良好的抗干扰及抑制负载扰动的性能，所以电压外环选择典型的Ⅱ型系统进行设计，则电压外环的频带宽 h 和开环增益 K 为

$$h=\frac{\tau_v}{4T_s} \tag{2-34}$$

$$K=\frac{K_{vI}}{C\tau_v}=\frac{h+1}{2h^2(4T_s)^2} \tag{2-35}$$

典型Ⅱ型系统中，系统的振荡调节时间因系统的衰减振荡呈非单调变化，系统响应时间也并非与频带宽 h 成正比。基于以上分析，采用"折中原则"进行系统的参数整定，当 $h=5$ 时系统动态调节时间最短且超调量适中，将 $h=5$ 代入式(2-34)、式(2-35)得

$$\begin{cases} K_{vP}=\tau_v K_{vI} \\ K_{vI}=\dfrac{3C}{20T_s} \end{cases} \tag{2-36}$$

2.3.2　其他控制技术

辅助变流器控制技术包括单闭环 PID 控制、双闭环 PID 控制、重复控制以及无差拍控制等。这些控制技术均能有效提高辅助变流器工作的可靠性，不同控制策略的特点见表 2-3。单闭环 PID 控制原理与双闭环 PID 控制原理类似，本节重点对重复控制以及无拍差控制的控制原理进行分析。

表 2-3　不同控制策略的特点

项　目	优　点	缺　点
单闭环 PID	控制简单、参数易于整定、鲁棒性较好	不能实现无静差追踪、系统不稳定
双闭环 PID	系统响应速度快、外环设计难度较低	数字实现较难
重复控制	消除非线性负载及扰动引起的波形畸变	动态响应较差
无拍差控制	暂态响应快，补偿系统相位延迟	瞬态调节量较大

1. 重复谐波控制策略

基于 PI 调节下的重复谐波控制策略，是一种在电压电流双闭环控制基础上，加入重复控制的控制策略。重复控制由日本学者提出，多用于伺服系统中重复轨迹的精细控制，可以基于内模原理得到。内模原理：在反馈系统中，通过反馈回路内加设一个和被控外来信号相同的结构，达到对输入信号无静差追踪，直流系统中双闭环就是运用此原理。假设系统控制信号是周期信号，此信号作为控制中的内模来对控制信号进行无静差追踪，若此信号为一个频次无变化的正弦信号，只需把和这个信号同频率的正弦信号 $G(s)=\omega/(s^2+\omega^2)$ 当成内模环节，即可实现无静差追踪。假设这个扰动信号内含很多频率正弦波，需要按照不同频率来设置内模模型，所以频率较多时控制繁琐，实际应用中此方式不够实用。

采用重复控制策略时，控制信号需满足以下条件：

(1)此信号一定是周期信号；

(2)建立被控信号模型，能够达到高精度控制。

满足这两个条件的被控信号就可以采取改进型的内模控制策略，表达式为

$$G(s)=\frac{e^{-Ts}}{1-e^{-Ts}} \tag{2-37}$$

式中　T——给定信号的周期，s。

此模型能够得到周期延时正反馈，此信号必须按照基波或者基波整数倍输出。当误差信号调节到 0 时，内模输出信号将不再变化，控制器相当于信号发生装置。

传统内模控制想要实现改进内模中延时环节有一定难度，所以在重复控制策略中，需要

对内模进行离散化的处理。基于离散型的重复控制方式原理如图 2-17 所示，离散化之后的内模控制策略可以表示为

$$G(s)=\frac{z^{-N}}{1-z^{-N}} \tag{2-38}$$

式中 N——每个周期内所采用的控制次数；

z——离散变量。

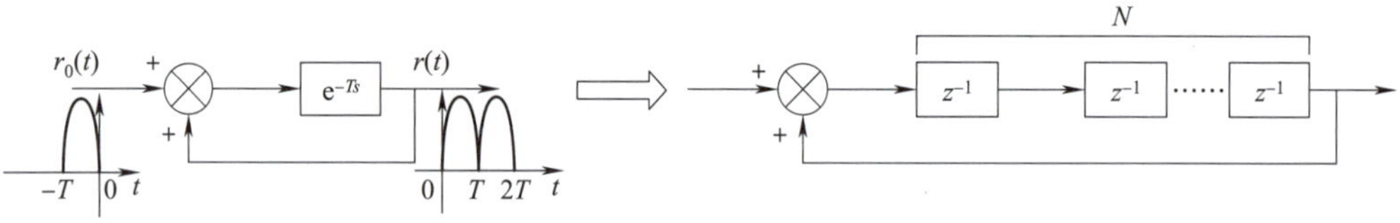

图 2-17 基于离散型的重复控制方式

内模是重复控制依据，采用重复控制系统质量高低取决于内模的建立，内模模型越理想，系统将越稳定。重复信号发生器如图 2-18 所示。

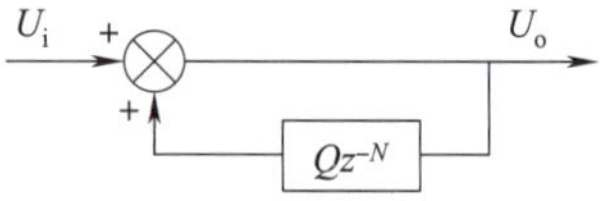

图 2-18 重复信号发生器

重复控制要给指令信号留快速通路，当成是嵌入式模型采用。如图 2-19 所示，$S(z)$是重复控制的补偿装置，功能是对重复控制器内模得到信号进行修改和补偿。

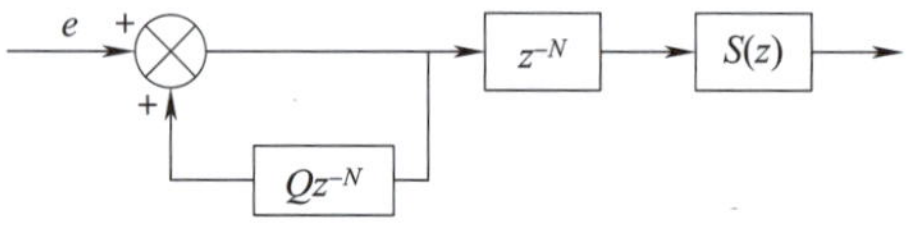

图 2-19 重复控制器

重复控制的数学表达式为

$$S(z)=k_r z^k S'(z) \tag{2-29}$$

式中 k_r——重复控制器增益；

z^k——超前环节；

$S'(z)$——低通滤波器。

低通滤波器有三个作用：

(1)提升补偿器 $S(z)$的低通特性，使得补偿器在低频段增益为 1 方便计算 k_r。

(2)消除控制信号的谐振峰，提高系统稳定性。

(3)通过 $S'(z)$使得 $S(z)$在高频段增益很小，保证了系统抗高频干扰的能力。

尽管有文献提出，在带电流前馈的电压电流双闭环控制中，由于电流内环带宽大于外环带宽，所以在考虑削弱输出电压波形中的谐波时，需要将谐波控制器加设在内环。但是考虑到加设重复控制器目的是增大控制器在各次谐波处的增益数值，若加设至内环，因为外环带宽限制，导致增益增大不显著，因此将重复控制器放在外环，此时各次谐波处的增益显著增大，输出谐波的抑制作用更优。

图 2-20 所示的 PI 控制器和重复控制器是分别设置的，PI 控制器工作时作用时间长，重复控制器响应时间短，所以两者之间互不干扰。

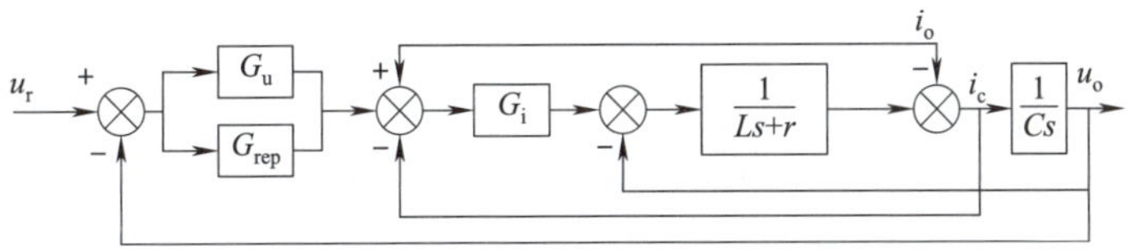

u_0—输出电压；u_r—参考电压；i_o—输出电流；i_c—电容电流；

G_i—电流内环控制器；G_u—电压外环控制器；G_{rep}—重复控制器。

图 2-20 PI 控制下重复控制框图

2. 无差拍控制策略

无差拍控制又称最小拍控制，是一种基于计算机实现的 SPWM 方案。它的具体方法是根据逆变电源系统的离散时间状态方程和输出反馈信号来计算下一个采样周期输出量，由当前时刻的状态量和下一时刻的参考量推导出控制量。在理论上可使每个采样间隔的输出电压偏差在一个采样周期内得到修正。无差拍控制的最大优点在于其优秀的动态性能，只要几个开关周期就可以调整因负载突变引起的输出变化。

应用无差拍控制能够很好地跟踪给定值，但是无差拍控制的缺点也十分明显：

(1)无差拍依赖于模型的精确，其鲁棒性不强，负载变化或者参数漂移，都容易造成系统的不稳定或者输出性能变差。

(2)系统的误差与调制比输出的 LC 等有关。

(3)瞬态超调量较大。

为了克服无差拍控制的缺点，现在主流思想是将无差拍控制结合先进控制策略以弥补其缺陷，如智能控制、模糊控制、神经网络控制等。

以三相逆变器拓扑结构为例，如图 2-21 所示。

对于图 2-21 所示的三相逆变器而言，有

$$\begin{cases} u_{oa}=L\dfrac{\mathrm{d}i_{La}}{\mathrm{d}t}+Ri_{La}+u_a \\ u_{ob}=L\dfrac{\mathrm{d}i_{Lb}}{\mathrm{d}t}+Ri_{Lb}+u_b \\ u_{oc}=L\dfrac{\mathrm{d}i_{Lc}}{\mathrm{d}t}+Ri_{Lc}+u_c \end{cases} \tag{2-40}$$

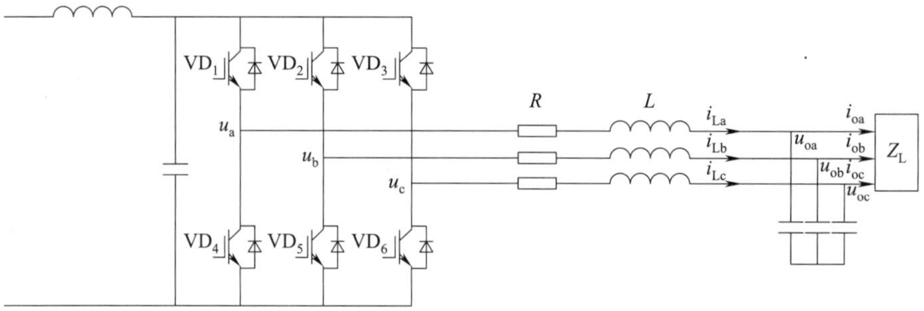

$VD_1 \sim VD_6$—开关管编号。

图 2-21　三相逆变器拓扑结构

对式(2-40)进行 Clark 变换和旋转变换,可得同步旋转坐标系下的 dq 坐标系模型。

$$\begin{cases} u_{od}=L\dfrac{di_{Ld}}{dt}+Ri_{Ld}-\omega Li_{Lq}+u_d \\ u_{oq}=L\dfrac{di_{Lq}}{dt}+Ri_{Lq}+\omega Li_{Lq}+u_q \end{cases} \tag{2-41}$$

式中　u_{od},u_{oq}——逆变器输出电压矢量的 d、q 分量,V;

u_d,u_q——三相输出电压矢量的 d、q 分量,V;

i_{Ld},i_{Lq}——滤波电感电流的 d、q 分量,A。

将式(2-41)写成状态空间表达式为

$$\begin{pmatrix} \dot{I}_{Ld} \\ \dot{I}_{Lq} \end{pmatrix}=\begin{pmatrix} -\dfrac{R}{L} & \omega \\ -\omega & -\dfrac{R}{L} \end{pmatrix}\begin{pmatrix} I_{Ld} \\ I_{Lq} \end{pmatrix}+\begin{pmatrix} \dfrac{1}{L} & 0 & -\dfrac{1}{L} & 0 \\ 0 & \dfrac{1}{L} & 0 & -\dfrac{1}{L} \end{pmatrix}\begin{pmatrix} U_{od} \\ U_{oq} \\ U_d \\ U_q \end{pmatrix} \tag{2-42}$$

其中 I_{Ld}、I_{Lq}、U_{od}、U_{oq}、U_d、U_q 为相应电流、电压的状态空间表达式。设控制周期为 T,将式(2-42)离散化,得到逆变器的离散化模型为

$$\begin{pmatrix} I_d(k+1) \\ I_q(k+1) \end{pmatrix}=\begin{pmatrix} \dfrac{L-RT}{L} & -\omega T \\ \dfrac{L-RT}{L} & \omega T \end{pmatrix}\begin{pmatrix} I_d(k) \\ I_q(k) \end{pmatrix}+\begin{pmatrix} \dfrac{T}{L} & 0 & -\dfrac{T}{L} & 0 \\ 0 & \dfrac{T}{L} & 0 & -\dfrac{T}{L} \end{pmatrix}\begin{pmatrix} U_{od}(k) \\ U_{oq}(k) \\ U_d(k) \\ U_q(k) \end{pmatrix} \tag{2-43}$$

其中 k 为离散变量,由式(2-43)可得无差拍控制电压指令的表达式为

$$\begin{cases} U_{od}(k)=\dfrac{L}{T}I_{Ld}(k+1)-\dfrac{L-RT}{T}I_{Ld}(k)-\omega LI_{Lq}(k)-U_d(k) \\ U_{oq}(k)=\dfrac{L}{T}I_{Lq}(k+1)-\dfrac{L-RT}{T}I_{Lq}(k)-\omega LI_{Ld}(k)-U_q(k) \end{cases} \tag{2-44}$$

通过式(2-45)得到的 $U_{od}(k)$ 和 $U_{oq}(k)$,经过 Park 变换,产生 SVPWM 信号驱动控制逆变器的开关器件。

2.4　辅助变流器并联均流控制策略

我国动车组的辅助供电系统整体工作时辅助变流器通常采用无互联线的并联工作方式，即多台辅助变流器通过功率母线相连，为交流母线提供三相交流电。辅助变流器选择并联运行模式可以获得更好的输出特性和冗余性能，因此并联运行模式也是当前发展趋势。辅助变流器并联运行的关键在于输出功率的合理分配以及实现负载电流的有效均分，为保证负荷在每台变流器间均匀分配，各变流器输出电压的幅值和相位在任意时刻必须保持一致，以避免在并联变流器间产生环流。

在辅助变流器并联控制方式中，下垂控制的应用最为广泛。下垂控制主要是通过模拟同步发电机的下垂特性来对逆变器的有功功率和无功功率进行实时调节，实现对所有变流器的精确化和高效化调控。如果有辅助变流器在系统正常运行过程中出现故障，则故障变流器会立即从系统中退出，进而在确保系统稳定运行的基础上实现功率的重新分配。下垂控制并联系统具有高度的可扩展性，能够更容易地实现“即插即用”，进而在稳定的前提下提高了辅助供电系统的可靠性。

锁相的目标是通过提供出相对准确的正弦参考信号，从而使辅助变流器并联系统以单位功率因数运行，在实际应用中动车组交流母线的实时数据也可以通过锁相环进行监测。对动车组辅助变流器而言，准确、快速检测出交流母线电压的频率和相位信息至关重要，关系到向具体采用的控制策略提供必要的信息。特别在某一辅助变流器发生故障时或因其他原因而导致系统产生不平衡电压时，能有效地跟踪电压相位。目前最常用的技术是数字锁相环技术。

2.4.1　辅助变流器并联系统分析

以两台辅助变流器并联为例，其工作流程如图 2-22 所示。辅助变流器 1 启动接入交流供电母线后，辅助变流器 2 延迟启动。辅助变流器 2 通过传感器检测辅助变流器 1 输出电压的相位并进行同步追踪锁相。锁相完成后闭合辅助变流器 2 的输出接触器，进而完成两台辅助变流器的并联工作。相比于集中式、主从式、3C 式等并联方式，无互联线并联的工作方式控制信号均来自自身，无需同步总线及均分电流总线，从而避免了电磁波产生干扰的问题，提高了系统的抗干

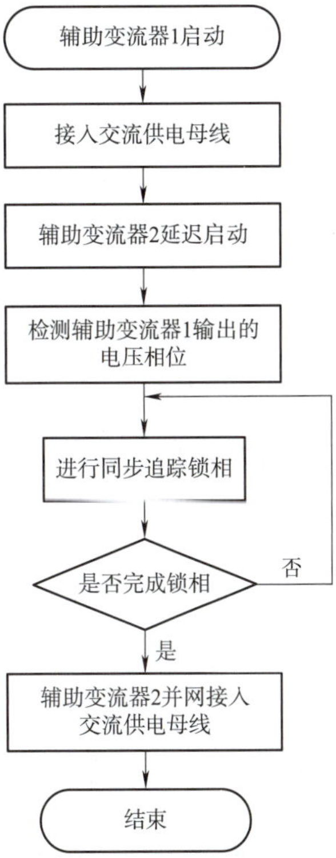

图 2-22　两台辅助变流器并联工作流程

扰性和稳定性。

辅助变流器并联的关键问题在于如何抑制环流，从而实现负载均分。如果变流器在并联过程中产生大的环流，将会导致变流器负载难以均分，出现部分变流器所带负载功率超过额定功率的过载问题。为了解决辅助并联的环流问题，不仅要求辅助变流器之间的输出频率保持一致，还要保证电压幅值相等。只有做到这两点辅助变流器的环流才会被消除，辅助并联系统才会有高质量的输出波形。下面对系统环流产生过程进行分析和推导。两台辅助变流器并联系统简化模型如图 2-23 所示。图 2-23 中 $E_i\angle\varphi_i(i=1,2)$ 为两台辅助变流器空载输出电压；$\mathrm{j}X_i+r_i(i=1,2)$ 为两台辅助变流器等效输出阻抗；$i_i(i=1,2)$ 为两台辅助变流器输出电流；i_o 为输出并联母线负载电流；Z_L 为等效负载阻抗；$V\angle 0$ 为输出并联母线负载电压。两台辅助变流器线路参数及模块间初始化等差异均会导致各自输出电压不同，此时变流器输出电流会从输出电压等级高的变流器流向等级低的变流器，形成电流回路，从而形成并联系统环流。环流会造成输出电流不平衡，引起系统输出量发生畸变，甚至导致系统崩溃，因此环流的大小是衡量辅助变流器并联系统性能好坏的重要指标。定义 i_H 为系统电流环流，其表达式为

$$i_H=\frac{i_1-i_2}{2} \tag{2-45}$$

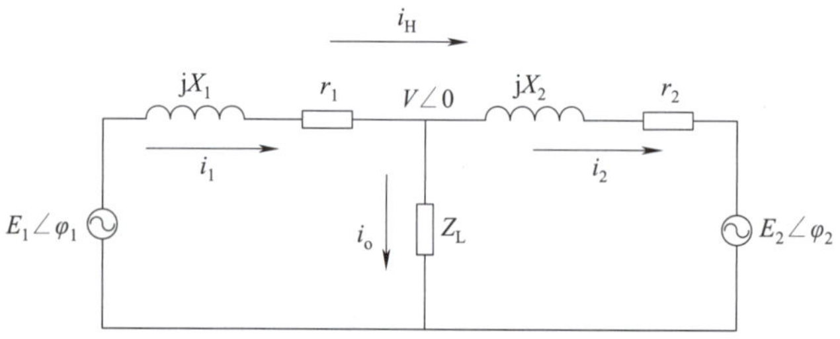

图 2-23　两台辅助变流器并联系统简化模型

根据图 2-23 可以计算出单体辅助变流器输出电流，进而得到环流的向量表达式为

$$\boldsymbol{I}_H=\frac{\boldsymbol{I}_1-\boldsymbol{I}_2}{2}=\frac{1}{2}\left(\frac{\boldsymbol{E}_1-\boldsymbol{V}}{\mathrm{j}X_1+r_1}-\frac{\boldsymbol{E}_2-\boldsymbol{V}}{\mathrm{j}X_2+r_2}\right) \tag{2-46}$$

两台辅助变流器等效阻抗参数相同，即 $\mathrm{j}X_1+r_1=\mathrm{j}X_2+r_2=Z_{inv}$，可得

$$\boldsymbol{I}_H=\frac{\boldsymbol{I}_1-\boldsymbol{I}_2}{2}=\frac{1}{2}\left(\frac{\boldsymbol{E}_1-\boldsymbol{V}}{\mathrm{j}X_1+r_1}-\frac{\boldsymbol{E}_2-\boldsymbol{V}}{\mathrm{j}X_2+r_2}\right)=\frac{\boldsymbol{E}_1-\boldsymbol{E}_2}{2Z_{inv}} \tag{2-47}$$

由此可见，两台辅助变流器输出的电压相量差是产生环流的根本原因。如果两台变流器的电压幅值或者相位不等，在并联回路中存在电压差，从而引起环流，且该环流不流过负载侧。对于等效输出阻抗较小的辅助并联系统，根据欧姆定律可知会产生大的环流。环流

会对变流器的电力电子器件造成冲击，长时间运行将会导致严重的系统故障。使用 Matlab 软件模拟两台辅助变流器并联系统的环流情况，分别模拟两台辅助变流器输出电压相位和幅值不同时系统环流，两台辅助变流器输出 A 相电流 $i_{oa\text{-}1}$、$i_{oa\text{-}2}$ 及系统环流 i_H 波形如图 2-24 所示。

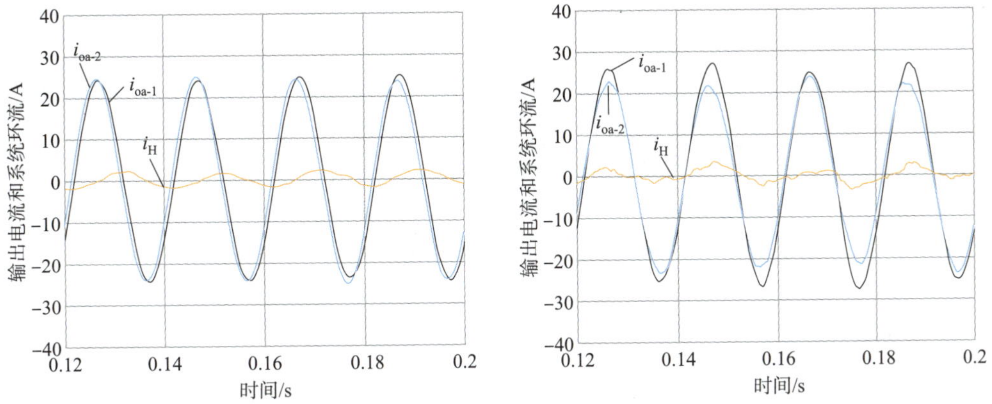

(a)相位不同时　　(b)幅值不同时

图 2-24　输出电压相位和幅值不同时系统环流情况

其中，当变流器输出电压相位差为 0.2°时，系统环流情况如图 2-24(a)所示；当变流器输出电压幅值差为 0.5 V 时，系统环流情况如图 2-24(b)所示。由上述分析可知：两台辅助变流器输出电压微弱的相位差异或幅值差异便会造成较大的系统环流，严重影响并联系统输出电压的稳定性与可靠性。因此在并联过程中，第二台辅助变流器的双闭环控制系统必须实时跟踪并分析交流母线电压(第一台辅助变流器输出电压)幅值和相位情况，进而抑制系统环流，保证并联输出电压的质量。

环流会导致两台辅助变流器输出功率存在差异，体现在有功特性和无功特性两个部分。以辅助变流器 1 为例，其输出视在功率 S_1 和输出电流$\boldsymbol{I}_1$为

$$S_1=P_1+Q_1=\boldsymbol{V}\boldsymbol{I}_1^* \tag{2-48}$$

$$\boldsymbol{I}_1=\frac{\boldsymbol{E}_1(\cos\varphi_1+\mathrm{j}\sin\varphi_1)-\boldsymbol{V}}{\mathrm{j}X_1+r_1} \tag{2-49}$$

式中　$\boldsymbol{I}_1^*$——输出电流向量的共轭值。

其输出有功功率 P_1 和无功功率 Q_1 为

$$\begin{cases} P_1=\dfrac{E_1Vr_1\cos\varphi_1-r_1V^2}{X_1^2+r_1^2}+\dfrac{E_1VX_1\sin\varphi_1}{X_1^2+r_1^2} \\ Q_1=\dfrac{E_1VX_1\cos\varphi_1-X_1V^2}{X_1^2+r_1^2}-\dfrac{E_1Vr_1\sin\varphi_1}{X_1^2+r_1^2} \end{cases} \tag{2-50}$$

并联系统等效输出阻抗的感性成分一般远大于阻性成分，则 $r_1=r_2\approx0$；辅助变流器输

出电压$\boldsymbol{E}_1$与交流母线电压$\boldsymbol{V}$的相位差值较小，则 $\sin\varphi_1\approx\varphi_1$，$\cos\varphi_1\approx1$。基于以上简化，可以得到简化后的输出有功功率 P_1 和无功功率 Q_1 表达式为

$$\begin{cases} P_1=\dfrac{E_1V}{X_1}\varphi_1 \\ Q_1=\dfrac{E_1V-V^2}{X_1} \end{cases} \tag{2-51}$$

由以上分析可知：并联系统阻抗呈感性时，辅助变流器输出有功功率取决于输出电压的相位，而无功功率取决于输出电压的幅值。同理可以得到辅助变流器 2 的输出有功功率 P_2 和无功功率 Q_2 的表达式，设 $X_1=X_2=X$，则其功率差为

$$\begin{cases} \Delta P=P_1-P_2\approx\dfrac{V^2}{X}\Delta\varphi \\ \Delta Q=Q_1-Q_2\approx\dfrac{V}{X}\Delta E \end{cases} \tag{2-52}$$

2.4.2 引入虚拟阻抗的下垂控制技术

辅助变流器并联系统控制环的目的是减小环流，实现两(多)台变流器有功功率和无功功率均分，因此准确的功率计算是并联系统可靠运行的基础。现有的功率计算方法主要有双表计算法、电压电流移相计算法、基于 $\alpha\beta$ 坐标系的计算法和基于 dq 坐标系的计算法。

前两种功率计算方法是基于 abc 坐标系下的直接计算法，其计算量较大，需要较大的存储空间，一定程度上影响了系统的动态性能；相比之下基于 dq 坐标系的功率计算法具有编写简单、易于实现、动态性能好等优点，所以选择基于 dq 坐标系的计算法进行功率计算。dq 旋转坐标系下瞬时有功功率 $p(t)$和无功功率 $q(t)$表达式为

$$\begin{cases} p(t)=\dfrac{3}{2}[u_d(t)i_d(t)+u_q(t)i_q(t)] \\ q(t)=\dfrac{3}{2}[u_q(t)i_d(t)-u_d(t)i_q(t)] \end{cases} \tag{2-53}$$

式中 $u_d(t)$，$u_q(t)$——逆变器输出电压的 d、q 分量，V；

$i_d(t)$，$i_q(t)$——逆变器输出电流的 d、q 分量，A。

式(2-53)得到的瞬时功率中含有较多的高频分量，因此引入截止频率为 ω_c 的低通滤波器来获得平滑的基波分量。

$$\begin{cases} P=\dfrac{\omega_c}{s+\omega_c}p(t) \\ Q=\dfrac{\omega_c}{s+\omega_c}q(t) \end{cases} \tag{2-54}$$

传统的下垂控制策略将辅助变流器等效输出阻抗视为纯感性，此时频率影响有功功率，

幅值影响无功功率。感性下垂控制方程为

$$\begin{cases}\omega=\omega_0-mP\\E=E_0-nQ\end{cases}\tag{2-55}$$

式中　m,n——有功和无功的功率下垂系数；

ω_0,E_0——空载输出电压相位和幅值的参考给定值。

图 2-25 为并联系统的功率下垂曲线，系统可以通过改变给定角频率和电压值的大小调节辅助变流器输出功率的大小。

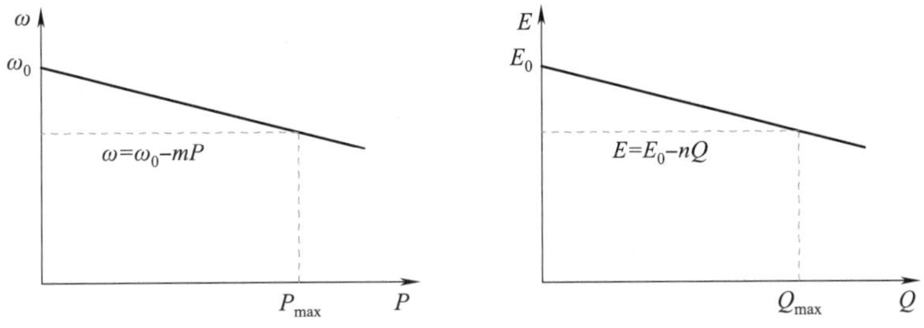

(a)有功功率调节　(b)无功功率调节

图 2-25　功率下垂曲线

由此可以得到图 2-26 所示的传统下垂控制的控制框图，ω^*、V 分别代表并联系统交流母线电压的频率和幅值。

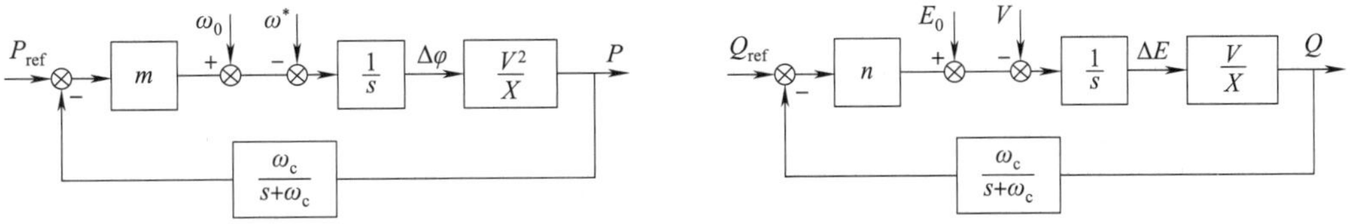

(a)有功功率控制框图　(b)无功功率控制框图

图 2-26　传统下垂控制框图

采用传统下垂控制法的辅助并联系统，各变流器之间无需互相通信，省去了各变流器间的通信互联线，大大降低了并联系统通信总线的数量。传统下垂控制方法简单，并联系统模块之间没有任何通信线，系统模块化程度高，扩展性能好，系统供电可靠性高。但该控制方法动态响应慢，频率与电压偏离额定值，变流器带非线性负载时，谐波功率难以均分，同时传统下垂控制是基于并联系统等效输出阻抗为感性进行分析，但现实中的输出阻抗特性未知，进而很难实现功率均分。而在此基础上引入虚拟阻抗则可有效解决以上问题，进而更加有效地抑制环流。虚拟阻抗技术的基本原理是人为添加虚拟阻抗 Z_v，将输出电流与 Z_v 的乘积作用到给定电压 u_{oref} 上，以此得到新的参考电压给定值 u_{oref}^* 为

$$u_{oref}^*=u_{oref}-Z_v i_o\tag{2-56}$$

以 CR400BF 型动车组为例，在其辅助变流器并联控制环节中引入了虚拟阻抗的下垂控制，单台辅助变流器并联控制框图如图 2-27 所示。

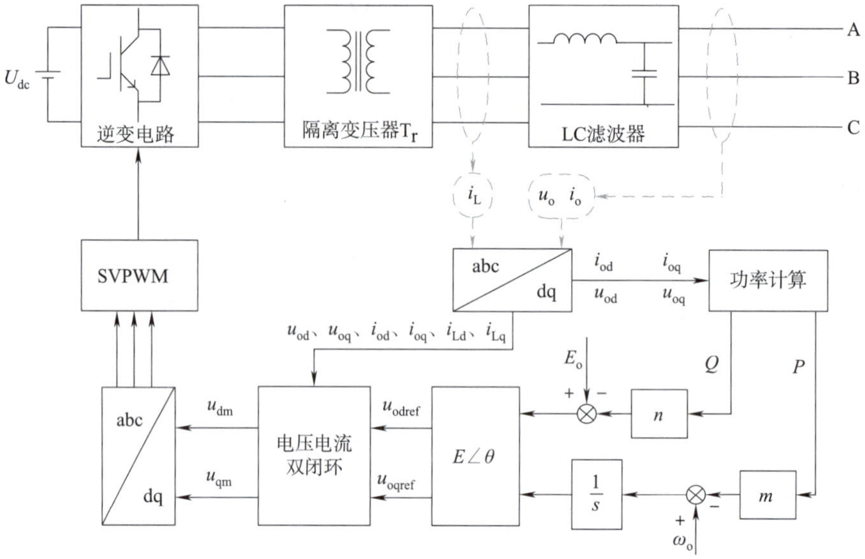

图 2-27 单台辅助变流器并联控制框图

由于引入虚拟阻抗的目的是增加辅助变流器的感性且消除两(多)台辅助变流器之间的分散性，因此虚拟阻抗 Z_v 设计为感性，即 $Z_v=\omega L_v$。由式(2-56)可以得到 dq 坐标系下新的参考电压 u_{oref}^* 的表达式为

$$\begin{cases} u_{odref}^*=u_{odref}+\omega L_v i_q \\ u_{oqref}^*=u_{oqref}+\omega L_v i_d \end{cases} \tag{2-57}$$

经过虚拟阻抗调制后的新参考电压 u_{oref}^* 经前馈双环解耦控制产生逆变器的触发电压 u_m，u_m 驱动 SVPWM 控制产生触发脉冲以控制辅助变流器的输出电压。

2.4.3 并联系统锁相技术

相位追踪是辅助变流器并联控制的重要环节，如何准确快速地检测辅助变流器输出电压的相位和频率信号是并网的前提条件，为控制策略的实施提供必要的信息和依据。锁相环的基本结构是由鉴相器、环路滤波器和压控振荡器组成的自动相位调节系统，当环路锁定时，输出信号 $u_o(t)$和输入信号 $u_i(t)$的相位和频率相等。鉴相器包含相位比较算法，用来比较分析输入信号和输出信号，输出误差信号；再通过压控振动器控制误差信号的跟随输入信号输出，达到锁相的目的。基本锁相环结构如图 2-28 所示。

当锁相环开始工作时，输入参考信号的频率 f_i 与压控振荡器的固有振荡频率 f_o 总是不相同的[结合图 2-28，$u_i(t)=f_i$，$u_o(t)=f_o$]，即 $\Delta f=f_i-f_o$，这一固有频率差 $\Delta f=f_i-$

f_o必然引起它们之间的相位差不断变化，并不断跨越 2π 角。由于鉴相器特性是以相位差 2π 为周期的，因此鉴相器输出的误差电压总是在某一范围内摆动。这个误差电压通过环路滤波器变成控制电压加到压控振荡器上，使压控振荡器的频率 f_o趋向于参考信号的频率 f_i，直到压控振荡器的频率变化到与输入参考信号的频率相等，环路就在这个频率上稳定下来。两个频率之间的相位差不随时间变化而是一个恒定的常数，这时环路进入“锁定”状态。

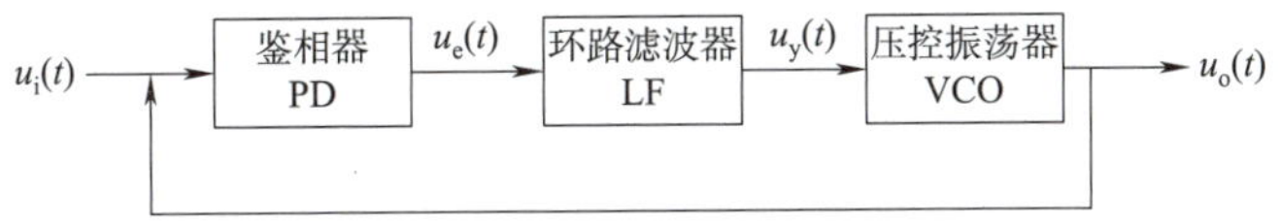

图 2-28　锁相环结构

当环路已处于锁定状态时，如果输入参考信号的频率和相位发生变化，通过环路的控制作用，压控振荡器的频率和相位能不断跟踪输入参考信号频率的变化而变化，使环路重新进入锁定状态，这种动态过程称为环路的跟踪过程。而环路不处于锁定和跟踪状态，这个动态过程称为失锁过程。

锁相环有四种工作状态，即锁定状态、失锁状态、捕获过程和跟踪过程。

锁定状态：整个环路已经达到输入信号相位的稳定状态。指输出信号相位等于输入信号相位，或者是两者存在一个固定的相位差，但频率相等。在锁定状态时，压控振荡器的电压控制信号接近平缓。

失锁状态：环路的反馈信号与锁相环输入信号的频率之差不能为零的状态。当环路的结构设计有问题，或者是输入信号超出了锁相环应用范围的时候都会进入失锁状态。这个状态意味着环路没有正常工作。

捕获过程：环路由失锁状态进入锁定状态的过程。这个状态表明环路已经开始进入正常工作，但还没有达到锁定的稳态。此过程是一个频率和相位误差不断减小的过程。

跟踪过程：在锁相环环路处于锁定状态时，若此时输入信号频率或相位因其他原因发生变化，环路能通过自动调节来维持锁定状态的过程。由于输入信号频率或者相位变化引起的相位误差一般都不大，环路可视作线性系统。

锁相环的这四种状态中，前两个状态称为静态，后两个状态称为动态。优秀的设计可以使锁相环在上电后立刻进入捕获，从而快速锁定。

1. 鉴相器

锁相环中的鉴相器又称为相位比较器，作用是检测输入信号和输出信号的相位差，并将检测出的相位差信号转换成 $u_e(t)$电压信号输出，该信号经低通滤波器滤波后形成压控振荡器的控制电压 $u_y(t)$，对压控振荡器输出信号的频率实施控制。

锁相环中的鉴相器通常由模拟乘法器组成，但在实际中使用的锁相环系统还包括放大器、分频器、混频器等模块，但这些模块不会影响锁相环的基本工作原理，可以忽略。

令 $u_{\mathrm{i}}(t)=U_{\mathrm{im}}\sin[\omega_{\mathrm{i}}t+\theta_{\mathrm{i}}(t)]$，$u_{\mathrm{o}}(t)=U_{\mathrm{om}}\sin[\omega_{\mathrm{o}}t+\theta_{\mathrm{o}}(t)]$，则由模拟乘法器的工作原理可得

$$u_{\mathrm{e}}(t)=u_{\mathrm{i}}(t)u_{\mathrm{o}}(t)=U_{\mathrm{im}}U_{\mathrm{om}}\sin[\omega_{\mathrm{i}}t+\theta_{\mathrm{i}}(t)]\sin[\omega_{\mathrm{o}}t+\theta_{\mathrm{o}}(t)] \tag{2-58}$$

式中 U_{im}，U_{om}——输入和输出电压的幅值，V；

ω_{i}，ω_{o}——输入和输出电压的角频率，rad/s；

$\theta_{\mathrm{i}}(t)$，$\theta_{\mathrm{o}}(t)$——输入和输出电压的相位角，rad。

整理得

$$u_{\mathrm{e}}(t)=\frac{1}{2}U_{\mathrm{im}}U_{\mathrm{om}}\{\sin[(\omega_{\mathrm{i}}-\omega_{\mathrm{o}})t+\theta_{\mathrm{i}}(t)-\theta_{\mathrm{o}}(t)]+\sin[(\omega_{\mathrm{i}}+\omega_{\mathrm{o}})t+\theta_{\mathrm{i}}(t)+\theta_{\mathrm{o}}(t)]\} \tag{2-59}$$

2. 环路滤波器

环路滤波器是一个线性低通网络，通常为低通滤波器，主要作用是滤除 $u_{\mathrm{e}}(t)$ 的高频分量，这里指的是鉴相器产生的“和频信号”，其目的是得到输入和输出信号之间的相位角。经滤波器后，$u_{\mathrm{y}}(t)$ 为

$$u_{\mathrm{y}}(t)=\frac{1}{2}U_{\mathrm{im}}U_{\mathrm{om}}\sin[(\omega_{\mathrm{i}}-\omega_{\mathrm{o}})t+\theta_{\mathrm{i}}(t)-\theta_{\mathrm{o}}(t)] \tag{2-60}$$

3. 压控振荡器

环路滤波器的输出信号 $u_{\mathrm{y}}(t)$ 用来控制压控振荡器的频率和相位。

压控振荡器的振荡频率以 ω_0 为中心，随输入信号电压 $u_{\mathrm{y}}(t)$ 线性的变化，变化关系为

$$\omega_0(t)=\omega_0+K_0u_{\mathrm{y}}(t) \tag{2-61}$$

式中 ω_0——压控振荡器的固有振荡频率，即当控制电压 $u_{\mathrm{y}}(t)=0$ 时的输出频率；

K_0——压控振荡器的灵敏度。

瞬时频率和瞬时相位的关系为

$$\omega(t)=\frac{\mathrm{d}\theta(t)}{\mathrm{d}t} \tag{2-62}$$

则瞬时相位差 θ_{d} 为

$$\theta_{\mathrm{d}}=(\omega_{\mathrm{i}}-\omega_0)t+\theta_{\mathrm{i}}(t)-\theta_{\mathrm{o}}(t) \tag{2-63}$$

对两边求微分，可得频差关系式为：

$$\frac{\mathrm{d}\theta_{\mathrm{d}}}{\mathrm{d}t}=\frac{\mathrm{d}(\omega_{\mathrm{i}}-\omega_0)}{\mathrm{d}t}+\frac{\mathrm{d}[\theta_{\mathrm{i}}(t)-\theta_{\mathrm{o}}(t)]}{\mathrm{d}t} \tag{2-64}$$

综合锁相环的各个组成环节，当式(2-64)等于 0 时，即输入和输出的频率和初始相位保持恒定不变的状态，$u_{\mathrm{y}}(t)$ 为恒定值，意味着锁相环进入相位锁定状态；当式(2-64)不等于 0 时，输入和输出的频率不相等，$u_{\mathrm{y}}(t)$ 随时间变化，导致压控振荡器的振荡频率也随时间变化，锁相环进入“频率牵引”，自动跟踪输入频率，直至进入锁定状态。

目前常用的相位检测方法为过零比较法，其原理是通过检测电网电压的过零点来获取相位差信号，进而利用软硬件实现锁相。这种锁相技术虽然结构简单，但是存在锁相速度慢、锁相精度差等缺点，无法满足辅助变流器快速精确追踪母线相位的需求。因此选择基于坐标变换的三相数字锁相技术，并以此为例进行 CR400BF 型动车组辅助变流器并联系统的锁相。

三相母线电压合成空间矢量 $u_{\text{o-bus}}$ 与其 dq 坐标轴下的电压分量 $u_{\text{od-bus}}$、$u_{\text{oq-bus}}$ 相位示意如图 2-29 所示。q 轴电压分量 $u_{\text{oq-bus}}$ 反映了 d 轴电压分量 $u_{\text{od-bus}}$ 和三相母线电压合成矢量 $u_{\text{o-bus}}$ 的相位关系。图中 ω、ω_{bus} 分别代表 dq 坐标轴和三相母线电压合成空间矢量 $u_{\text{o-bus}}$ 的旋转角频率。当 $u_{\text{o-bus}}>0$ 时，同步旋转坐标系 d 轴滞后于 $u_{\text{o-bus}}$，此时应增大 Park 变换旋转角频率；当 $u_{\text{o-bus}}<0$ 时，同步旋转坐标系 d 轴超前于 $u_{\text{o-bus}}$，此时应减小 Park 变换旋转角频率；当 $u_{\text{o-bus}}=0$ 时，d 轴与 $u_{\text{o-bus}}$ 同相位。假设母线电压幅值为 $u_{\text{om-bus}}$，则 $u_{\text{oq-bus}}$ 的表达式为

$$u_{\text{oq-bus}}=U_{\text{om-bus}}\sin(\theta^{*}-\theta) \tag{2-65}$$

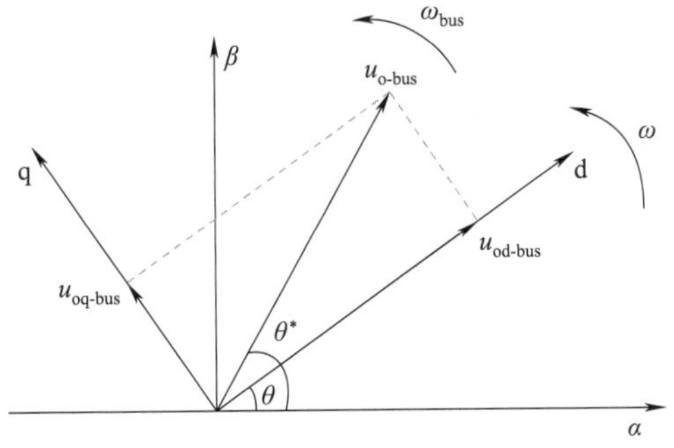

图 2-29　基于旋转坐标系的矢量

由此可见三相数字锁相技术的原理：以 $u_{\text{oq-bus}}=0$ 为控制目标，通过控制 dq 坐标轴旋转角频率 ω 进而控制 d 轴跟随 $u_{\text{o-bus}}$ 并获取母线电压相位信号。三相电压锁相环控制原理框图如图 2-30 所示。

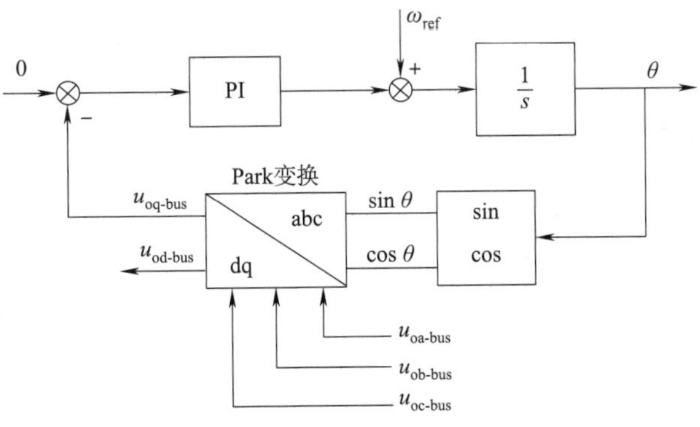

ω_{ref}—旋转角频率的参考值。

图 2-30　三相电压锁相环控制原理框图

CR400BF 型动车组两台辅助变流器并联运行时，一台辅助变流器正常工作输出交流电压至公共交流母线。第二台辅助变流器通过传感器采样得到公共交流母线电压 $u_{oa\text{-}bus}$、$u_{ob\text{-}bus}$、$u_{oc\text{-}bus}$，进而经过 Park 变换后得到对应 q 轴电压 $u_{oq\text{-}bus}$。$u_{oq\text{-}bus}$ 与给定值的差值作为锁相环 PI 控制器的误差信号，经 PI 控制器输出的调解信号与辅助变流器给定角频率 ω_{bus} 共同得到新的输出电压角频率。新输出的电压角频率信号经过积分环节得到旋转角 θ，达到辅助变流器 2 跟随辅助变流器 1 相位角的目的。

第 3 章　隔离型 DC/DC 变换器的建模与控制

动车组的直流负载主要包括控制系统、蓄电池、车载信号系统等，对保障列车运行起着关键作用。与非隔离型 DC/DC 变换器相比，带有高频变压器的隔离型 DC/DC 变换器的主要优势在于输入端与输出端实现电气隔离，可有效保证人员和设备的安全。因此，动车组的辅助供电系统中广泛使用了隔离型 DC/DC 变换器。但是，隔离型 DC/DC 变换器种类繁多、原理各异，不同电路拓扑类型的隔离型 DC/DC 变换器已成为国内外学者研究的重要课题。

3.1　CR400BF 型动车组充电机建模与控制

动车组充电机是为车辆负载提供稳定直流电压以及给车辆蓄电池充电的重要车载设备，其工作状态直接影响动车组的运行状态。充电机作为辅助变流器的后级，主要作用是将辅助变流器输出的三相交流电变换为稳定的直流电输出，为蓄电池和直流负载提供电能。充电机接受前级辅助变流器输出的三相交流电，经过一次整流及滤波环节后变为直流电，然后经过逆变、变压、二次整流、平滑滤波等环节为直流负载提供电能。

3.1.1　充电机基本拓扑

CR400BF 型动车组充电机基本拓扑如图 3-1 所示。充电机得电瞬间，前级辅助变流器输出 3AC 380 V/50 Hz 三相交流电压通过整流桥对电容充电。由于电容初始电压为零，得电瞬间产生巨大的充电电流可能对整流二极管与电容产生损害，并造成辅助变流器输出过流保护。充电机输入端检测有交流电压时，预充电电路通过闭合预充电接触器，对中间直流电容预充电，实现对充电机的保护。

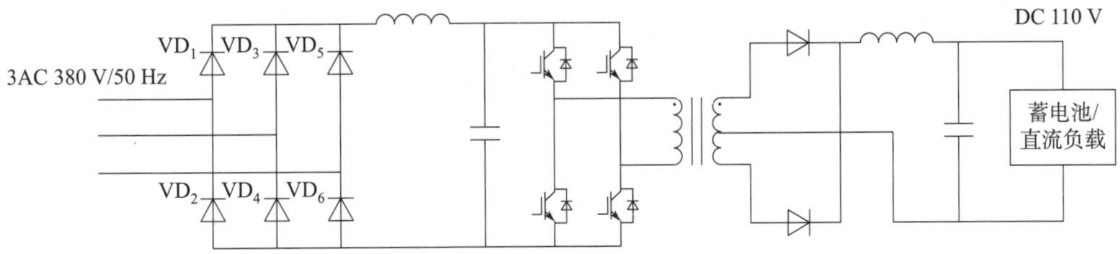

图 3-1　充电机基本拓扑

CR400BF型动车组充电机的主要组成部分包括三相桥式不控整流电路和全桥DC/DC变换电路。其中，三相桥式不控整流电路是由导通二极管组成的电路，电路由上桥和下桥两个部分组成，上、下桥分别包括3个二极管，为便于区分，对二极管进行编号，上桥二极管编号为VD_1、VD_3、VD_5，下桥二极管编号为VD_2、VD_4、VD_6。当输入侧三相线电压中的最大值大于直流侧输出电压时，对应的上下桥二极管导通，直流负载由交流侧和电容共同供电，当电路二极管不导通时，电容放电为直流负载供电。CR400BF型动车组充电机基本参数见表3-1。

表3-1 CR400BF型动车组充电机基本参数

参　数	数　值
输入电压	3AC 380×(1±5%)V
输入频率	50×(1±2%)Hz
额定输出电压	DC 110 V
输出电压范围	满足充电曲线特性
输出电压纹波因数	≤5%
额定输出功率	60 kW
效率	≥90%

3.1.2 后级DC/DC变换器建模

全桥DC/DC变换器是CR400BF型动车组充电机输出的重要控制电路，其输入为前级三相桥式不控整流电路输出的直流电，电路拓扑如图3-2所示。全桥DC/DC变换器由单相全桥逆变电路、高频变压器、全波整流电路组成，其中，单相全桥逆变电路由IGBT开关控制管$IGBT_1$、$IGBT_2$、$IGBT_3$、$IGBT_4$组成，通过控制单元产生的PWM信号控制IGBT开通和关断，输出交流电压。高频变压器的功能包括：(1)隔离电路，降低副边谐波对原边母线的影响；(2)调整电压，根据电压的变比将全桥DC/DC变换器变为升压或降压变换器。全波整流电路通过整流二极管D_1和D_2共同作用将逆变后的交流电重新整流为直流电，为后级负载提供电能。电容C用于稳定前级直流输入的母线电压，降低电压波动，全波整流电路后的电容C_0和电感L_0构成滤波电路，减小输出波形纹波。

研究充电机控制系统时，需要建立控制电路的动态模型，由于充电机的控制环节实际上为全桥DC/DC变换器，因此主要对全桥变换器进行数学建模，为充电机控制系统设计提供基础。全桥DC/DC变换器的理想电路如图3-3所示，输入、输出电压分别为$v_g(t)$、$v(t)$，占空比信号为$d(t)$，电感电压和电感电流分别为$v_L(t)$、$i_L(t)$，电容电压和电容电流分别为$v_C(t)$、$i_C(t)$，原边电压与副边电压变比为$N:1$。

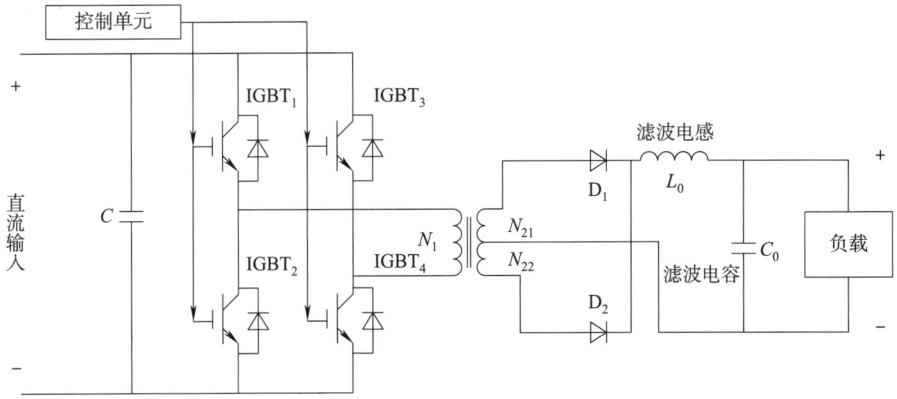

图 3-2　全桥 DC/DC 变换器电路拓扑

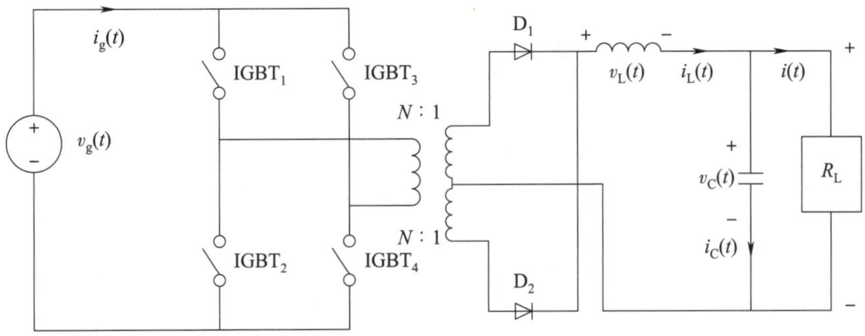

图 3-3　全桥 DC/DC 变换器的理想电路

假定逆变器件 $IGBT_1$～$IGBT_4$ 和整流二极管 D_1、D_2 为理想开关，并且动态过程中产生的扰动信号频率远低于开关频率，扰动信号幅值远小于稳态幅值。全桥 DC/DC 变换器单个周期的整体工作过程可以分为四个工作状态，且前、后半周期的工作原理相同，因此，简化电路工作状态，只研究半个周期内电路的状态变化。设滤波电感的充放电周期为 T_L，观察 T_L 时间内电路的工作状态。

将开关占空比设为 d，则 T_L 周期的电路状态变化分为两个阶段$[t,t+dT_L]$及$[t+dT_L,t+T_L]$，在$[t,t+dT_L]$时间内，电路的基尔霍夫电压、电流方程可表示为

$$\begin{cases}\dfrac{v_g(t)}{N}=L\dfrac{\mathrm{d}i_L(t)}{\mathrm{d}t}+v_C(t)\\ v_C(t)=R_L\left[i_L(t)-C\dfrac{\mathrm{d}v_C(t)}{\mathrm{d}t}\right]\end{cases}\tag{3-1}$$

在$[t+dT_L,t+T_L]$时间段内，电路的基尔霍夫电压、电流方程可表示为

$$\begin{cases}0=L\dfrac{\mathrm{d}i_L(t)}{\mathrm{d}t}+v_C(t)\\ 0=R_L\left[i_L(t)-C\dfrac{\mathrm{d}v_C(t)}{\mathrm{d}t}\right]\end{cases}\tag{3-2}$$

利用状态空间平均法得到 DC/DC 电路的状态平均方程为

$$\begin{cases} L\dfrac{\mathrm{d}i_{\mathrm{L}}(t)}{\mathrm{d}t}=d(t)\dfrac{v_{\mathrm{g}}(t)}{N}-v_{\mathrm{C}}(t) \\ v(t)=v_{\mathrm{C}}(t) \\ i(t)=\dfrac{d(t)i_{\mathrm{L}}(t)}{N} \end{cases} \tag{3-3}$$

当全桥 DC/DC 变换器工作于稳态时，设稳态输入电压为 V_{g}，占空比为 D，滤波电容电压为 V_{C}，滤波电感电流为 I_{L}，全桥 DC/DC 变换器的稳态模型方程为

$$\begin{cases} V=V_{\mathrm{C}}=\dfrac{DV_{\mathrm{g}}}{N} \\ I_{\mathrm{L}}=\dfrac{V}{R_{\mathrm{L}}} \\ I_{\mathrm{g}}=\dfrac{DV}{NR_{\mathrm{L}}} \end{cases} \tag{3-4}$$

为了研究全桥 DC/DC 变换器工作时的动态过程，引入低频小信号扰动，将动态变化简化为在小信号作用下由一个静态工作点向下一个静态工作点转移的过程，加入扰动后变量会发生细小的变化。

$$\begin{cases} v_{\mathrm{g}}(t)=V_{\mathrm{g}}+\hat{v}_{\mathrm{g}}(t) \\ i_{\mathrm{g}}(t)=I_{\mathrm{g}}+\hat{i}_{\mathrm{g}}(t) \\ i_{\mathrm{L}}(t)=I_{\mathrm{L}}+\hat{i}_{\mathrm{L}}(t) \\ v(t)=V+\hat{v}(t) \\ d(t)=D+\hat{d}(t) \end{cases} \tag{3-5}$$

式中 $\hat{v}_{\mathrm{g}}(t)$——输入电压小信号扰动变量，V；

$\hat{i}_{\mathrm{g}}(t)$——输入电流小信号扰动变量，A；

$\hat{i}_{\mathrm{L}}(t)$——电感电流小信号扰动变量，A；

$\hat{v}(t)$——输出电压小信号扰动变量，V；

$\hat{d}(t)$——占空比小信号扰动变量。

将加入扰动后的新变量代入动态模型中，得到 DC/DC 变换器的线性化小信号模型。

$$\begin{cases} L\dfrac{\mathrm{d}\hat{i}_{\mathrm{L}}(t)}{\mathrm{d}t}=\dfrac{V_{\mathrm{g}}}{N}\hat{d}(t)+\dfrac{D}{N}\hat{v}_{\mathrm{g}}(t)-\hat{v}(t) \\ C\dfrac{\mathrm{d}\hat{v}(t)}{\mathrm{d}t}=\hat{i}_{\mathrm{L}}(t)-\dfrac{\hat{v}(t)}{R} \\ \hat{i}_{\mathrm{g}}(t)=\dfrac{D}{N}\hat{i}_{\mathrm{L}}(t)+\dfrac{I_{\mathrm{L}}}{N}\hat{d}(t) \end{cases} \tag{3-6}$$

采用等效电路更直观地表示式(3-6)的线性化小信号模型，采用受控源、电感、电容等元件表示电路方程的输入、输出，得到全桥 DC/DC 变换器的小信号等效电路，如图 3-4 所示。

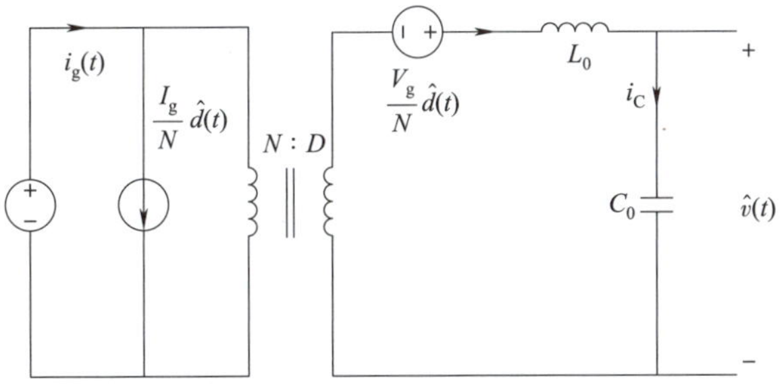

图 3-4　小信号等效电路模型

3.1.3　后级 DC/DC 变换器控制方法

充电机的负载是蓄电池，因此在研究充电机的控制技术之前需对蓄电池的特性进行分析。CR400BF 型动车组辅助供电系统蓄电池大多数为锂电池，锂电池的充电特性曲线如图 3-5 所示。

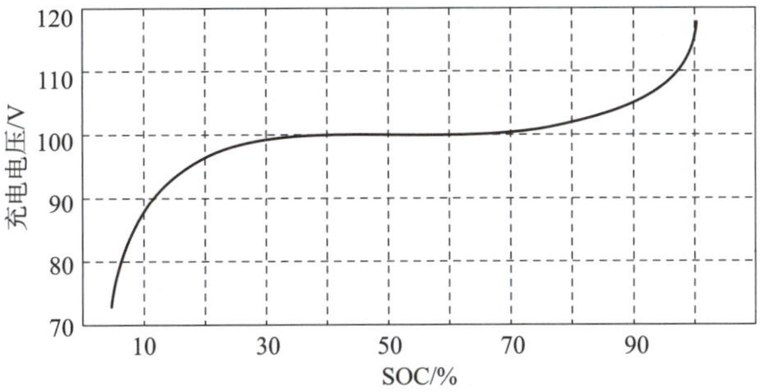

图 3-5　锂电池充电特性曲线

在考虑充电时间、对电池容量与寿命影响三者因素下，美国科学家马斯通过大量实验研究提出了电池快速充电曲线——马斯曲线，如图 3-6 所示，$i(t)$表示充电过程中 t 时刻蓄电池可接受的最大充电电流，根据马斯曲线充电可以在不影响电池寿命的情况下使充电时间最短。

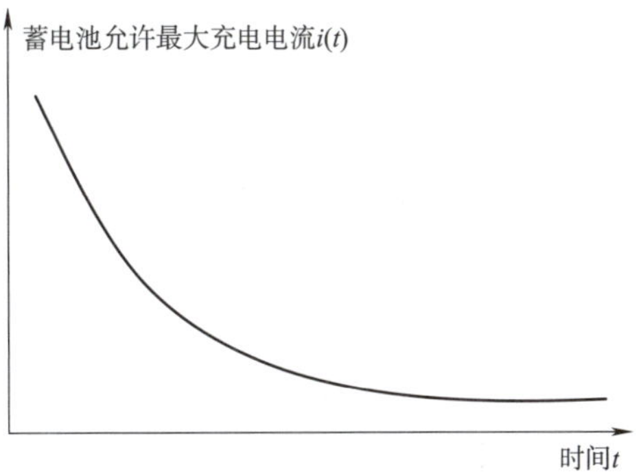

图 3-6　马斯曲线

结合蓄电池组充电要求、马斯曲线以及辅助供电系统蓄电池组真实充电工况，得到图 3-7 所示的蓄电池组充电曲线，充电电流的大小以充电倍率 C 表示。

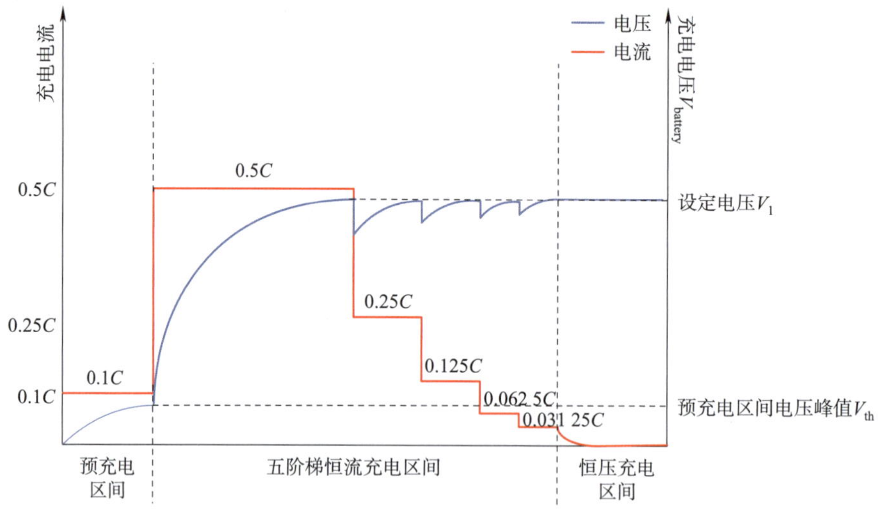

图 3-7　蓄电池组充电曲线

蓄电池组能量管理系统(BMS)向充电机实时发送最大允许充电电流,充电机根据电池状态控制输出电压和电流。在蓄电池电压低于设定电压 V_1 时,采用电流单环控制,利用恒定电流给蓄电池充电,当蓄电池电压不低于设定电压 V_1 时,采用电压单环控制,利用恒定电压给蓄电池充电,直至蓄电池电量达到100%。充电机控制框图如图 3-8 所示。这种控制方法消除开关次整数倍谐波,谐波含量小,滤波特性较好。

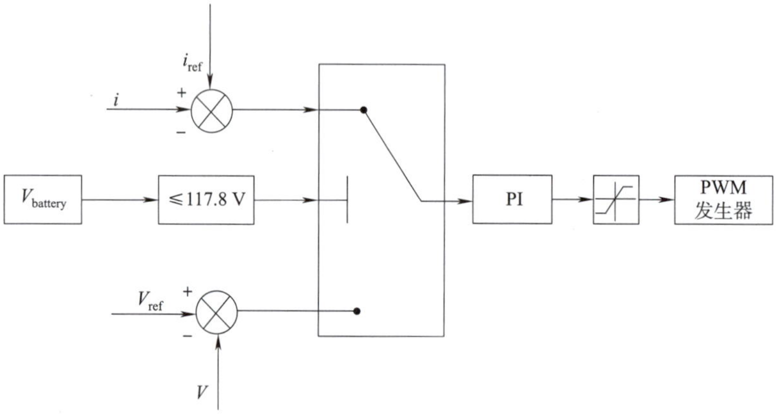

图 3-8　充电机控制框图

3.2　DC/DC 变换器控制方法

全桥 DC/DC 变换器为动车组充电机的重要组成部分,其控制方式目前主要有双极性控制、有限双极性控制和移相控制等。其中,移相控制是目前在全桥电路中应用最广泛的控制方式。移相控制通过给出 4 路恒定 50%占空比的驱动波形驱动全桥电路的 4 个开关管，同一桥臂的驱动波形互补，而超前桥臂和滞后桥臂之间的驱动波形相差一个相位角，通过调节该相位角就可以调节输出电压的大小，这种控制方式的特点是开关频率固定、便于控制。为避免开关过程中的损耗随频率增加而急剧上升，在移相控制技术的基础上，利用外部并联电容和串联电感作为谐振元件，使变换器四个开关管依次零电压开通和关断，实现软开关控制。

与此同时，在充电机的控制技术中，为了保证充电机输出的准确性和鲁棒性，引入电压电流双闭环控制，在闭环控制中，采用 PI 控制器处理测量值与期望值之间的误差，使充电机输出追随误差，保证输出的准确性，增强了系统的抗干扰性。但是一般的 PI 控制器采用固定的 K_P、K_I 参数值，而电池充电过程中充电阶段较多，当充电机充电阶段切换时，或者受到的干扰因素较大导致误差过大时，可能会导致此 PI 控制器的参数不是系统闭环控制的最优解，甚至会超过该 PI 控制器的调节范围，影响充电机输出的稳定性。为了能够根据测量值与期望值之间的误差大小实时调整 PI 控制器的参数值，引入模糊控制的原理与 PI 控制相结合。

3.2.1　移相控制

充电机电路拓扑的主要控制部分为全桥 DC/DC 变换器，以典型 DC/DC 变换器结构为例，其高频逆变部分由 4 个 IGBT、4 个谐振电容和 1 个谐振电感组成。采用移相控制的方式对高频逆变部分进行控制，进而控制变换器的输出电压、电流。具体的工作状态为：每个桥臂的 2 个开关管 180°互补导通，同时两个桥臂交替导通之间相差一个相位，即移相角，通过调节移相角的大小来改变原边向副边的传输效率，进而调节电压、电流的输出情况。移相控制变换器的半个周期存在六种工作状态，如图 3-9 所示。

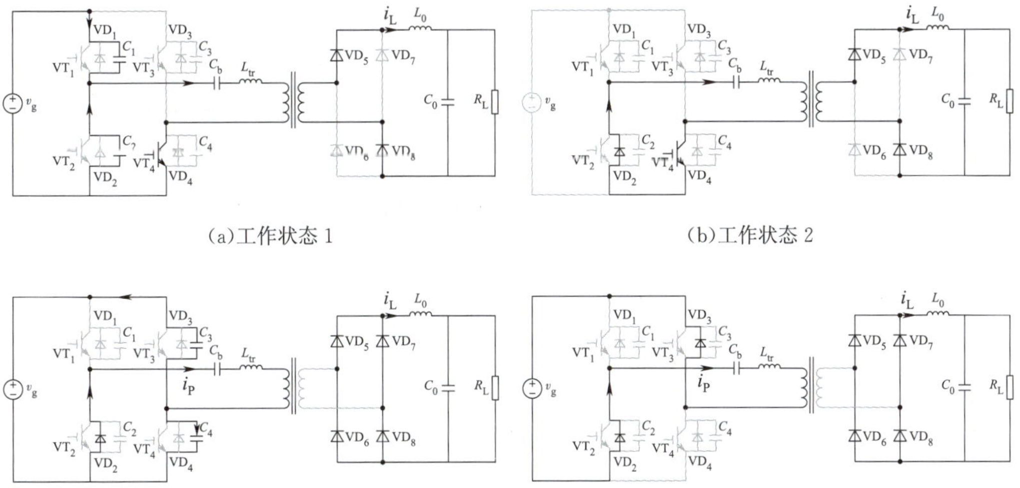

(a)工作状态 1　　(b)工作状态 2

(c)工作状态 3　　(d)工作状态 4

图　3-9

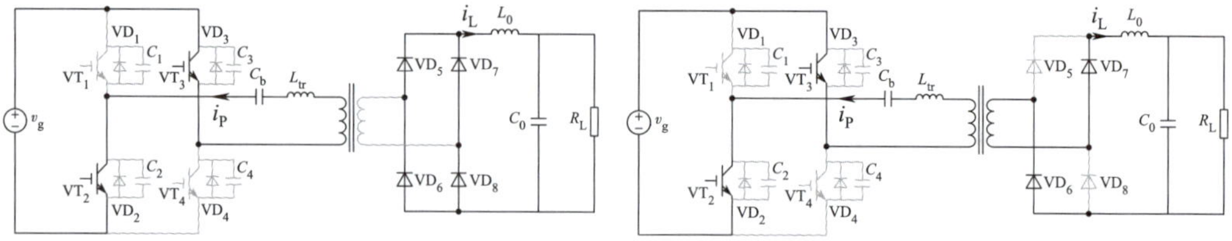

(e)工作状态 5　　(f)工作状态 6

图 3-9　移相控制工作状态

工作状态 1:此时 VT_1 关断,VT_4 继续导通,电容 C_1 充电,两端电压缓慢上升,此时谐振电感 L_{tr} 可近似看作与输出滤波电感 L_0 串联,因此谐振电流 i_P 不变。同时电容 C_2 放电,当其完全放电后,VD_2 导通,进入工作状态 2。

工作状态 2:二极管 VD_2 导通续流,与 VT_4 形成回路,此时变换器输出电压为 0,原边电流 i_P 逐渐降低。之后 VT_4 关断,进入工作状态 3。

工作状态 3:VT_4 关断,VD_2 导通,原边谐振电流 i_P 逐渐降低。电容 C_4 充电,同时电容 C_3 放电,此时,由于原边不足以提供电感电流,所以副边电感开始放电,使副边变压器短路,造成了占空比丢失。当 C_3 放电完全后,进入工作状态 4。

工作状态 4:VD_2、VD_3 导通,谐振电流 i_P 通过二极管 VD_2、VD_3 向电源反馈能量,逐渐降低。副边依然处于短路状态,4 个二极管同时导通。当谐振电流 i_P 降为 0 时,进入工作状态 5。

工作状态 5:VT_2、VT_3 导通,此时原边电压反向,谐振电流 i_P 开始逐渐反向增加,但是依然不能满足副边电感电流,变换器仍处于占空比丢失状态。i_P 继续增加,进入工作状态 6。

工作状态 6:VT_2、VT_3 导通,此时谐振电流 i_P 已增加至足以提供输出电流 i_L,变压器恢复正常状态,VD_6、VD_7 导通,为负载提供电能。

充电机在给电池充电的过程中需要根据电池充电策略调整输出的充电电压或电流。此外,由于动车组实际运行过程中一些不确定外部因素的影响,会对充电机造成扰动,对充电机输出的稳定性和鲁棒性提出了更高要求。采用电压电流双闭环控制方式,将电压环作为外环,电流环作为内环,两环串级来实现对充电机的控制过程。系统的双闭环控制框图如图 3-10 所示。

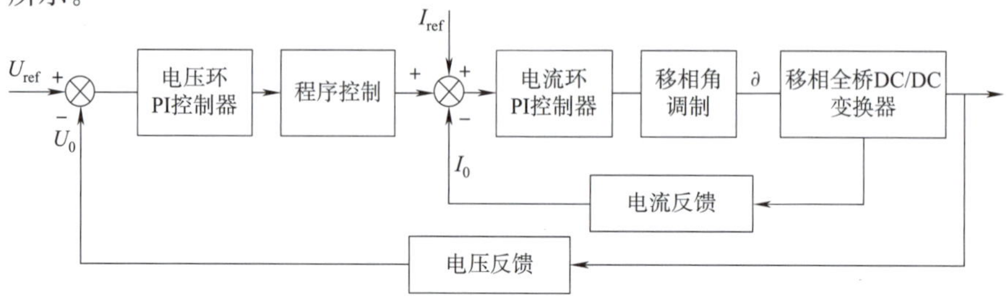

图 3-10　双闭环控制框图

将测量电压 U_0 与期望电压 U_{ref} 的误差信号经过电压环 PI 传递函数计算得到期望电流值 I_{ref}，再测量电流 I_0 与期望电流 I_{ref} 的误差信号经过电流环 PI 传递函数计算生成调制的移相角 ∂，将移相角作用到 PWM 控制系统中，输出控制开关管通断的脉冲信号，完成闭环控制。充电机在恒流充电阶段时，电压环不工作，直接用给定电流期望值代替电压环输出的期望电流，控制系统恒流输出；充电机在恒压充电阶段时，工作在电压电流双闭环控制下，控制系统恒压输出。

3.2.2　模糊控制

模糊控制系统工作时首先要选择模糊控制器，常用的模糊控制器包括一维、二维、三维等类型，模糊控制器维数越高，系统的控制精度也就越高，但模糊控制规律就会复杂，控制算法也就更困难。选择二维模糊控制器，双输入双输出系统，二维模糊控制器控制框图如图 3-11 所示。

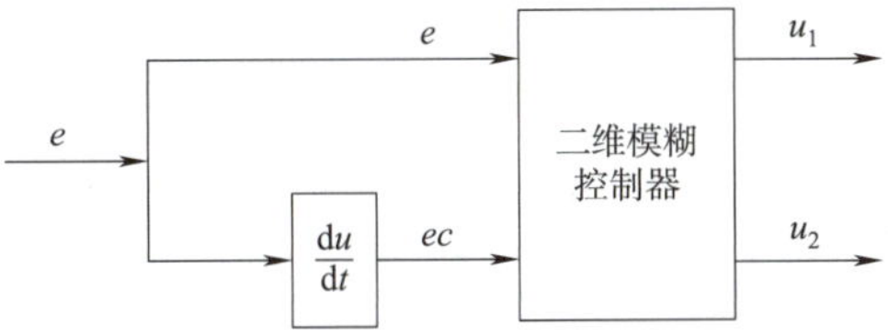

图 3-11　二维模糊控制器控制框图

模糊 PI 控制将测量值与期望值之间的误差 e 和误差的微分 ec 作为输入，将 ΔK_P、ΔK_I 参数值作为输出。首先将充电机系统测量输出值经过反馈计算得到与期望值之间的误差准确值和误差微分准确值，然后将准确值在隶属度函数的作用下进行模糊化，按照设定的模糊规则进行计算，得到 ΔK_P、ΔK_I 参数值的输出模糊值，最后将输出参数的模糊值解模糊化，得到最终的 ΔK_P、ΔK_I 准确输出值，将输出值与 PI 控制器参数相加作为调整后的 PI 参数，对误差进行跟踪调节，得到控制变换器的移相角，改变控制高频逆变器开关管的 PWM 信号，实现对误差的实时跟踪控制。模糊 PI 控制器的控制流程如图 3-12 所示。

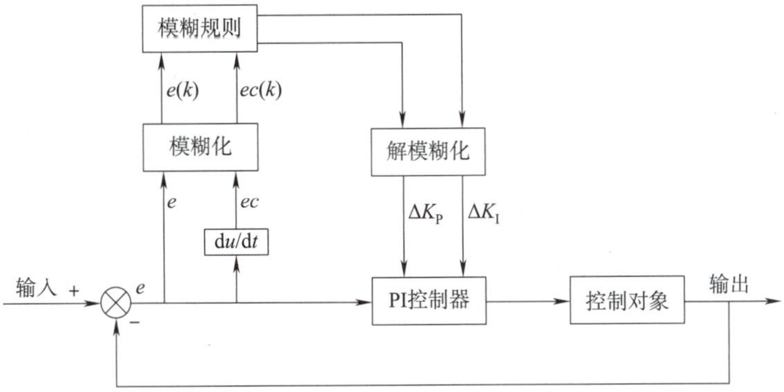

图 3-12　模糊 PI 控制器控制流程

模糊 PI 控制器的输入量为测量值与期望值之间的误差 e 和误差的微分 ec，在充电机电流环闭环控制中，输入量可表示为

$$\begin{cases} e(k)=I_{\mathrm{set}}-i(k) \\ ec(k)=\dfrac{e(k)-e(k-1)}{T} \end{cases} \tag{3-7}$$

式中 I_{set}——设定的充电电流期望值，A；

$i(k)$——测得的电流反馈值，A；

k——采样的序列；

T——系统采样周期。

在模糊 PI 控制器工作过程中，论域的选择直接影响了系统的控制误差范围，论域选择范围越大，控制范围越大，系统抗干扰性越强，但同时也导致系统工作时计算复杂，对后续模糊规则的设立创造了更大的难度。

根据充电机仿真模型输出误差分析，设定误差论域为[−6,6]，误差微分论域为[−10,10]。模糊 PI 控制器输出量为 PI 控制器的修正值 ΔK_{P}、ΔK_{I}。充电机仿真模型中设定电流环 PI 控制器中 K_{P}、K_{I} 参数值分别为 2、15。设定 ΔK_{P}、ΔK_{I} 的论域为[−6,6]。

论域设定之后，通过隶属度函数将输入输出量转变为模糊语言，将模糊论域划分为有限的几档语言量，划分档级越多，规则制定就越灵活，规则也越细致，但规则多也会导致设计复杂、编制程序困难和占用的内存较多等问题。综合考虑档级数对模糊规则复杂程度以及控制效果的影响，将论域划分为{“正大”,“正中”,“正小”,“零”,“负小”,“负中”,“负大”}7 档，分别用{NB,NM,NS,Z,PS,PM,PB}来表示。

隶属度函数是模糊控制的关键之一，确定模糊子集时常用的隶属度函数有很多种，选择三角形隶属度函数进行划分，得到最终输入输出的隶属度函数曲线如图 3-13 所示。

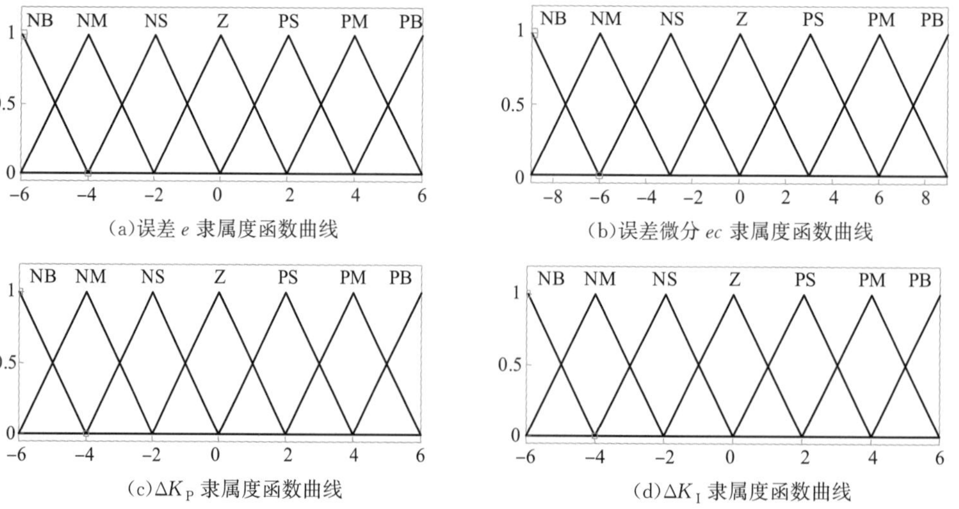

图 3-13　三角形隶属度函数曲线

根据经验，总结控制过程的系统变化与参数变化的模糊关系，建立对应的模糊规则库。由于输入输出的论域被分为 7 档，因此可以得到 49 条模糊规则，制定完成之后，形成一个模糊控制规则矩阵，根据模糊输入量按照相应的模糊推理算法完成计算，并决策出模糊输出量。最终生成的模糊控制规则见表 3-2。

表 3-2　模糊控制规则

$\Delta K_P/\Delta K_I$		*ec*						
		NB	**NM**	**NS**	**Z**	**PS**	**PM**	**PB**
e	**NB**	PB/NB	PB/NB	PM/NM	PM/NM	PS/Z	Z/PS	Z/Z
	NM	PB/NB	PM/NM	PM/NM	PS/NS	PS/Z	Z/Z	NS/Z
	NS	PM/NB	PM/NM	PM/NS	PM/NS	PS/PS	NS/PS	NS/PS
	Z	PM/NB	PM/NM	PS/NS	Z/Z	Z/PS	NM/PM	NM/PS
	PS	PS/Z	PS/NS	PS/Z	NS/Z	NS/PS	NM/PB	NM/PM
	PM	PS/Z	PS/Z	NS/Z	NS/PS	NM/PM	NB/PB	NB/PB
	PB	Z/Z	Z/Z	NM/PS	NM/PM	NM/PB	NB/PB	NB/PB

可以通过模糊规则观察窗口得到各输出量与输入量之间的模糊曲面，显示各条模糊控制规则对应的输入量和输出量三维曲线。通过指定输入量，可以直接显示所采用的控制规则以及通过模糊推理得到相应输出量的全过程，以便对模糊规则进行修改和优化。输出量 ΔK_P、ΔK_I 对应的模糊曲面如图 3-14 所示。

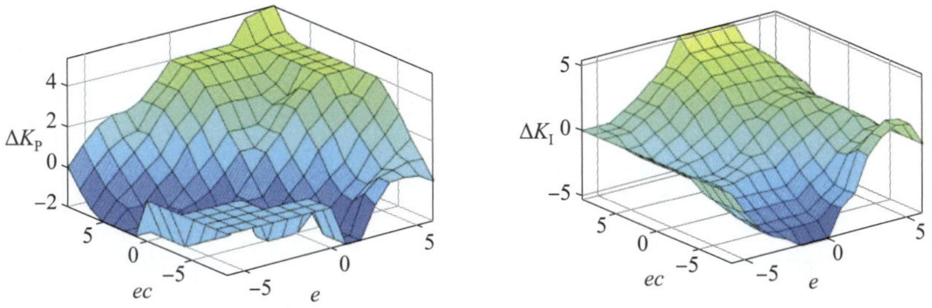

(a) ΔK_P 模糊曲面　　(b) ΔK_I 模糊曲面

图 3-14　输出量模糊曲面

由图 3-14 可以看出，当观测误差和误差微分值较大时，输出量 ΔK_P 相应增大，增加 PI 控制器比例环节，减小系统的超调量和误差，增加系统稳定性；当观测误差值较小时，输出量 ΔK_I 增大，增加 PI 控制器的积分环节，减小系统的静态误差，增强系统输出准确性。

在 Matlab/Simulink 中搭建模糊 PI 控制器仿真模型如图 3-15 所示，测量输出值与期望值的误差作为控制器输入，采用 Simulink 库中的模糊逻辑控制器，计算误差和误差的微分作为模糊控制器输入，在 Matlab 中根据前面确立的输入输出论域和模糊控制规则编写函数，生成 FIS 文件置于模糊逻辑控制器中，实现 ΔK_P、ΔK_I 的模糊输出并转化为准确值，对原 PI 控制器的参数进行修正，通过修正的 K_P、K_I 参数值对误差进行调节，得到最终的输出结果。

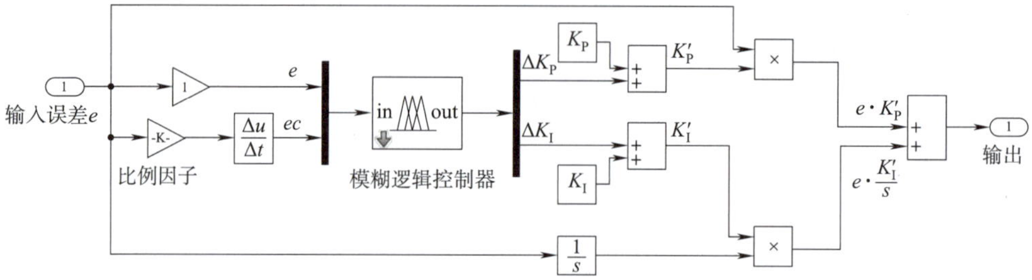

图 3-15　模糊 PI 控制器仿真模型

为验证模糊 PI 控制器的效果，用设计的模糊 PI 控制器代替充电机恒流输出时电流环的 PI 控制器，设置期望输出电流为 24 A，仿真得到两种 PI 控制器下的输出充电电流波形如图 3-16 所示。

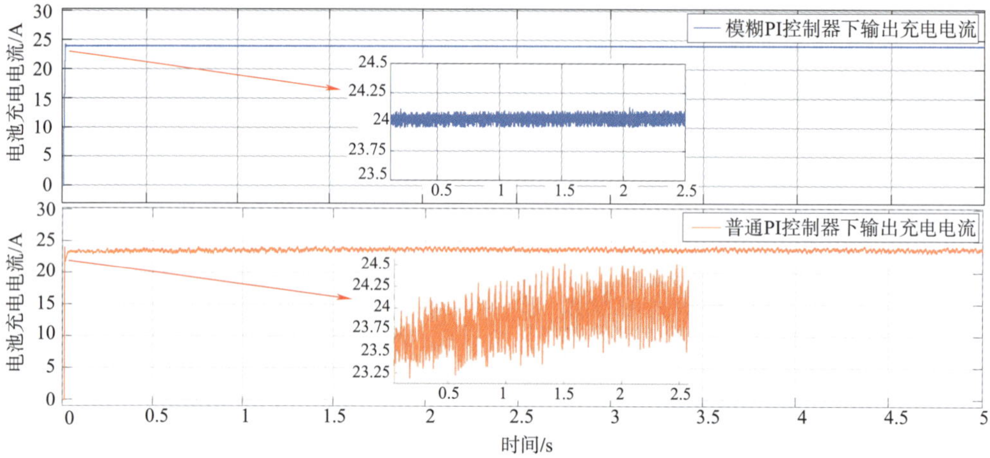

图 3-16　两种 PI 控制器下的输出充电电流波形

从图 3-16 中可以看出，两种 PI 控制器都可以实现充电机的恒流输出，误差较小，基本在允许范围之内。通过示波器将充电电流进入稳态初期进行放大观测，可以发现，模糊 PI 控制下充电电流的上升调整时间小于 0.1 s，输出充电电流稳态值的波动小于±0.4%；普通 PI 控制下充电电流的上升调整时间在 0.8 s 左右，输出充电电流稳定后的波动在±2.5%左右。经过对比可以发现，虽然两种 PI 控制下的输出误差均在允许范围内，但是模糊 PI 控制下的输出纹波更小，而且在充电开始阶段充电电流上升调整更快。

为验证模糊 PI 控制器的自适应调整效果，用设计的模糊 PI 控制器代替充电机电流环的 PI 控制器，首先让充电机在期望输出电流为 24.45 A 条件下稳态工作，然后在 2 s 时刻切换充电阶段，调整充电电流至 19.5 A，观察充电阶段切换过程时两种控制方式下充电机的调整能力，仿真得到两种 PI 控制器下的输出充电电流切换波形如图 3-17 所示。

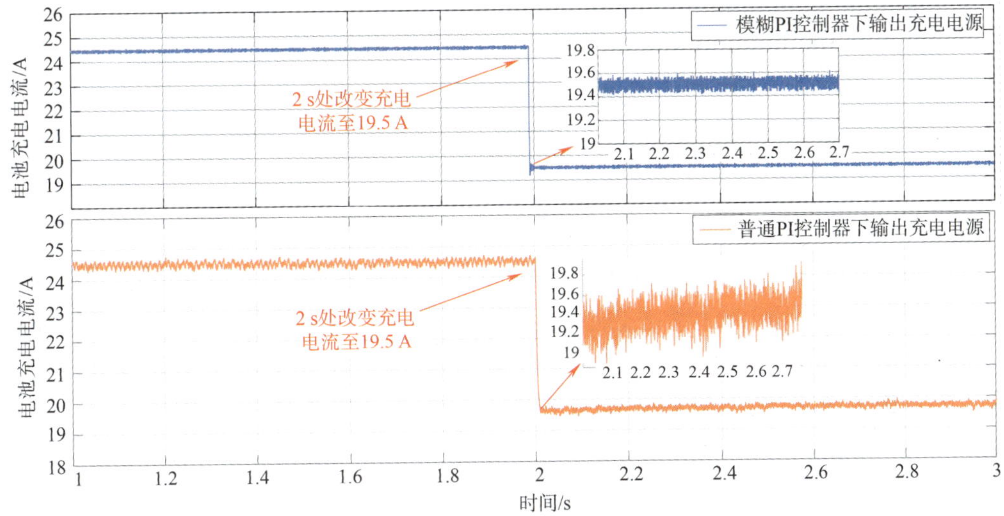

图 3-17　两种 PI 控制器下的输出充电电流切换波形

从图 3-17 中可以看出，两种 PI 控制器在充电电流切换时都可以实现电流的稳定切换，切换过程较快且切换前后误差均在允许范围之内。通过示波器将充电电流切换末期进行放大观测，可以发现，模糊 PI 控制下充电电流的切换时间小于 0.1 s，重新进入稳态后波动小于±0.77%；普通 PI 控制下充电电流的切换时间在 0.8 s 左右，重新进入稳态后的电流波动在±3.15%左右。经过对比可以发现，模糊 PI 控制下进入新的充电阶段时电流输出纹波更小，电流调整更快。

综上所述，模糊 PI 控制器效果要好于传统的 PI 控制器，主要体现在电流充电阶段切换时，可以实时调整 K_P、K_I 参数值，适应系统变化。因此采用模糊 PI 控制器可以更好地减小各充电阶段的电流输出纹波，且在充电开始阶段和充电过程切换阶段，系统自适应调整速率更快。

3.3　DC/DC 变换器并联系统均流控制策略

在动车组辅助供电系统中，动车组通常配置 2～3 台充电机，从三相交流母线取电，经过整流电路以及 DC/DC 变换电路最终输出 DC 110 V 直流电，为列车的直流母线供电。由于各充电机输出侧采用公共直流母线结构，可将各充电机与直流母线以及直流负载构成的系统看作一个并联系统。各充电机之间可能会出现电路参数不一致的情况，此时会造成并联系统输出电流不均衡的问题、造成输出侧的环流。因此，需研究并联系统的均流控制策略。目前，国内外学者对并联系统中变换器模块间并联时采用的控制策略大致可分为两大类：主从并联控制和对等并联控制。

主从并联控制即将一台 DC/DC 变换器或上层控制器设置为主控制器，其余的 DC/DC 变换器和下层控制器则通过通信线接入到控制器的控制策略中。主控制器具有调节输出电压和给定电流参考信号的功能，由控制器动作追踪电流环，跟踪来自主变换器的实时参考信号。

对等并联控制则是要求每台 DC/DC 变换器均为主控制器，各变换器之间设有通信线连接。当满足设备对系统各项参数的需求时，能够根据各自的运行状态适时调整输出功率。常用的控制方法有平均电流控制法、最大电流控制法以及下垂控制法。其中，下垂控制法是目前应用最广泛的分布式控制策略之一，其原理是通过虚拟阻抗来共享并联变换器间电流。直流系统采用下垂控制后，稳定性和灵活性较高，且利于系统的扩展。

3.3.1 并联系统建模分析

充电机在正常工作时向系统输出稳定的 DC 110 V 直流电压，因此充电机正常工作时的输出电流主要与充电机等效空载电压和等效输出阻抗的大小有关。可以将并联的充电机模块等效成一个代表空载电压的电压源 $v_{oi\max}(i=1,2)$ 和一个输出阻抗 $Z_{CLi}(i=1,2)$ 的串联。两个充电机模块的并联简化电路如图 3-18 所示，$R_i(i=1,2)$ 为充电机与负载之间的连接线路电阻；$i_{oi}(i=1,2)$ 为各模块的输出电流；v_o 为并联模块的输出电压。

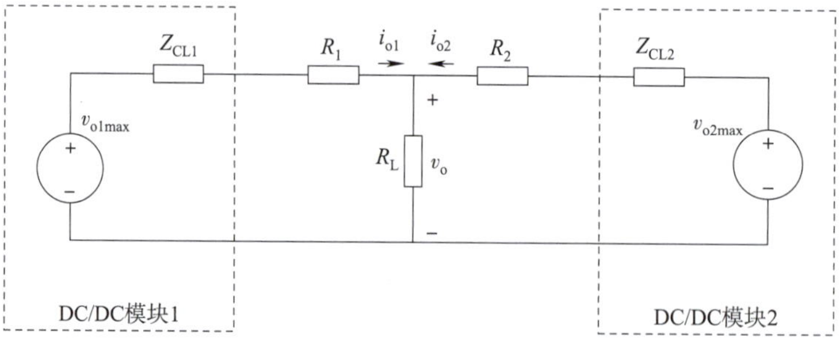

图 3-18 两模块并联等效电路

由图 3-18 可得

$$\begin{cases} v_o = v_{o1\max} - (Z_{CL1} + R_1) i_{o1} \\ v_o = v_{o2\max} - (Z_{CL2} + R_2) i_{o2} \end{cases} \tag{3-8}$$

取 $Z_{eqi} = Z_{CLi} + Z_i(i=1,2)$ 为各充电机模块的等效输出阻抗。假设两个充电机模块的参数完全一致，不存在任何差异，即有 $v_{o1\max} = v_{o2\max}$，$Z_{eq1} = Z_{eq2}$，此时两模块的外特性曲线相同，负载电流实现平均分配，但实际工作很难达到 $v_{o1\max}$ 与 $v_{o2\max}$ 一致，Z_{eq1} 与 Z_{eq2} 一致。

图 3-19 为两个充电机的输出特性曲线。图 3-19(a)中两模块的等效输出阻抗 Z_{eqi} 相等但空载输出电压 v_{oimax} 不相等，表现为两条曲线的斜率一致而起始点不同；图 3-19(b)中两模块的空载输出电压 v_{oimax} 相等而等效输出阻抗 Z_{eqi} 不相等，表现为两条曲线的起始点相等而斜率不相等。

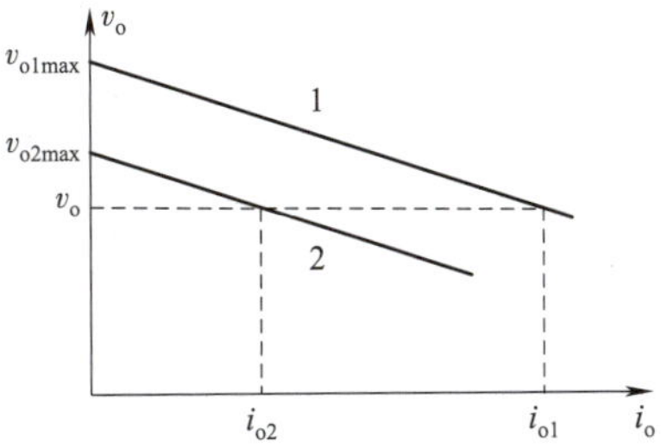

(a)v_{oimax} 不相等，Z_{eqi} 相等

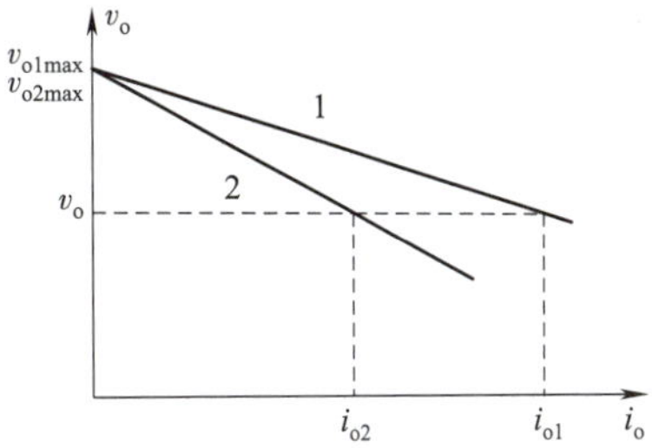

(b)v_{oimax} 相等，Z_{eqi} 不相等

图 3-19　两模块并联工作外特性曲线

对于图 3-19(a)，有 $v_{o1max} \neq v_{o2max}$，$Z_{eq1} = Z_{eq2}$，可解得两模块输出电流差值为

$$\Delta i = i_{o2} - i_{o1} = \frac{v_{o2max} - v_{o1max}}{Z_{eq1}} \tag{3-9}$$

对于图 3-19(b)，有 $v_{o1max} = v_{o2max}$，$Z_{eq1} \neq Z_{eq2}$，可解得两模块输出电流差值为

$$\Delta i = i_{o2} - i_{o1} = \frac{v_{o1max}(Z_{eq1} - Z_{eq2})}{R_L(Z_{eq1} + Z_{eq2}) + Z_{eq1} Z_{eq2}} \tag{3-10}$$

在两模块空载输出电压或等效输出阻抗存在差异时，两并联模块之间将产生环流，而当空载电压和等效输出阻抗均存在差别，尤其是存在多个模块并联的情况时，模块之间功率分配不均的情况将会更加恶劣。

3.3.2　下垂控制法

由于充电机模块外特性之间的差异，并联的两模块之间会出现环流，从而导致过载等情况的发生。因此需要调整两模块外特性之间的差异，目前的均流方法都是以改变空载电压或等效输出阻抗作为基本出发点。下垂控制法是一种被广泛应用在并联模块均流控制中的自动均流方法，利用模块输出电压与输出电流呈现负相关性的工作特性，通过控制各模块的输出特性曲线斜率，即调整等效输出阻抗来达到均流的目的。

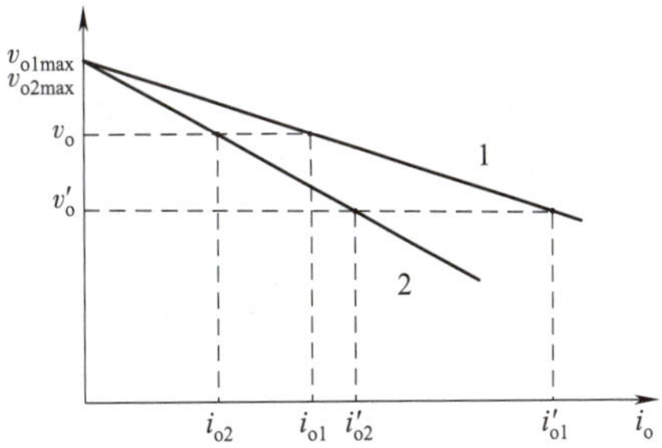

图 3-20　下垂控制法原理

下垂控制法原理如图 3-20 所示，曲线 1、2 分别表示两个充电机模块的初始工作特性曲线。两个模块并联后，负载电流 $i_o = i_{o1} + i_{o2}$ 时，负载电压为 v_o，负载电流的分配取决于各模块的输出阻抗，

两个模块之间存在环流；增大负载电流至 $i'_o=i'_{o1}+i'_{o2}$时，负载电压为 v'_o。输出阻抗大的模块 2 所分得负载电流的增长量 Δi_{o2} 明显小于输出阻抗小的模块 1 所分得负载电流的增长量 Δi_{o1}。因此，可采用适当的控制策略改变模块 2 的输出阻抗并使其与模块 1 的输出特性曲线重合，达到两模块电流均分的要求。

根据下垂控制法的工作原理和实现思路，可通过串联电阻、改变模块内部阻抗特性等方法改变模块 2 的输出特性曲线斜率。其中，串电阻法作为一种典型的下垂控制法，其实现过程最为简单，通过在各模块的输出端串一个电阻 R，来加大输出阻抗，改善均流性能。图 3-21 所示是一种最简单的实现下垂控制法的策略。串电阻法并联时，所串电阻 R 的阻值大小对均流效果的影响很大。

由图 3-21 可得

$$\begin{cases} v_o=v_{o1\max}-(Z_{CL1}+R_1+R)i_{o1} \\ v_o=v_{o2\max}-(Z_{CL2}+R_2+R)i_{o2} \end{cases} \tag{3-11}$$

设 $Z_{eqi}=Z_{CLi}+R_i+R(i=1,2)$，$v_{o1\max}=v_{o2\max}$，解得均流误差为

$$\Delta i=\frac{i_{o2}-i_{o1}}{i_{o2}+i_{o1}}\times 100\%=\frac{v_{o1\max}(Z_{eq1}-Z_{eq2})}{v_o(Z_{eq1}+Z_{eq2})+Z_{eq1}Z_{eq2}\dfrac{v_o}{R_L}} \tag{3-12}$$

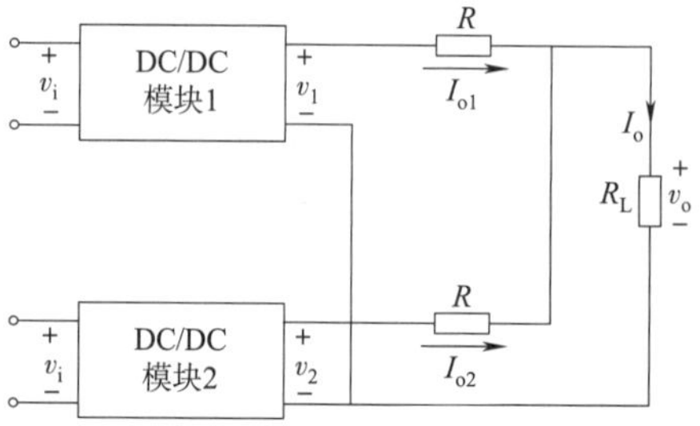

图 3-21 串电阻法原理框图

式(3-12)可以看出串的电阻阻值越大，均流误差越小。但与此同时，所串电阻阻值越大，电路损耗也相应增大，因此，对于要求的均流误差，可以根据式(3-12)选择合适的串联电阻 R。

输出阻抗法是无源均流法，它的优点和缺点均较为明显。优点：实现方法简单，仅需串接一个均流电阻就行；各模块并联时不需要额外的线将它们连接在一起，没有相互之间的信号干扰，独立性较好。缺点：开环控制，均流精度较差；串接均流电阻会造成额外的损耗，使系统效率下降，增加发热；均流效果依赖负载情况，在轻载时均流效果不好，适用范围小。所以，该方法适用于小功率电路并联且对均流精度要求不高的场合。

输出电流反馈法作为一种典型的下垂控制法，本质上是通过在输出端引入虚拟电阻，以增大输出阻抗，改善系统均流性能。输出电流反馈法的原理框图如图 3-22 所示。

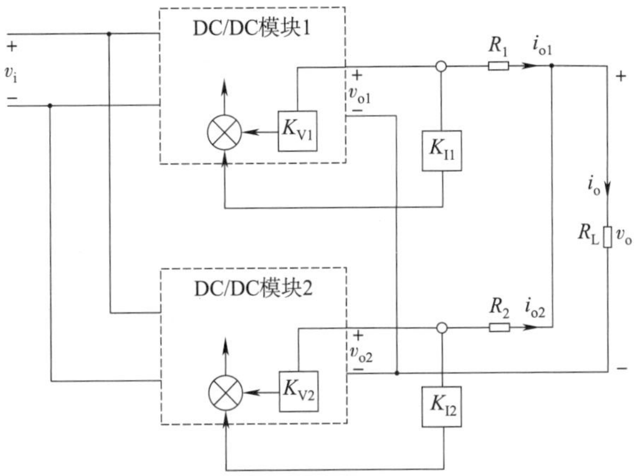

图 3-22　输出电流反馈法原理框图

各充电机模块的输出电流经过反馈比例环节处理后，与各模块输出电压的比例调整信号相叠加，作为给定参考电压的调整量加入控制器的输入端，将该调整信号与给定电压信号作差，误差经过 PID 环节控制 PWM 调制器，用以调整并联模块的输出电压，实现并联模块的均流。

一般情况下，由图 3-22 可得

$$v_{ref}=v_oK_V+i_oK_I \tag{3-13}$$

解得

$$v_o=\frac{v_{ref}}{K_V}-i_o\frac{K_I}{K_V}=v_{inj}-i_oR_{droop} \tag{3-14}$$

式中　$R_{droop}=\dfrac{K_I}{K_V}$——各模块虚拟输出阻抗；

$v_{inj}=\dfrac{v_{ref}}{K_V}$——各模块的初起始电压；

v_{ref}——期望电压值。

在采用输出电流反馈法对模块进行并联时，模块的虚拟输出阻抗对系统的均流效果有很大影响，有

$$\begin{cases}v_o=v_{in1}-R_{droop1}i_{o1}\\ v_o=v_{in2}-R_{droop2}i_{o2}\end{cases} \tag{3-15}$$

若有 $v_{in1}=v_{in2}$，可解得系统均流误差为

$$\Delta i=\frac{i_{o2}-i_{o1}}{i_{o2}+i_{o1}}=\frac{v_{in1}(R_{droop1}-R_{droop2})}{v_o(R_{droop1}+R_{droop2})+R_{droop1}R_{droop2}\dfrac{v_o}{R_L}} \tag{3-16}$$

由式(3-16)可得，适当选择虚拟输出电阻 R_{droopi}，即选择合适的 K_V 和 K_I，可以有效减小并联系统的均流误差。

3.4 并联型 DC/DC 变换器控制

在 DC/DC 变换器的实际应用过程中，会出现某些特殊的情况，如高输入电压或高输出功率的情况。此时，由于电力电子器件存在有限电流应力与电压应力的问题，单一的 DC/DC 变换器可能无法满足实际需求。在这种情况下，对多个 DC/DC 变换器模块进行串并联操作，得到符合要求的电路拓扑成为了一种可行的解决方案。其中，为应对高输入电压的情况，一般采用 ISOP(输入串联输出并联)结构，即输入侧采用串联的形式来降低每个模块的输入电压；为应对高输出功率的问题，一般采用 IPOP(输入并联输出并联)结构，即输出侧采用并联的形式来降低每个模块的输出电流。

目前 ISOP 系统的控制策略主要为集中式控制策略。集中式控制策略一般存在公共的控制环节，通过公共的控制环节来保证各模块的互联。集中式控制策略主要包括共同占空比控制策略、双环控制策略和三环控制策略等。其中，三环控制策略在 2004 年被外国学者提出，该控制策略在输入电压均分和电压精度方面都表现得比较出色，但是相对来说闭环控制整定起来较为麻烦，每个控制环都具有单独的控制器，参数计算时存在很大困难。近年来有学者提出将双闭环控制策略中互不影响的电压、电流环进行解耦处理，解耦后进行单独计算参数，并进行单独控制，降低了系统的控制难度以及所需的计算参数，虽然减小了系统控制参数的计算量，但控制效果仍旧不理想。因此，如何优化三环控制策略的参数，在保证系统稳定性以及输出电压精度的前提下使得 ISOP 系统实现功率均分，已经成为热门研究课题。

目前比较成熟的 IPOP 系统控制方法有外特性下垂法、主从电源法、平均值均流法和最大值均流法等模拟控制的方法，这种方法为了实现并联需要增加很多的元件，这就令系统易受环境影响，维护成本也随之变高。伴随数字控制芯片性能的优化，数字均流技术发展起来。由于不存在模拟电平的均流母线，干扰小，均流可靠性得以提高，并且很容易做到单个模块工作异常时，不干扰整个并联系统。因此，数字均流技术成为 IPOP 系统均流控制的主要研究方向。

3.4.1 ISOP 型 DC/DC 变换器控制

ISOP 型 DC/DC 变换器采用两个变换器输入串联输出并联的形式，有效减小了开关器件的开关应力、降低了开关损耗，但也带来了由于模块器件参数差异导致的环流或部分模块过载问题。为保证 DC/DC 变换器的正常工作，必须保证 ISOP 系统的输入均压和输出均流。将各器件视为理想元件，忽略变压器、功率开关管等的损耗，ISOP 型 DC/DC 变换器简化模型如图 3-23 所示。

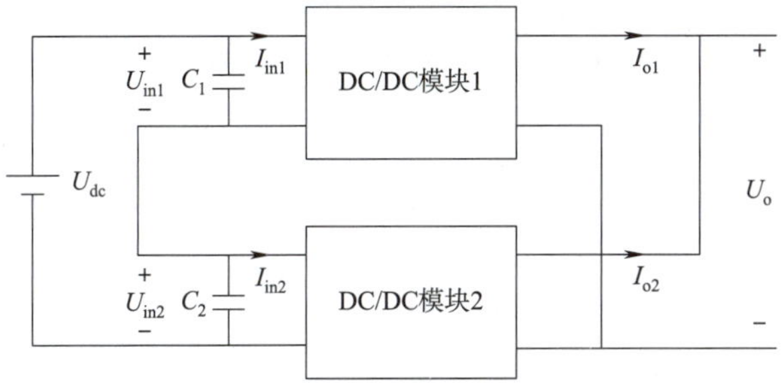

图 3-23 ISOP 型 DC/DC 变换器简化模型

设每个基本模块的变换效率为 100%，可得

$$\begin{cases} P_{oi}=U_o I_{oi}\cos\theta_i \\ U_{ini}I_{ini}=U_o I_{oi}\cos\theta_i \end{cases} \tag{3-17}$$

式中 U_{ini}——模块 i 的输入电压，V；

I_{ini}——模块 i 的输入电流，A；

I_{oi}——模块 i 的输出电流，A；

U_o——变换器输出电压，V；

$\cos\theta_i$——模块 i 的输出功率因数；

P_{oi}——模块 i 的输出有功功率，W。

若两模块的输入电压相等且保持稳定，则推得 $I_{in1}=I_{in2}$，代入式(3-17)可得

$$I_{o1}\cos\theta_1=I_{o2}\cos\theta_2 \tag{3-18}$$

由式(3-18)可得：在系统出现扰动时，若保持功率因数不变，当各模块输入电压相等时可得到各模块的输出电流相等。

若两模块的输出电流相等，则可得 $\theta_1=\theta_2$，将其代入式(3-17)可得

$$U_{in1}I_{in1}=U_{in2}I_{in2} \tag{3-19}$$

由式(3-19)可得：在稳态工作状态下，各模块的输出电流相等可以推得各模块的输入电压相等。

若系统受到某一小扰动，以模块 1 为例对 ISOP 系统进行分析，其恒功率特性曲线如图 3-24 所示。U_{inx}(x=A,B,C)为在工作点 x 下模块 1 的输入电压；I_{inx}(x=A,B,C)为在工作点 x 下模块 1 的输入电流。

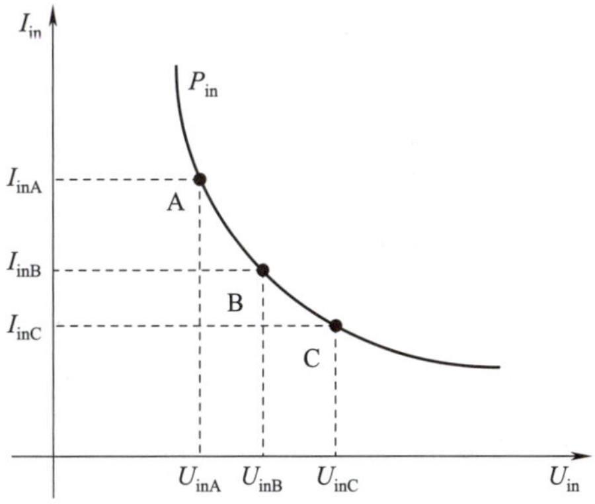

图 3-24 各模块恒功率特性曲线

若对工作点 B 有：$U_{inB}=U_{dc}/2$、$I_{inB}=I_{in}/2$，可得 B 点为两模块的功率均分点，即稳定工作

点。若对模块1施加一微小扰动使其移动至工作状态A，此时模块1的输入电压$U_{inA}<U_{dc}/2$，输入电流$I_{inA}>I_{in}/2$，分压电容放电使得U_{inA}继续降低，距稳定工作点B越来越远；若对模块1施加一微小扰动使其移动至工作状态C，此时模块1的输入电压$U_{inC}>U_{dc}/2$，输入电流$I_{inC}<I_{in}/2$，分压电容充电使得U_{inC}继续升高，距稳定工作点B越来越远。由上述分析可得：在系统处于动态工作状态下，若出现一扰动使得系统输入电压偏离稳定工作点，系统将无法返回稳定工作状态。因此在实际工作状况下，ISOP系统的输出电流相等并不能得到系统的输入电压相等。

为保证ISOP系统在稳态和动态下均能实现输入均压和输出均流，还需引入输入均压的控制方式。三环控制系统由输入均压环、输出电流环和输出电压环三个环路构成。输入均压环实现各模块的输入均压控制，将每个模块的实际输入电压与总输入电压的平均值作差，经过补偿网络与输出电压环的调节量相叠加；输出电压环将DC/DC变换器的输出电压与给定电压基准值作差，经过补偿网络为各模块输出电流环提供共用的电流参考值；输出电流环用以实现各模块的输出电流跟踪各自模块的给定电流参考值，其给定参考值为输入均压环调节值与输出电压环调节值之差，输出电流环最终实现输入均压和输出均流，同时减小输出电压纹波。各电流环的输出调节值输入PWM发生器产生各模块的驱动信号。三环控制策略的控制环路多，但其动态特性以及抗负载扰动能力较好。三环控制策略控制系统框图如图3-25所示。

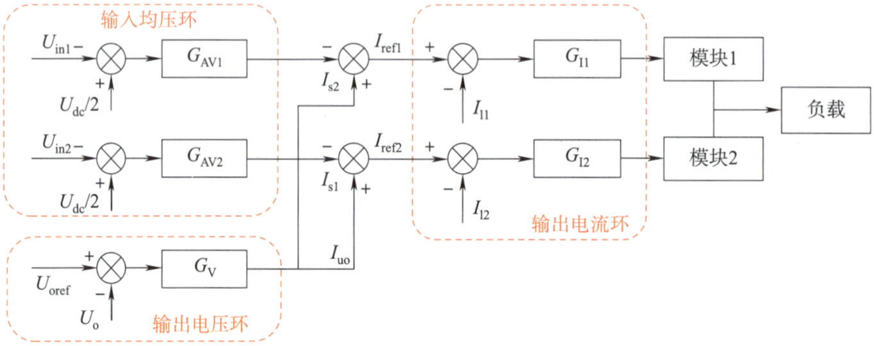

图3-25　三环控制策略控制系统框图

图3-25中，U_{dc}为DC/DC变换器总输入电压，U_{in1}、U_{in2}为各DC/DC模块的输入电压，U_o为变换器输出电压，I_{l1}、I_{l2}为各DC/DC模块的输出电流，G_{AV1}、G_{AV2}为各模块输入均压环控制器参数，G_V为变换器输出电压环控制器参数，G_{I1}、G_{I2}为各模块输出电流环控制器参数。输入均压环的输出量分别为I_{s1}、I_{s2}，其作为调节量与输出电压环的输出量I_{uo}进行叠加。将输入均压环看作一个整体进行分析，可得

$$I_{s1}+I_{s2}=[(U_{dc}/2-U_{in1})G_{AV1}+(U_{dc}/2-U_{in2})G_{AV2}] \tag{3-20}$$

根据输入输出关系有$U_{in1}+U_{in2}=U_{dc}$，结合式(3-20)可得

$$I_{s1}+I_{s2}=(U_{dc}G_{AV1}/2+U_{dc}G_{AV2}/2)-(U_{in1}G_{AV1}/2+U_{in2}G_{AV2}/2) \tag{3-21}$$

先设置两模块的输入均压环控制器参数相同且均取为 G_{AV}，则有

$$I_{s1}+I_{s2}=[U_{dc}G_{AV}-(U_{in1}+U_{in2})G_{AV}] \tag{3-22}$$

最终可得

$$I_{s1}+I_{s2}=0 \tag{3-23}$$

由式(3-23)可得：在输出电压环对各子模块的输出量 $I_{si}(i=1,2)$ 不断变化的情况下，各模块输入均压环节的输出量经过补偿网络得到的调节量之和仍然为 0，即输入均压环节对系统的输出环节无影响，可认为系统的输入均压控制环与系统输出电压控制环不会相互干扰，在后续设计中将其看作独立的两部分分别进行计算。若将系统各模块的输出电流环控制器参数均设为 G_I，可将图 3-25 所示的三环控制系统框图简化为图 3-26 所示的各模块同控制参数三环控制框图。

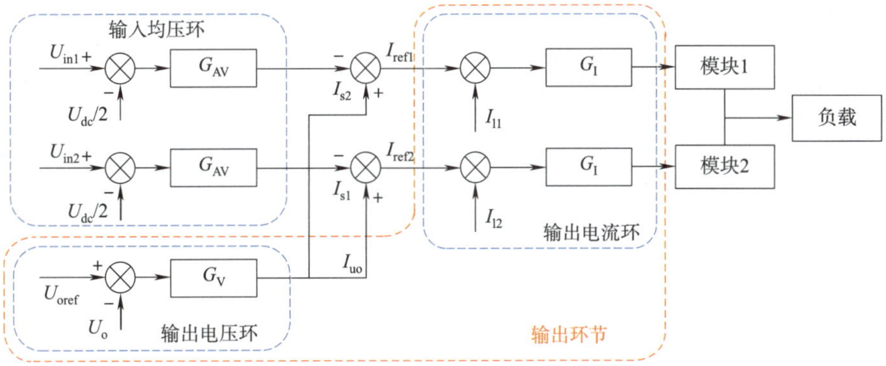

图 3-26　各模块同控制参数三环控制框图

通过上述分析可得：在各模块控制参数相同的情况下，系统均压环与输出电压环互相解耦，因此可以对输入均压控制环节与输出电压控制环节分别进行设计。在输出环节中，DC/DC 变换器输出电压与给定参考电压的误差经过输出电压环控制器得到输出电压调节量，将其作为各模块的输出电流给定值与输出电流实际值作差，经过输出电流环控制器得到输出环节调节量。由于各子模块的输出电流环控制器控制参数相同，且各模块共用一个输出电压环，因此可对相同的输出环节进行进一步化简，得到图 3-27 所示的 ISOP 系统输出控制框图。后续系统输出控制环的设计可按经典控制理论的频域分析法进行分析。

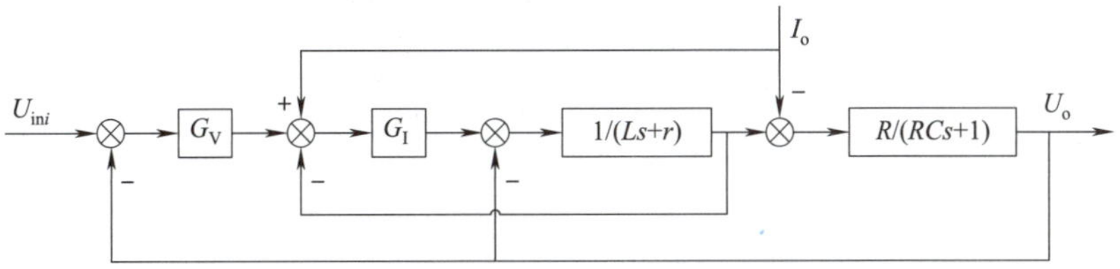

图 3-27　ISOP 系统输出控制框图

输入均压控制环的设计，由图 3-23 可得各模块输入功率 P_{ini} 与输入电流 I_{ini} 的关系式为

$$P_{ini}=U_{ini}I_{ini} \tag{3-24}$$

$$I_{ini}=I_{in}-C_i\frac{dU_{ini}}{dt} \tag{3-25}$$

结合系统总输入功率 $P_{in}=U_{dc}I_{in}$ 可得

$$\frac{dU_{dci}}{dt}=\frac{P_{in}}{C_iU_{dc}}-\frac{P_{ini}}{C_iU_{ini}} \tag{3-26}$$

若将各模块输入电压 U_{ini} 作为状态变量，由式(3-26)可得

$$\dot{U}_{ini}=\frac{P_{in}}{C_iU_{dc}}-\frac{P_{ini}}{C_iU_{ini}} \tag{3-27}$$

若式(3-27)所代表的系统存在 $\dot{U}_{ini}=0$ 的平衡状态，将其代入式(3-24)可知此时有 $I_{in}=I_{ini}$，且 U_{ini} 对其无影响。由自动控制原理的相关知识可得，系统平衡点处一定存在李雅普诺夫意义下的稳定状态，此时系统稳定点为 $U_{ini}=U_{dc}/2$。取标量函数 $V=(U_{ini}-U_{dc}/2)^2$，同时使 U_{ini} 为时间的函数，当函数满足

$$V=0\quad U_{ini}=U_{dc}/2 \tag{3-28}$$

$$V>0\quad U_{ini}\neq U_{dc}/2 \tag{3-29}$$

$$\dot{V}\leqslant 0\text{，即负半定} \tag{3-30}$$

系统平衡状态是渐近稳定的，同时有系统稳定点为 $U_{ini}=U_{dc}/2$。

对标量函数 V 关于时间求导，得

$$\dot{V}=2(U_{ini}-U_{dc}/2)\dot{U}_{ini} \tag{3-31}$$

将式(3-27)代入式(3-31)可得

$$\dot{V}=2(U_{ini}-U_{dc}/2)\left(\frac{P_{in}}{C_iU_{dc}}-\frac{P_{ini}}{C_iU_{ini}}\right) \tag{3-32}$$

由式(3-30)可得

$$(U_{ini}-U_{dc}/2)\left(\frac{P_{in}}{C_iU_{dc}}-\frac{P_{ini}}{C_iU_{ini}}\right)\leqslant 0 \tag{3-33}$$

又由式(3-28)、式(3-29)可得

$$\frac{P_{ini}}{U_{ini}}>\frac{P_{in}/2}{U_{dc}/2}\quad (U_{ini}>U_{dc}/2) \tag{3-34}$$

$$\frac{P_{ini}}{U_{ini}}<\frac{P_{in}/2}{U_{dc}/2}\quad (U_{ini}<U_{dc}/2) \tag{3-35}$$

$$\frac{P_{ini}}{U_{ini}}=\frac{P_{in}/2}{U_{dc}/2}\quad (U_{ini}=U_{dc}/2) \tag{3-36}$$

取各模块输入电压扰动量为 ΔU_{ini}，输入功率扰动量为 ΔP_{ini}，根据式(3-34)有

$$\frac{P_{in}/2-\Delta P_{ini}}{U_{in}/2-\Delta U_{ini}}>\frac{P_{in}}{U_{dc}} \tag{3-37}$$

由式(3-37)可得

$$\frac{\Delta P_{ini}}{\Delta U_{ini}}>\frac{P_{in}/2}{U_{in}/2}\quad (\Delta U_{ini}<0) \tag{3-38}$$

同理,由式(3-35)可得

$$\frac{\Delta P_{ini}}{\Delta U_{ini}}>\frac{P_{in}/2}{U_{in}/2}\quad (\Delta U_{ini}>0) \tag{3-39}$$

由图 3-26 所示的三环控制框图可得

$$I_{si}=\Delta U_{ini}G_{AV} \tag{3-40}$$

定义输出电流扰动量 ΔI_{li} 为前一时刻模块输出电流值 I_{li} 与输出电流给定值 I_{refi} 之差,由图 3-25 可得电流环给定值又为输出电压环调节量与输入均压环调节量之差,即

$$\begin{cases}\Delta I_{li}=I_{li}-I_{refi}\\ I_{refi}=I_{uo}-I_{si}\end{cases} \tag{3-41}$$

定义输出功率扰动量为 $\Delta P_{oi}=\Delta I_{li}U_o$,由式(3-40)、式(3-41)可得

$$\Delta P_{ini}=(I_{li}-I_{uo}+I_{adji})U_o \tag{3-42}$$

系统上一时刻处于稳定状态可得 $I_{li}=I_{uo}$,因此有

$$\Delta P_{ini}=I_{si}U_o=\Delta U_{ini}G_{AV}U_o \tag{3-43}$$

经变换可得

$$G_{AV}U_o=\frac{\Delta P_{ini}}{\Delta U_{ini}} \tag{3-44}$$

将其代入式(3-38)、式(3-39)可得

$$G_{AV}>\frac{P_{in}}{U_{dc}U_o} \tag{3-45}$$

若使系统在允许电压与功率范围内均能实现稳定工作,则 G_{AV} 应满足式(3-46)。

$$G_{AV}>\frac{P_{inmax}}{U_{dcmin}U_o} \tag{3-46}$$

3.4.2 IPOP 型 DC/DC 变换器控制

IPOP 型 DC/DC 变换器简化模型如图 3-28 所示,采用两个变换器输入并联输出并联的形式,可以将每台变换器的输出电流减小到原来的一半。因此,这种形式的电路适用于输出电压较小但输出功率要求很高的 DC/DC 变换器。

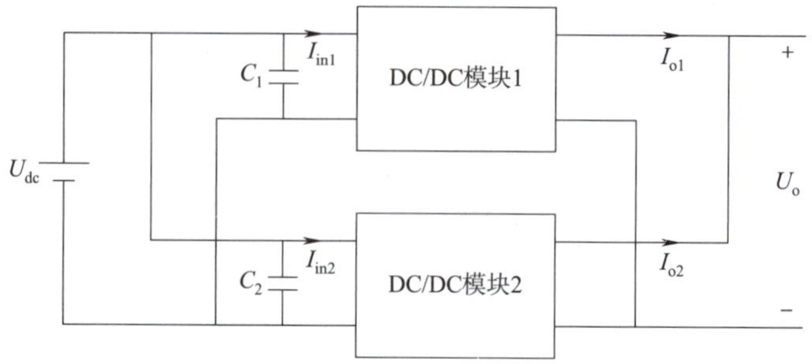

图 3-28　IPOP 型 DC/DC 变换器简化模型

在并联运行的电源系统中，要使其稳定地运行就得对输出的电流进行控制，否则可能会出现输出的电流存在不平均分配的问题，严重时会导致电源的单体模块由于太大的电流差异而不能正常使用。为解决此问题，科研工作者提出多种解决电流不平衡的控制方法。最常用的控制的方法主要有外特性下垂法、主从电源法、平均值均流法、最大值均流法和目前新型的数字均流法等。

数字均流控制技术是随着控制器的发展应用而引进的先进控制方式，主要依靠控制器的采样以及程序的设计实现均流。对于这种控制方式进行研究得出，对电源模块输出电压以及电流值进行采样并进行处理之后通过控制器的 A/D 口输入，控制器通过采样值与预设值进行运算之后调节输出 PWM 波的占空比，通过 PWM 波的占空比调节完成整个系统电压电流的控制，实现电流平均分配的目的。数字控制均流法由于不再使用过多的模拟器件，可以减少控制回路的设计，也能减少模拟器件的温漂而引起输出值不稳定的状态。随着科技的飞速发展，各行各业的标准也变得越来越严格，所以使用数字控制器去取代模拟器件的控制将是一个发展趋势。

采用控制器和采样电路进行配合完成数字控制均流控制算法的实现，主要思想是通过输出部分的检测器件将输出电压、输出电流进行采样并且将数据按照一定的频率传送到控制器中，控制器通过预设值以及采样值进行运算产生误差信号进行 PI 调节，进一步控制输出 PWM 信号的占空比进而去控制输出部分的电压电流。在 PI 调节中主要分为三部分：第一部分为电压外环，将采样电压与设定值进行运算并通过 PI 环调节之后作为给电流内环设定值的一个来源；第二部分电流外环通过平均电流值与本相电流采样值进行运算的误差值通过 PI 环调节后作为电流内环另一设定值的来源；第三部分电流内环通过前两个外环计算得到给定值再和本相的采样电流进行计算得到的误差值通过 PI 环调节之后修改 PWM 波的输出占空比实现输出电压的调节，间接调节电流实现各相电流的均衡。电流内环的控制方法较电压内环的控制方法进行对比，电流内环可使得输出电流稳态误差小且动态响应较好，因此采用电流内环的调节方式数字均流法控制策略的原理框图如图 3-29 所示。

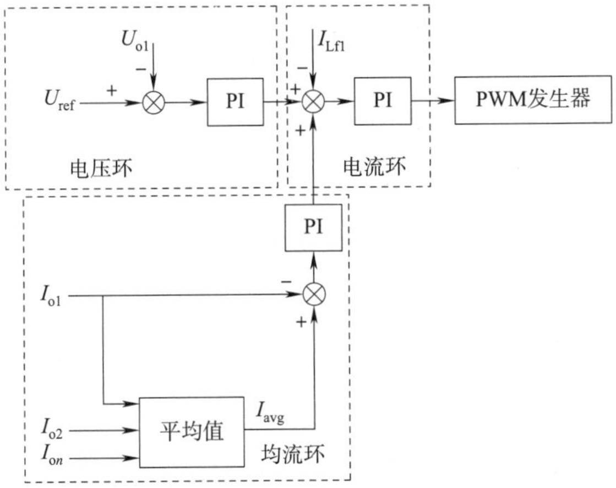

U_{ref}—参考电压；U_{o1}—第 1 台 DC/DC 变换器输出电压；I_{on}—第 n 台 DC/DC 变换器输出电流；

I_{o1}—第 1 台 DC/DC 变换器输出电流；I_{o2}—第 2 台 DC/DC 变换器输出电流；

I_{Lf1}—第 1 台 DC/DC 变换器电感电流；I_{avg}—平均电流。

图 3-29　数字均流法

根据控制策略可以看出系统中给定值仅存在于电压环的输入，并且采用在电压电流环的基础上外加均流环进行控制调节，在不对原控制方式进行改变的情况下，再加一级外环进行调节，会使调节效果更好，因此可以预判均流环的实现将会减小各单体之间的电流误差，提高均流精度。

第4章 蓄电池组的建模与控制

动车组蓄电池组的主要功能是在接触网电压缺失或者变流器故障等情况下，作为应急备用电源向车内负载(如照明、升降弓等)供电，要求电池具有以下特性：(1)重量轻，适应动车组轻量化设计理念，实现车辆运行的高安全性和低能耗；(2)温度适应性宽，能够在－40～60 ℃的环境温度下稳定工作；(3)长寿命，电池的寿命长，降低电池更换工作量和运营成本；(4)安全性好，电池的安全性高，能有效地保障车辆运行的安全；(5)功率特性好，可满足动车组大电流充放电的需要；(6)能够适应动车组行驶时振动的要求，自放电低，不污染环境，无记忆效应，回收利用性好等。与此同时，蓄电池组还是辅助供电系统直流负载的重要组成部分。由于蓄电池组的特殊性质，在研究过程中首先需要得到蓄电池组的等效模型，再根据等效模型得到蓄电池组相应的充电策略。

4.1 蓄电池组建模

电池在实际工作过程中，只能测量到充电电压、充电电流及电池温度这些常规参数，而电池内部参数尤其是电池 SOC(state of charge，荷电状态)数据无法直接测得，需要通过估计计算的方法获得。电池模型可以较好的反映电池内部特性与电压、电流、温度及 SOC 等因素的关系。因此，建立准确的电池模型对于总结电池工作特性、研究电池外部输出与内部特性的关系以及后续建立完成电池充电系统具有十分关键的作用。

目前电池模型的搭建方法众多，大致可以分为三类：机理建模、实验建模和混合建模。具体的电池模型搭建方法如图 4-1 所示。机理建模是利用电池内部的物理公式或化学反应建立模型，通过此方法可以建立电化学模型、耦合模型、热力学模型以及等效电路模型；实验建模是通过大量实验数据分析并拟合影响电池特征的各参数规律，通过此方法可建立黑箱模型，现在常见的黑箱模型有人工神经网络模型和支持向量机模型；混合建模通过将机理建模与实验建模相结合构建电池模型。常用的电池模型主要黑箱模型、电化学模型和等效电路模型。

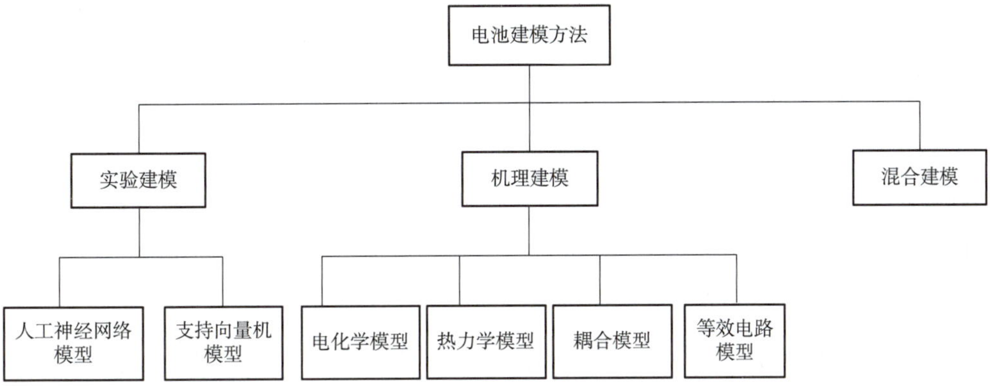

图 4-1　电池模型搭建方法

4.1.1　黑箱模型

黑箱模型通过实验建模方法建立，不考虑电池内部化学反应和参数结构影响，而是通过大量的电池充放电数据，分析其输入输出结果，在计算机中进行训练拟合，建立反映电池输入输出参数关系的模型。按照在计算机中进行的训练方法不同，黑箱模型主要包括人工神经网络模型和支持向量机模型两种。由于黑箱模型需要训练大量的实验数据，这些充放电数据采集过程比较困难，而且当输入输出结果不在训练数据的范围内时，会导致模型精度下降，难以保证电池模型的准确性。

4.1.2　电化学模型

电化学模型通过机理建模方法建立，通过分析电池内部的电化学反应、锂离子的扩散和迁移、欧姆定律一阶电荷守恒等现象，采用数字化、建模化的方法建立一系列微分方程和代数方程。电化学模型可以很好的反映电池内部复杂的电化学反应，但分析过程过于复杂，且计算量大，再加上建模过程中会涉及许多未知的化学参数，从而导致搭建电化学模型较为困难。

4.1.3　等效电路模型

等效电路模型通过机理建模方法搭建，通过电源、电阻、电容等电气元件来描述电池的充放电特性，通过伏安特性模拟电池工作过程。等效电路模型虽然不能像电化学模型那样反映电池内部的复杂反应，但可以准确反映电池的外部参数关系，且计算简单、复杂度低，因此等效电路模型得到了广泛应用。常用的等效电路模型有以下四种。

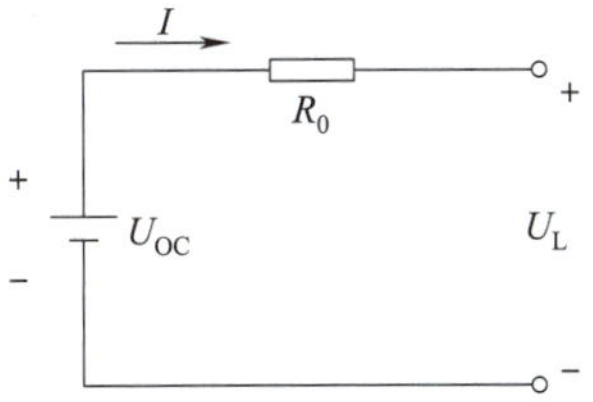

图 4-2　电池 Rint 模型

1. Rint 模型

电池 Rint 模型如图 4-2 所示，该模型由一个理想电压源

U_{OC} 和一个定值电阻 R_0 组成，电池模型的输出方程为

$$U_L=U_{OC}-R_0I \tag{4-1}$$

式中 U_L——电池输出电压，V；

I——电池电流，电池放电过程中为正，电池充电过程中为负，A。

Rint 模型为线性模型，结构简单、计算容易且实用性强，但是其无法考虑电池内部的极化效应和欧姆内阻等因素的影响，使该模型等效误差偏大。

2. Thevenin 模型

电池 Thevenin 模型如图 4-3 所示，该模型由一个理想电压源 U_{OC}、一个定值电阻 R_0 和一个 RC 网络延时环节组成，电池模型的输出方程为

$$\begin{cases} U_L=U_{OC}-R_0I-U_a \\ \dfrac{dU_a}{dt}=-\dfrac{1}{R_aC_a}U_a+\dfrac{1}{C_a}I \end{cases} \tag{4-2}$$

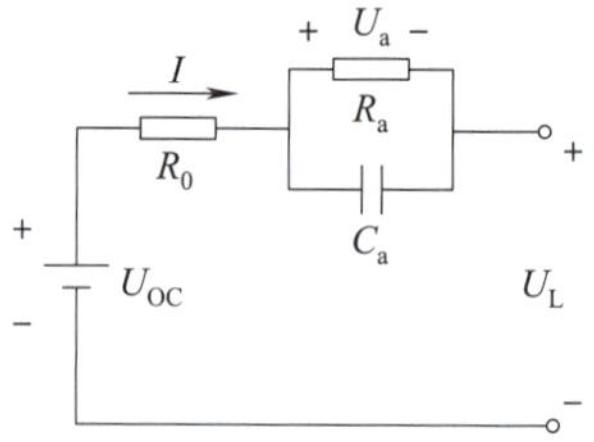

图 4-3 电池 Thevenin 模型

式中 U_L——电池输出电压，V；

I——电池电流，电池放电过程中为正，电池充电过程中为负，A；

R_a——极化内阻，Ω；

C_a——极化电容，F；

U_a——极化电容两端电压。

Thevenin 模型为非线性模型，增加的 RC 延时环节会阻止电池充放电瞬间电压突变，可模拟电池内部极化反应。该模型结构也相对简单、计算容易且参数辨识容易，但是其无法考虑电池内部的电池荷电状态和开路电压之间的关系，使该模型等效误差偏大。

3. PNGV 模型

电池 PNGV 模型如图 4-4 所示，该模型由一个理想电压源 U_{OC}、一个定值电阻 R_0、一个串联电容 C_a 和一个 RC 网络延时环节组成，电池模型的输出方程为

$$\begin{cases} U_L=U_{OC}-R_0I-U_a-U_b \\ C_a\dfrac{dU_a}{dt}=\dfrac{U_b}{R_b}+C_b\dfrac{dU_b}{dt} \end{cases} \tag{4-3}$$

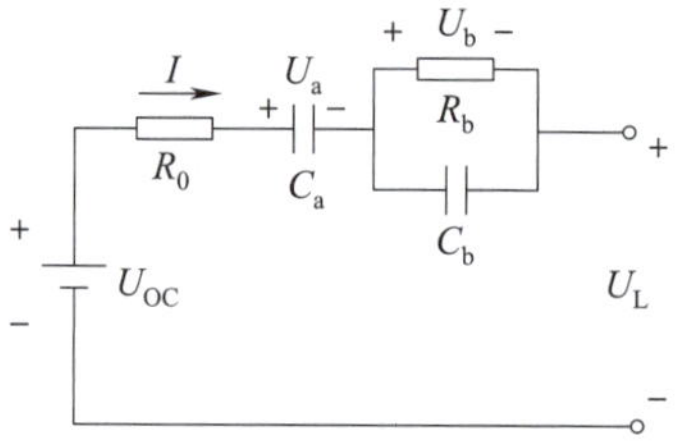

图 4-4 电池 PNGV 模型

式中 U_L——电池输出电压，V；

I——电池电流，电池放电过程中为正，电池充电过程中为负，A；

C_a——储能电容，F；

R_b——极化内阻，Ω；

C_b——极化电容，F；

U_a——储能电容两端电压，V；

U_b——极化电容两端电压，V。

PNGV模型在Thevenin模型的基础上增加了储能电容，消除了其不能反映开路电压与电池荷电状态之间关系的缺点。然而该模型在电流变化较大时误差会增大，所以不适用于电流变化频率大的情况。

4. n 阶RC模型

电池 n 阶RC模型由一个理想电压源 U_{OC}、一个定值电阻 R_0 和 n 个RC网络延时环节组成。阶数 n 越大，建立的模型越准确、拟合效果越好，但同时模型也越复杂，计算过程也变得复杂。n 阶RC模型当阶数大于3时，模型精确度会随着阶数增加而降低。因此，综合模型的误差要求和模型的计算复杂度考虑，宜选择二阶RC等效电路建立电池模型。二阶RC等效电池模型的输出方程为

$$\begin{cases} U_L = U_{OC} - R_0 I - U_a - U_b \\ C_a \dfrac{dU_a}{dt} = I - \dfrac{U_a}{R_a} \\ C_b \dfrac{dU_b}{dt} = I - \dfrac{U_b}{R_b} \end{cases} \tag{4-4}$$

式中　U_L——电池输出电压，V；

I——电池电流，电池放电过程中为正，电池充电过程中为负，A；

R_a，R_b——极化内阻，Ω；

C_a，C_b——极化电容，F；

U_a，U_b——极化电容两端电压，V。

二阶RC电路模型为非线性模型，增加的两个RC延时环节一个模拟电池充放电过程中的电化学极化效应，另一个模拟浓差极化效应，如图4-5所示。

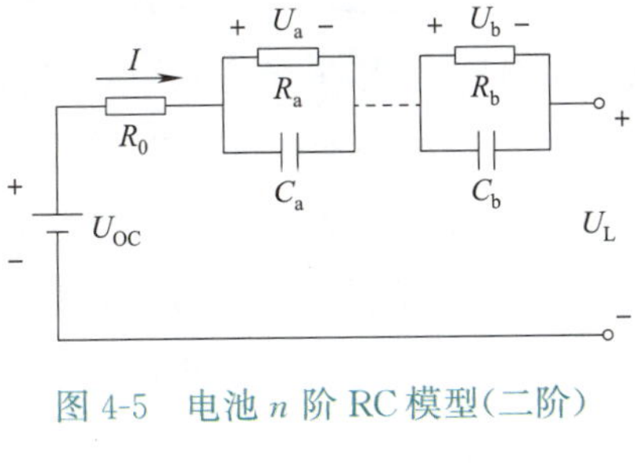

图4-5　电池 n 阶RC模型(二阶)

4.2　蓄电池SOC估计方法

美国先进电池联合会(USABC)定义的电池荷电状态被广泛采用，即电池在一定的放电

倍率下，剩余电量与相同条件下额定容量的比值，电池 SOC 数值通常在 0～1 之间。在进行电池 SOC 估计之前首先要进行电池模型搭建和电池模型参数辨识两个重要环节。建立准确的电池模型并提高参数辨识准确度可以减小电池 SOC 估计的误差。电池的模型参数辨识与 SOC 估计紧密相关，模型参数辨识精度直接影响电池 SOC 估计结果。

4.2.1 电池模型的荷电状态估计方法

目前电池模型的荷电状态估计方法有很多，大致可以分为三类：传统的 SOC 估计方法、基于数据驱动的 SOC 估计方法以及基于模型可测量参数的 SOC 估计方法。具体的电池 SOC 估计方法如图 4-6 所示。

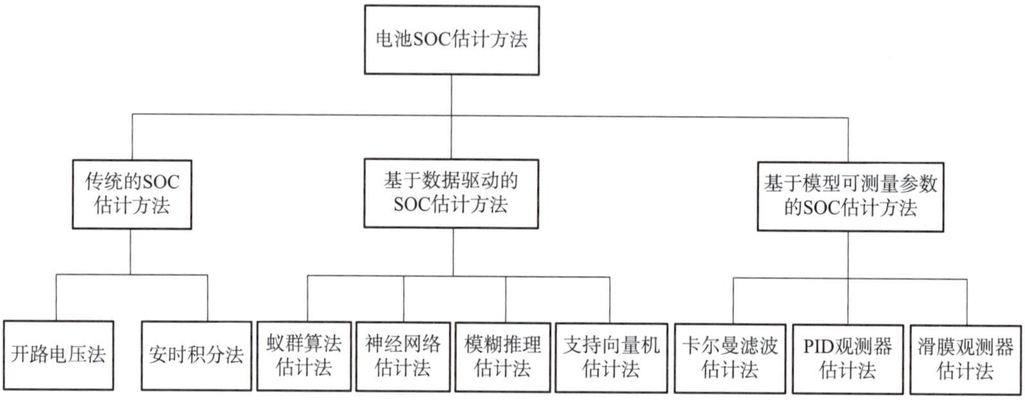

图 4-6 常用的电池 SOC 估计方法

传统的 SOC 估计方法主要有开路电压法和安时积分法，这两种方法都需要测量大量的开路电压(open circuit voltage，OCV)数据。开路电压法是首先通过大量的不同电池荷电状态下的开路电压数据建立 OCV-SOC 关系式及关系曲线，并以此关系曲线为准，在电池实际充放电过程中，通过测量其开路电压，根据事先建立的 OCV-SOC 关系曲线反推出电池的 SOC 值。这种方法虽然简单易行，但电池在实际充放电过程中内部反应极为复杂，会导致实际的 OCV-SOC 关系与实际建立的 OCV-SOC 关系曲线差距较大，导致误差偏大，因此不能实现电池 SOC 的在线准确估计。安时积分法是根据初始时刻的电池 SOC 值结合实时测量到的充电电流积分值来进行 SOC 的实时估计，虽然实用性也很强，但是该方法所用到的 SOC 初始值也是通过 OCV-SOC 关系曲线获得，与开路电压法一样存在由于电池内部反应复杂导致误差增大的问题，而且通过电流积分进行 SOC 估计容易出现误差累积的情况。

基于数据驱动的 SOC 估计方法主要有蚁群算法估计法、神经网络估计法、模糊推理估计法和支持向量机估计法。这些方法需要大量的充电电流、充电电压以及电池 SOC 等实验数据，引入机器学习的方式对输入数据进行训练，得到电池 SOC 与这些输入输出量之间的拟合关系，就可以根据可测的电池数据对电池 SOC 进行估计。这种方法在实验数据丰富、实验工况全面的情况下，可以训练出比较准确的估计模型，然而在大多数情况下，很难做到实验工况的全覆盖和实验数据的全面性，训练数据不足就会导致训练模型不够精确，从而造成电池 SOC 估计的误差。因此，使用基于数据驱动的 SOC 估计方法时对实验数据的要求极高。

基于模型可测量参数的 SOC 估计方法主要有卡尔曼滤波估计法、PID 观测器估计法和滑膜观测器估计法。这些方法在拟合电池 SOC 与模型参数关系式的基础上引入观测器测量到的实际数据对估计值进行修正，将估计误差和观测误差进行合理化处理，实现电池 SOC 的在线准确估计，弱化了电池内部化学反应及外部环境剧烈变化对事先总结的模型参数与电池 SOC 关系式的影响，大大提高了估计精确度。

4.2.2　电池模型的参数辨识方法

目前电池模型的参数辨识方法也有很多，大致可以分为三类：梯度矫正参数辨识法、概率密度逼近参数辨识法以及方程误差参数辨识法。具体的电池模型参数辨识方法如图 4-7 所示。

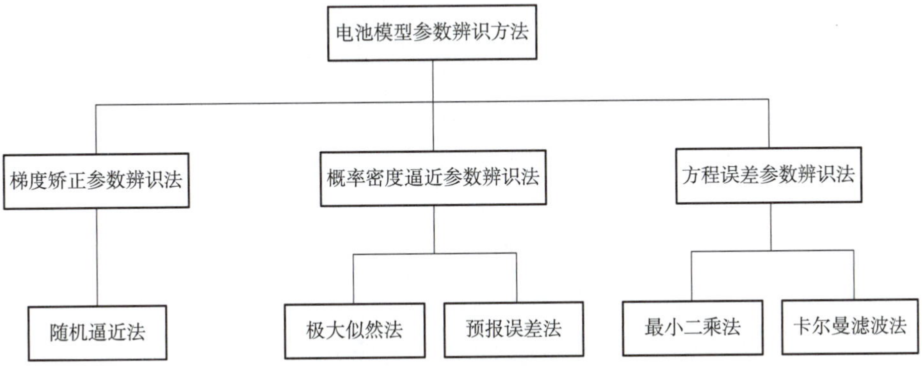

图 4-7　电池模型参数辨识方法

常用的改进方法主要有递推最小二乘法和扩展卡尔曼滤波(EKF)法，两种方法都能比较准确的辨识电池模型参数。在电池充放电的开始阶段和结束阶段，因为加在电池两端的电压会产生突变，算法不能实现快速响应，所以此时误差较大。但此时扩展卡尔曼滤波法能够实现迅速收敛、减小误差，而且在电池动态应力工况测试中，扩展卡尔曼滤波法仍能将误差维持在较低的水平，在工况后期准确度明显强于递推最小二乘法。

4.2.3　扩展卡尔曼滤波法

卡尔曼滤波法是由匈牙利数学家卡尔曼将状态变量引入滤波理论建立的，是采用状态空间描述法以线性最小均方差为估计准则来得到状态变量最优估计的一种最优估计理论。在实际模型中，测量值和模型估计值都存在误差，卡尔曼滤波法首先根据状态空间方程由上一次的最优结果预测得到状态估计值，再使用观测值修正估计值以得到最优估计结果。卡尔曼滤波估计的是一个线性随机系统的状态，然而二阶 RC 电池模型是非线性的，因此需采用扩展卡尔曼滤波法。

扩展卡尔曼滤波法的核心思想是：围绕滤波值将非线性函数展开成泰勒级数并略去二阶及以上项，得到一个近似的线性化模型，然后应用卡尔曼滤波完成状态估计。

离散的非线性系统状态方程为

$$\begin{cases} \boldsymbol{x}(k+1)=f(\boldsymbol{x}(k),\boldsymbol{u}(k))+\boldsymbol{w}(k) \\ \boldsymbol{y}(k)=g(\boldsymbol{x}(k),\boldsymbol{u}(k))+\boldsymbol{v}(k) \end{cases} \tag{4-5}$$

式中 $f(\boldsymbol{x}(k),\boldsymbol{u}(k))$——离散系统的传递函数；

$g(\boldsymbol{x}(k),\boldsymbol{u}(k))$——系统的测量函数；

$\boldsymbol{x}(k),\boldsymbol{u}(k)$——系统的状态变量和输入变量；

$\boldsymbol{w}(k),\boldsymbol{v}(k)$——系统的状态噪声和观测噪声。

对离散系统的传递函数和测量函数进行一阶泰勒级数展开并忽略高次项，可以得到线性化后的系统状态方程为

$$\begin{cases} \boldsymbol{x}(k+1)=\boldsymbol{A}(k)\boldsymbol{x}(k)+\boldsymbol{B}(k)\boldsymbol{u}(k)+\boldsymbol{w}(k) \\ \boldsymbol{y}(k)=\boldsymbol{C}(k)\boldsymbol{x}(k)+\boldsymbol{D}(k)\boldsymbol{u}(k)+\boldsymbol{v}(k) \end{cases} \tag{4-6}$$

式中，$\boldsymbol{A}(k)$、$\boldsymbol{B}(k)$、$\boldsymbol{C}(k)$、$\boldsymbol{D}(k)$均为系数矩阵，计算过程如下。

$$\begin{cases} \boldsymbol{A}(k)=\dfrac{\partial f(\boldsymbol{x}(k),\boldsymbol{u}(k))}{\partial \boldsymbol{x}(k)}\bigg|(\boldsymbol{x}(k),\boldsymbol{u}(k)) \\ \boldsymbol{B}(k)=\dfrac{\partial f(\boldsymbol{x}(k),\boldsymbol{u}(k))}{\partial \boldsymbol{u}(k)}\bigg|(\boldsymbol{x}(k),\boldsymbol{u}(k)) \\ \boldsymbol{C}(k)=\dfrac{\partial g(\boldsymbol{x}(k),\boldsymbol{u}(k))}{\partial \boldsymbol{x}(k)}\bigg|(\boldsymbol{x}(k),\boldsymbol{u}(k)) \\ \boldsymbol{D}(k)=\dfrac{\partial g(\boldsymbol{x}(k),\boldsymbol{u}(k))}{\partial \boldsymbol{u}(k)}\bigg|(\boldsymbol{x}(k),\boldsymbol{u}(k)) \end{cases} \tag{4-7}$$

离散系统线性化之后进行卡尔曼滤波，卡尔曼滤波法的基本过程如下。

1. 状态量初始化

给状态变量 $\boldsymbol{x}(0)$和协方差矩阵 $\boldsymbol{P}(0)$定义初始值。

2. 状态量预测

$k+1$ 时刻的状态量预测值由 k 时刻的系统状态根据系统方程计算得出。$k+1$ 时刻的状态量为

$$\hat{\boldsymbol{x}}(k+1)=f(\tilde{\boldsymbol{x}}(k),\boldsymbol{u}(k)) \tag{4-8}$$

式中 $\hat{\boldsymbol{x}}(k+1)$——$k+1$ 时刻状态变量的先验估计值；

$\tilde{\boldsymbol{x}}(k)$——$k$ 时刻状态变量的后验估计值。

先验估计本质是预测系统状态量和误差协方差矩阵的数值；后验估计本质是通过系统的实际输出和系统的估计输出值之间的误差对先验估计的预测值进行修正，获得系统状态量的后验估计值。

3. 协方差矩阵预测

$k+1$ 时刻的误差协方差矩阵预测值由 k 时刻的系统协方差矩阵根据参数矩阵 $\boldsymbol{A}(k)$ 计算得出。$k+1$ 时刻的协方差矩阵为

$$\hat{\boldsymbol{P}}(k+1)=\boldsymbol{A}(k)\boldsymbol{P}(k)\boldsymbol{A}(k)^{\mathrm{T}}+\boldsymbol{Q} \tag{4-9}$$

式中　$\hat{\boldsymbol{P}}(k+1)$——$k+1$ 时刻协方差矩阵的先验估计值；

$\boldsymbol{P}(k)$——k 时刻协方差矩阵的后验估计值；

Q——系统的状态噪声协方差初值。

4. 增益矩阵更新

$k+1$ 时刻的增益矩阵由 $k+1$ 时刻的系统协方差矩阵预测值根据参数矩阵 $\boldsymbol{A}(k)$ 计算得出。$k+1$ 时刻的增益矩阵为

$$\boldsymbol{K}(k+1)=\frac{\hat{\boldsymbol{P}}(k+1)\boldsymbol{C}(k+1)^{\mathrm{T}}}{\boldsymbol{C}(k+1)\hat{\boldsymbol{P}}(k+1)\boldsymbol{C}(k+1)^{\mathrm{T}}+R} \tag{4-10}$$

式中　$\boldsymbol{K}(k+1)$——$k+1$ 时刻的增益矩阵；

R——系统的观测噪声协方差初值。

5. 输出变量计算

$k+1$ 时刻的输出量预测值由 $k+1$ 时刻的状态量预测值根据系统方程计算得出。$k+1$ 时刻的输出量预测值为

$$\hat{\boldsymbol{y}}(k+1)=g(\tilde{\boldsymbol{x}}(k+1),\boldsymbol{u}(k)) \tag{4-11}$$

式中　$\hat{\boldsymbol{y}}(k+1)$——$k+1$ 时刻输出变量的估计值。

6. 状态变量更新

完成 $k+1$ 时刻输出变量的估计后，对此时刻的状态变量先验估计值进行更新。更新后的 $k+1$ 时刻的状态变量由 $k+1$ 时刻的状态变量的先验估计值和输出变量估计值根据增益矩阵计算得出。更新后的 $k+1$ 时刻状态变量为

$$\tilde{\boldsymbol{x}}(k+1)=\hat{\boldsymbol{x}}(k+1)+\boldsymbol{K}(k+1)[\boldsymbol{y}(k+1)-\hat{\boldsymbol{y}}(k+1)] \tag{4-12}$$

式中　$\tilde{\boldsymbol{x}}(k+1)$——$k+1$ 时刻状态变量的后验估计值；

$\boldsymbol{y}(k+1)$——$k+1$ 时刻输出变量的实际观测值。

7. 协方差矩阵更新

完成 $k+1$ 时刻输出变量的估计和状态变量的更新后，对此时刻的协方差矩阵进行更

新。$k+1$ 时刻的协方差矩阵由 $k+1$ 时刻的系统协方差矩阵预测值根据参数矩阵 $\boldsymbol{C}(k)$ 和增益矩阵 $\boldsymbol{K}(k)$ 计算得出。更新后的 $k+1$ 时刻协方差矩阵为

$$\boldsymbol{P}(k+1)=[\boldsymbol{I}-\boldsymbol{K}(k+1)\boldsymbol{C}(k+1)]\hat{\boldsymbol{P}}(k+1) \tag{4-13}$$

式中　$\boldsymbol{P}(k+1)$——$k+1$ 时刻协方差矩阵的后验估计值；

$\boldsymbol{I}$——单位矩阵。

8. 重复步骤 2 到步骤 7 直到结束滤波

4.2.4　电池模型参数辨识

在扩展卡尔曼滤波法中，式(4-8)和式(4-9)组成算法的先验估计，计算预测值；式(4-10)、式(4-12)和式(4-13)组成后验估计，计算更新值。采用图 4-8 所示的二阶 RC 等效电路模型进行参数辨识，扩展卡尔曼滤波的算法流程如图 4-9 所示。

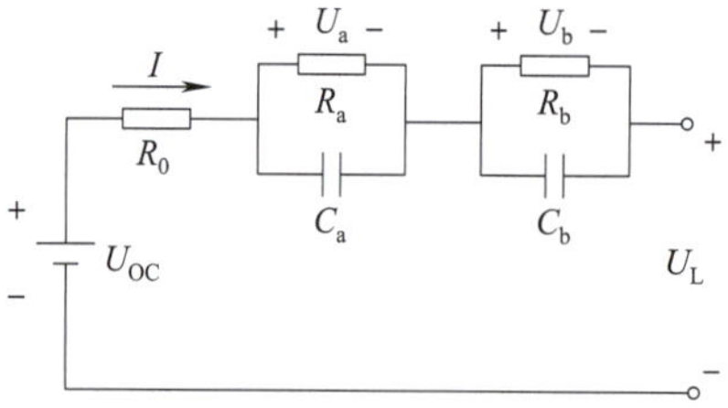

图 4-8　二阶 RC 等效电路模型

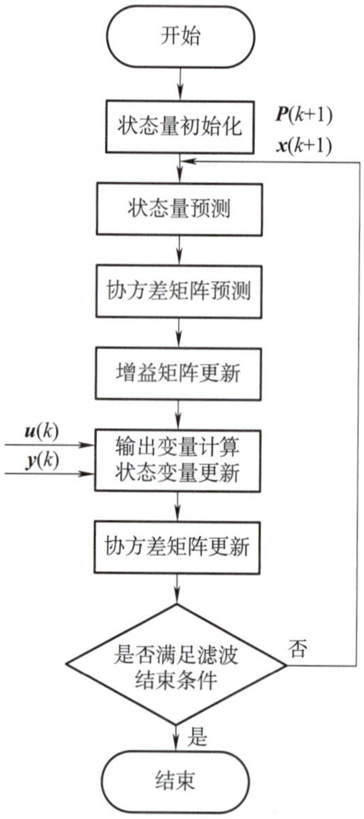

图 4-9　扩展卡尔曼滤波算法流程

采用扩展卡尔曼滤波法对电池进行参数辨识的过程如图 4-10 所示。首先构建电池的状态空间方程，根据输入电池模型的电流对电池端电压进行预测，然后将预测电压与从电池模型端口测得的实际电压作差，最后通过卡尔曼增益对残差进行反馈修正，使状态量估计值追随实际值。但电池内部系统非常复杂，很难采用连续的时间函数进行参数辨识和算法推

导，而且在电池的实际充放电过程中，所有的数据只能通过传感器获得，需要采样周期，因此选择离散的系统进行电池模型的参数辨识。

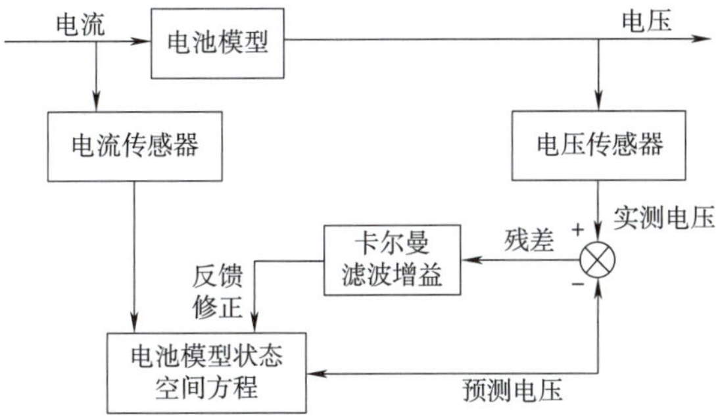

图 4-10 扩展卡尔曼滤波法参数辨识过程

选取开路电压 U_{OC}、定值电阻 R_0 和两个 RC 网络延时环节作为状态变量，选取输出电压 U_L 和 RC 环节上的电压为输出变量。首先建立连续的电池状态方程为

$$\begin{cases}\dot{U}_a=-\dfrac{U_a}{R_aC_a}+\dfrac{I}{C_a}\\ \dot{U}_b=-\dfrac{U_b}{R_bC_b}+\dfrac{I}{C_b}\\ U_L=U_a+U_b+R_0I+U_{OC}\end{cases} \tag{4-14}$$

式中 U_a,U_b—极化电容两端电压。

对于式(4-14)中的非齐次方程，在输入信号作用下用零输入+零状态的方法求得该方程的解，并将其离散化。当电路模型在输入信号 I 的作用下，设该连续系统状态方程的初始状态为 $U_a(t_0)$、$U_b(t_0)$时，求得非齐次方程的解为

$$\begin{cases}u_a(t)=U_a(t_0)\mathrm{e}^{-(t-t_0)/R_aC_a}+IR_a[1-\mathrm{e}^{-(t-t_0)/R_aC_a}]\\ u_b(t)=U_b(t_0)\mathrm{e}^{-(t-t_0)/R_bC_b}+IR_b[1-\mathrm{e}^{-(t-t_0)/R_bC_b}]\end{cases} \tag{4-15}$$

为使连续的系统离散化为一个等价的变换过程，假设加到系统的电流 I 在一个采样周期 $[kT_s,(k+1)T_s]$内保持不变，且等于前一采样时刻的瞬时值。则令 $t_0=kT_s$，$t=(k+1)T_s$，采样周期取值为 1 s 时有

$$\begin{cases}u_a(k+1)=U_a(k)\mathrm{e}^{-\frac{1}{R_aC_a}}+I(k)R_a\left(\mathrm{e}^{-\frac{t}{R_aC_a}}-1\right)\\ u_b(k+1)=U_b(k)\mathrm{e}^{-\frac{1}{R_bC_b}}+I(k)R_b\left(\mathrm{e}^{-\frac{t}{R_bC_b}}-1\right)\end{cases} \tag{4-16}$$

对于式(4-14)输出方程中的静态代数方程，离散化前后保持不变，可表示为

$$U_L(k)=U_a(k)+U_b(k)+R_0(k)I(k)+U_{OC} \tag{4-17}$$

得出二阶 RC 等效电路模型的状态空间方程为

$$\begin{cases} u_{a}(k+1)=U_{a}(k)\mathrm{e}^{-\frac{1}{R_{a}C_{a}}}+I(k)R_{a}\left(\mathrm{e}^{-\frac{t}{R_{a}C_{a}}}-1\right) \\ u_{b}(k+1)=U_{b}(k)\mathrm{e}^{-\frac{1}{R_{b}C_{b}}}+I(k)R_{b}\left(\mathrm{e}^{-\frac{t}{R_{b}C_{b}}}-1\right) \\ U_{L}(k)=U_{a}(k)+U_{b}(k)+R_{0}(k)I(k)+U_{OC} \end{cases} \tag{4-18}$$

建立状态方程后，按照式(4-8)～式(4-13)的扩展卡尔曼滤波法过程进行参数辨识，参数辨识过程中的具体迭代过程为

$$\begin{cases} \hat{\boldsymbol{x}}(k+1)=f(\tilde{\boldsymbol{x}}(k),\boldsymbol{u}(k)) \\ \hat{\boldsymbol{P}}(k+1)=\boldsymbol{A}(k)\boldsymbol{P}(k)\boldsymbol{A}(k)^{\mathrm{T}}+Q \\ \boldsymbol{K}(k+1)=\dfrac{\hat{\boldsymbol{P}}(k+1)\boldsymbol{C}(k+1)^{\mathrm{T}}}{\boldsymbol{C}(k+1)\hat{\boldsymbol{P}}(k+1)\boldsymbol{C}(k+1)^{\mathrm{T}}+R} \\ \hat{\boldsymbol{y}}(k+1)=g(\tilde{\boldsymbol{x}}(k+1),\boldsymbol{u}(k)) \\ \tilde{\boldsymbol{x}}(k+1)=\hat{\boldsymbol{x}}(k+1)+\boldsymbol{K}(k+1)[\boldsymbol{y}(k+1)-\hat{\boldsymbol{y}}(k+1)] \\ \boldsymbol{P}(k+1)=[\boldsymbol{I}-\boldsymbol{K}(k+1)\boldsymbol{C}(k+1)]\hat{\boldsymbol{P}}(k+1) \end{cases} \tag{4-19}$$

式中，状态变量 $\boldsymbol{x}(k)=[R_0\quad R_a\quad C_a\quad R_b\quad C_b\quad U_{OC}]^{\mathrm{T}}$；输出变量 $y(k)=U_L(k)$；状态转移矩阵 $\boldsymbol{A}(k)$ 为单位矩阵；系数矩阵 $\boldsymbol{C}(k+1)$ 通过输出状态函数 $g(\boldsymbol{x}(k),\boldsymbol{u}(k))$ 对 $\boldsymbol{x}(k)$ 求导得出。通过计算可得 $\boldsymbol{C}(k+1)$ 为

$$\boldsymbol{C}(k+1)=\begin{pmatrix} -I(k) \\ -\dfrac{TU_{a}(k)\mathrm{e}^{-\frac{T}{R_{a}(k)C_{a}(k)}}}{R_{a}^{2}(k)C_{a}(k)}+\dfrac{TI(k)\mathrm{e}^{-\frac{T}{R_{a}(k)C_{a}(k)}}}{R_{a}(k)C_{a}(k)}+I(k)\left(\mathrm{e}^{-\frac{T}{R_{a}(k)C_{a}(k)}}-1\right) \\ -\dfrac{TU_{a}(k)\mathrm{e}^{-\frac{T}{R_{a}(k)C_{a}(k)}}}{R_{a}(k)C_{a}^{2}(k)}+\dfrac{I(k)R_{a}(k)\mathrm{e}^{-\frac{T}{R_{a}(k)C_{a}(k)}}}{R_{a}(k)C_{a}^{2}(k)} \\ -\dfrac{TU_{b}(k)\mathrm{e}^{-\frac{T}{R_{b}(k)C_{b}(k)}}}{R_{b}^{2}(k)C_{b}(k)}+\dfrac{TI(k)\mathrm{e}^{-\frac{T}{R_{b}(k)C_{b}(k)}}}{R_{b}(k)C_{b}(k)}+I(k)\left(\mathrm{e}^{-\frac{T}{R_{b}(k)C_{b}(k)}}-1\right) \\ -\dfrac{TU_{b}(k)\mathrm{e}^{-\frac{T}{R_{b}(k)C_{b}(k)}}}{R_{b}(k)C_{b}^{2}(k)}+\dfrac{I(k)R_{b}(k)\mathrm{e}^{-\frac{T}{R_{b}(k)C_{b}(k)}}}{R_{b}(k)C_{b}^{2}(k)} \\ 1 \end{pmatrix}^{\mathrm{T}} \tag{4-20}$$

状态变量矩阵、输入变量、状态转移矩阵和系数矩阵带入扩展卡尔曼滤波算法的迭代过程中，即可完成电池二阶 RC 等效电路模型的参数辨识。

4.2.5　电池荷电状态估计

采用自适应扩展卡尔曼滤波法(AEKF)进行磷酸铁锂电池模型的荷电状态估计。电池模型的荷电状态估计与参数辨识类似,都是根据观测到的信息来估计和修正所需的参数,因此电池荷电状态估计的流程与参数辨识基本一致,只是增加了开路电压 U_{OC} 与电池 SOC 的关系,同时自适应扩展卡尔曼滤波法在扩展卡尔曼滤波法的基础上增加了对状态噪声协方差和观测噪声协方差的估计。采用自适应扩展卡尔曼滤波法对电池二阶等效电路模型进行荷电状态估计的基本过程如下。

将式(4-14)所建立的连续的二阶 RC 等效电路的状态方程离散化处理,得到新的离散后的电池状态空间方程为

$$\begin{cases} u_{\mathrm{a}}(k+1)=U_{\mathrm{a}}(k)\mathrm{e}^{-\frac{1}{R_{\mathrm{a}}C_{\mathrm{a}}}}+I(k)R_{\mathrm{a}}\left(\mathrm{e}^{-\frac{t}{R_{\mathrm{a}}C_{\mathrm{a}}}}-1\right) \\ u_{\mathrm{b}}(k+1)=U_{\mathrm{b}}(k)\mathrm{e}^{-\frac{1}{R_{\mathrm{b}}C_{\mathrm{b}}}}+I(k)R_{\mathrm{b}}\left(\mathrm{e}^{-\frac{t}{R_{\mathrm{b}}C_{\mathrm{b}}}}-1\right) \\ U_{\mathrm{L}}(k)=U_{\mathrm{a}}(k)+U_{\mathrm{b}}(k)+R_0(k)I(k)+U_{\mathrm{OC}}(\mathrm{SOC}) \end{cases} \tag{4-21}$$

式中　$U_{\mathrm{OC}}(\mathrm{SOC})$——开路电压与电池 SOC 的关系。

安时积分法的 SOC 计算公式为

$$\mathrm{SOC}(t)=\mathrm{SOC}(t_0)+\frac{\int_{t_0}^{t} I(t)\mathrm{d}t}{Q} \tag{4-22}$$

式中　$\mathrm{SOC}(t_0)$——电池 SOC 的初始值;

Q——磷酸铁锂电池的额定容量。

为使连续的系统离散化为一个等价的变换过程,同样假设加到系统的电流 I 在一个采样周期$[kT_{\mathrm{s}},(k+1)T_{\mathrm{s}}]$内保持不变,且电流等于前一时刻采样的瞬时值。则令 $t_0=kT_{\mathrm{s}}$,$t=(k+1)T_{\mathrm{s}}$,采样周期取值为 1 s 时得出以电池 SOC 为状态变量的离散状态空间方程为

$$\mathrm{SOC}(k+1)=\mathrm{SOC}(k)+\frac{I(k)}{Q} \tag{4-23}$$

建立状态空间方程之后按照卡尔曼滤波算法过程逐步进行状态量预测、协方差矩阵预测、增益矩阵更新、输出变量计算、状态变量更新和协方差矩阵更新等过程。然后按照自适应扩展卡尔曼滤波法对状态噪声方差和观测噪声方差进行更新。首先引入模型测量值和预测值之间的误差称为新息,新息的表达式为

$$\begin{aligned} \boldsymbol{d}(k)&=\boldsymbol{y}(k)-\hat{\boldsymbol{y}}(k) \\ &=\boldsymbol{C}(k)\boldsymbol{x}(k)+\boldsymbol{D}(k)\boldsymbol{u}(k)+\boldsymbol{v}(k)-[\boldsymbol{C}(k)\hat{\boldsymbol{x}}(k)+\boldsymbol{D}(k)\boldsymbol{u}(k)] \\ &=\boldsymbol{C}(k)\overline{\boldsymbol{x}}(k)+\boldsymbol{v}(k) \end{aligned} \tag{4-24}$$

式中　$\boldsymbol{d}(k)$——k 时刻的新息;

$\bar{\boldsymbol{x}}(k)=\boldsymbol{x}(k)-\hat{\boldsymbol{x}}(k)$——$k$ 时刻的一步预测误差；

$\boldsymbol{v}(k)$——k 时刻的观测噪声。

通过开窗法计算新息的方差预测值矩阵为

$$\hat{\boldsymbol{D}}(k)=E(\boldsymbol{d}(k)\boldsymbol{d}(k)^{\mathrm{T}})=\boldsymbol{C}(k)\hat{\boldsymbol{P}}(k)\boldsymbol{C}(k)^{\mathrm{T}}+\hat{\boldsymbol{R}}(k) \tag{4-25}$$

式中 $\hat{\boldsymbol{D}}(k)$——k 时刻新息的方差预测值；

$\hat{\boldsymbol{R}}(k)$——k 时刻的观测噪声方差。

然后引入模型测量值 $y(k)$和模型更新后的最优估计值 $\tilde{y}(k)$之间的误差称为残差，残差的表达式为

$$\begin{aligned}\boldsymbol{r}(k)&=\boldsymbol{y}(k)-\tilde{\boldsymbol{y}}(k)=\boldsymbol{y}(k)-[\boldsymbol{C}(k)\tilde{\boldsymbol{x}}(k)+\boldsymbol{D}(k)\boldsymbol{u}(k)]\\&=\left[\boldsymbol{I}-\frac{\boldsymbol{C}(k)\boldsymbol{P}(k)\boldsymbol{C}(k)^{\mathrm{T}}}{\boldsymbol{C}(k)\boldsymbol{P}(k)\boldsymbol{C}(k)^{\mathrm{T}}+\hat{\boldsymbol{R}}(k)}\right]\boldsymbol{d}(k)\\&=\hat{\boldsymbol{R}}(k)\hat{\boldsymbol{D}}(k)^{-1}\boldsymbol{d}(k)\end{aligned} \tag{4-26}$$

式中 $\boldsymbol{r}(k)$——k 时刻的残差。

同样采用开窗法计算残差的方差预测值矩阵形式为

$$\hat{\boldsymbol{M}}(k)=E(\boldsymbol{r}(k)\boldsymbol{r}(k)^{\mathrm{T}})=\hat{\boldsymbol{R}}(k)\hat{\boldsymbol{D}}(k)^{-1}\hat{\boldsymbol{R}}(k)^{\mathrm{T}} \tag{4-27}$$

式中 $\hat{\boldsymbol{M}}(k)$——k 时刻残差的方差预测值。

之后将增益矩阵计算式(4-10)左乘 $\boldsymbol{C}(k)$、右乘 $\hat{\boldsymbol{R}}(k)$可得

$$\boldsymbol{C}(k)\boldsymbol{P}(k)\boldsymbol{C}(k)^{\mathrm{T}}=\hat{\boldsymbol{R}}(k)-\hat{\boldsymbol{R}}(k)\hat{\boldsymbol{D}}(k)\hat{\boldsymbol{R}}(k) \tag{4-28}$$

将式(4-28)代入式(4-27)中，即可得观测噪声方差 $\hat{\boldsymbol{R}}(k)$的更新计算表达式，同理也可得状态噪声方差 $\hat{\boldsymbol{Q}}(k)$的表达式，最终通过自适应扩展卡尔曼滤波法得到的噪声估计值为

$$\begin{cases}\hat{\boldsymbol{R}}(k)=\hat{\boldsymbol{M}}(k)+\boldsymbol{C}(k)\boldsymbol{P}(k)\boldsymbol{C}(k)^{\mathrm{T}}\\\hat{\boldsymbol{Q}}(k)=\boldsymbol{K}(k)\hat{\boldsymbol{D}}(k)\boldsymbol{K}(k)^{\mathrm{T}}\end{cases} \tag{4-29}$$

最后循环执行卡尔曼滤波法的迭代过程直至电池模型的荷电状态估计过程结束。整体基于自适应扩展卡尔曼滤波法的二阶 RC 电路模型荷电状态估计流程如图 4-11 所示。

自适应扩展卡尔曼滤波法在扩展卡尔曼滤波法的基础上增加了在滤波计算过程中对噪声方差 $\hat{R}(k)$和 $\hat{Q}(k)$的估计，噪声方差在每一轮迭代过程中不断更新，增加了电池荷电状态估计的准确性。将状态变量矩阵、输入变量、状态转移矩阵和系数矩阵代入自适应扩展卡尔曼滤波法的迭代过程中，即可完成电池二阶 RC 等效电路模型的荷电状态估计。

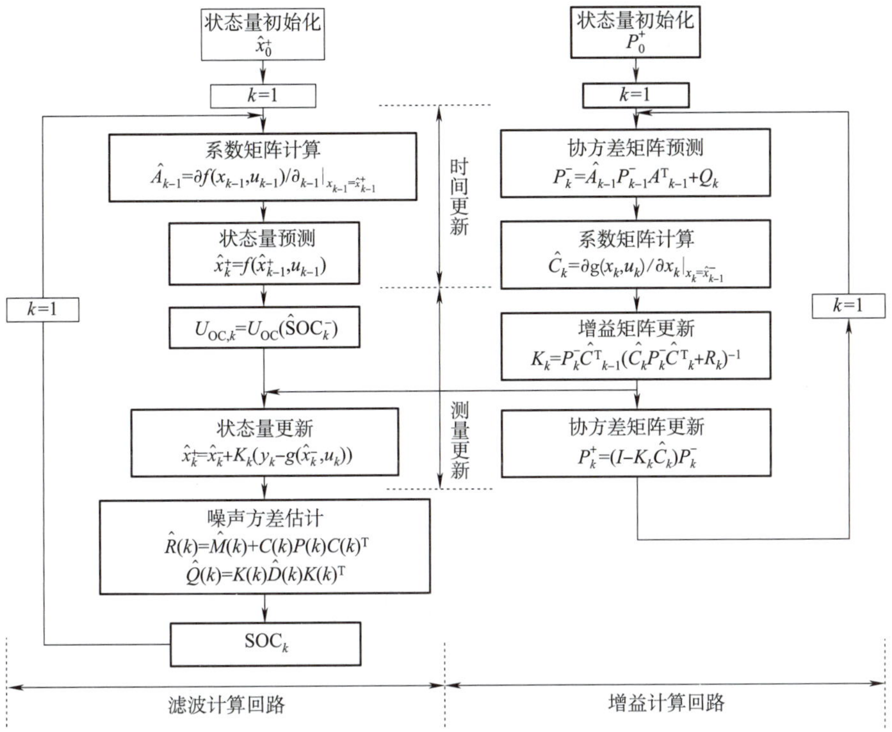

$\hat{x}_0^+$—状态初始值；P_0^+—协方差矩阵初始值；$\hat{x}_k^+$—k 时刻状态量的后验估计值；$\hat{x}_k^-$—k 时刻状态量的先验估计值；

P_k^+—k 时刻协方差矩阵的后验估计值；P_k^-—k 时刻协方差矩阵的先验估计值。

图 4-11　自适应扩展卡尔曼滤波法荷电状态估计流程

4.3　五阶梯恒流恒压充电控制

目前电池快速充电的理论支撑主要是马斯快充定律，其总结了电池充放电过程中的规律，得到了电池快速充电曲线。充电过程中的极化效应是影响电池充电速率及其寿命的重要因素，本节主要阐述马斯快充定律并分析电池极化效应的产生和计算方法。

4.3.1　马斯快充定律

美国科学家马斯在总结了大量的电池充放电试验数据后，提出了著名的马斯三定律，为电池的快速充电研究奠定了基础。

第一定律如式(4-30)所示，充电衰减率 α 和放电容量 C 的平方根成反比。

$$\alpha=\frac{K}{\sqrt{C}} \tag{4-30}$$

式中 α——充电的最大接受率；

K——电池放电时的电流常数；

C——放电时减少的电能，即放电容量。

第二定律如式(4-31)所示，在放电深度已知的情况下，充电衰减率 α 和放电电流 I_d 的对数成正比。

$$\alpha=\frac{K}{\sqrt{C}}\lg(kI_d) \tag{4-31}$$

式中 I_d——电池放电电流，A；

k——计算过程中的电流常数。

第三定律如式(4-32)所示，总的充电电流为电池在各个充电接受率时的电流总和。

$$I_t=I_1+I_2+I_3+\cdots+I_n \tag{4-32}$$

式中 I_t——t 时刻电池充电的总接受电流，A；

I_1, I_2, I_3, I_n——各个放电倍率下电池的可接受充电电流，A。

无论是给锂电池充电或是放电，其最终的结果都是将电能叠加在一起。在充电的过程中对锂电池进行短时间的放电，可减缓甚至消除极化现象从而提高锂电池的充电可接受率，而后便可使用更大的充电电流对锂电池进行充电，实现对锂电池进行快速充电的目的。

马斯提出降低电池充电时的析气现象是提高充电效率的关键，由此提出了使充电过程中析气现象最小的最优充电电流边界曲线，如图 4-12 所示。

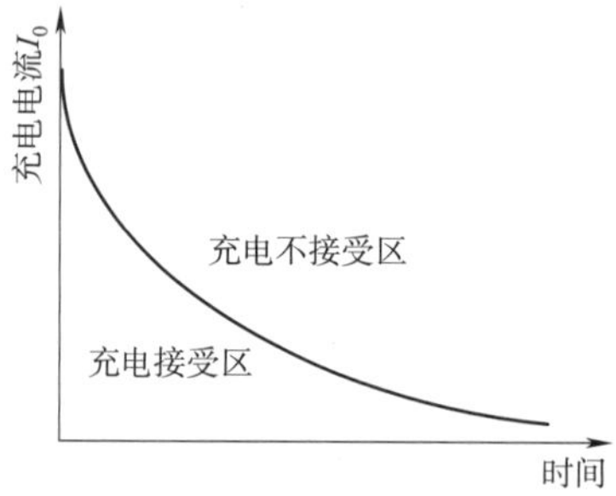

图 4-12　最优充电电流边界曲线

最优充电曲线将充电电流区域分为充电接受区和充电不接受区，根据马斯三定律，增大初始的充电电流值可以较好的提高充电速率，但要使充电电流保持在充电接受区范围内，就必须在充电过程中减小充电电流。因此需要对充电策略进行进一步研究。

充电极化效应是指电池充电过程中其外部端电压发生了电位偏移，造成外电压 U_L 与开路电压 U_{OC} 不相等。极化效应一般可以按照造成原因分为欧姆极化、电化学极化和浓差极化。在电池充电开始阶段，电池内部的反应较小，极化效应主要由欧姆内阻 R_0 产生，但是随着充电时间的延长，电池内部电解液的反应加剧，电解液中锂离子浓度也随之增加，此时极化效应主要为电化学极化和浓差极化。而根据本章第二节所建立的磷酸铁锂电池模型，电池内部的欧姆内阻参数已经完成辨识，所以仅考虑电化学极化和浓差极化。

按照电池二阶 RC 等效电路模型，充电极化效应所产生的极化电压 U_P 为

$$U_P = U_L - U_{OC} - IR_0 \tag{4-33}$$

测量极化电压时，首先将 SOC 为 0 的磷酸铁锂电池充电至截至电压 3.65 V，然后搁置一段时间，观察此时的电池端电压曲线如图 4-13 所示。

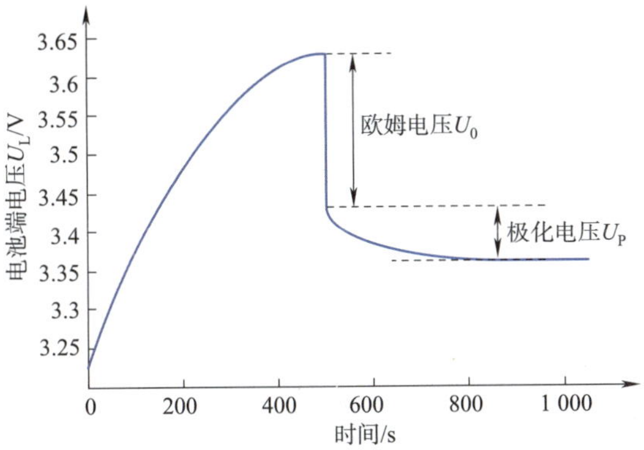

图 4-13　极化电压测量

图 4-13 中，电池从充电结束到开始搁置时测得的电压降落主要由电池模型中的欧姆电阻产生，称为欧姆电压。从搁置开始到搁置结束至电压稳定过程所测得的电压降落主要由电池内部的极化效应产生，称为极化电压。

4.3.2　基于遗传算法的充电策略优化

根据马斯快充曲线，选择以电池 SOC 为切换标志的五阶梯充电方式，在充电过程中逐渐减小充电电流。采用遗传算法优化各充电阶段的充电电流，分析优化后的充电速率和极化电压并与传统的五阶梯充电方式进行对比分析，验证优化效果。

目前效果较好的磷酸铁锂电池充电控制策略为五阶梯恒流恒压充电方式，将普通的恒流恒压充电方式中的恒流充电分为多个阶段，每个阶段逐次减小充电电流，使充电电流满足马斯最优充电电流边界曲线的变化趋势，既可有效减小极化电压，又能保证电池充电速率。将充电阶段分为五个阶段既保证了电流随最优充电的趋势下降，又降低了对前级充电机的要求，有利于前级充电机的输出控制。五阶梯恒流恒压充电流程如图 4-14 所示。

设置阈值电压 $V_{阈}$ 作为充电阶段的切换标志，电池恒流充电时，电池电压逐渐升高，当升高至阈值电压时，充电阶段切换，充电电流降低，此时电池电压先降低然后再逐渐升高至阈值电压，当五阶段恒流充电完成后，切换至恒压浮充阶段，保持恒压充电直至充电结束。

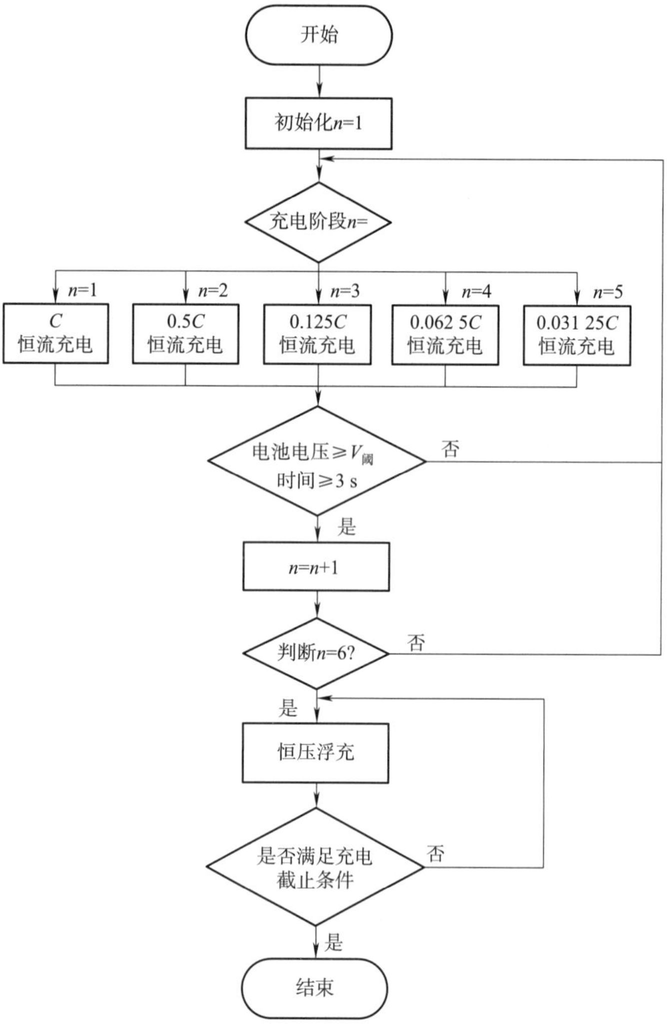

C—充电倍率。

图 4-14　五阶梯恒流恒压充电流程

五阶梯恒流恒压充电方式为防止在 SOC 偏低时进入恒压充电阶段，一般需要设置阈值电压偏高，这就导致恒流充电的第一阶段充电时间较长，而第一阶段的充电电流往往最大，造成第一阶段充电的后半期电流过大，产生的极化电压也更大。而且电池电压无法反映电池内部的参数变化，通过阈值电压切换充电阶段难以根据电池极化电压对充电策略进行进一步优化。因此，采用 SOC 作为切换标志的五段恒流恒压充电方式，其充电流程如图 4-15 所示。

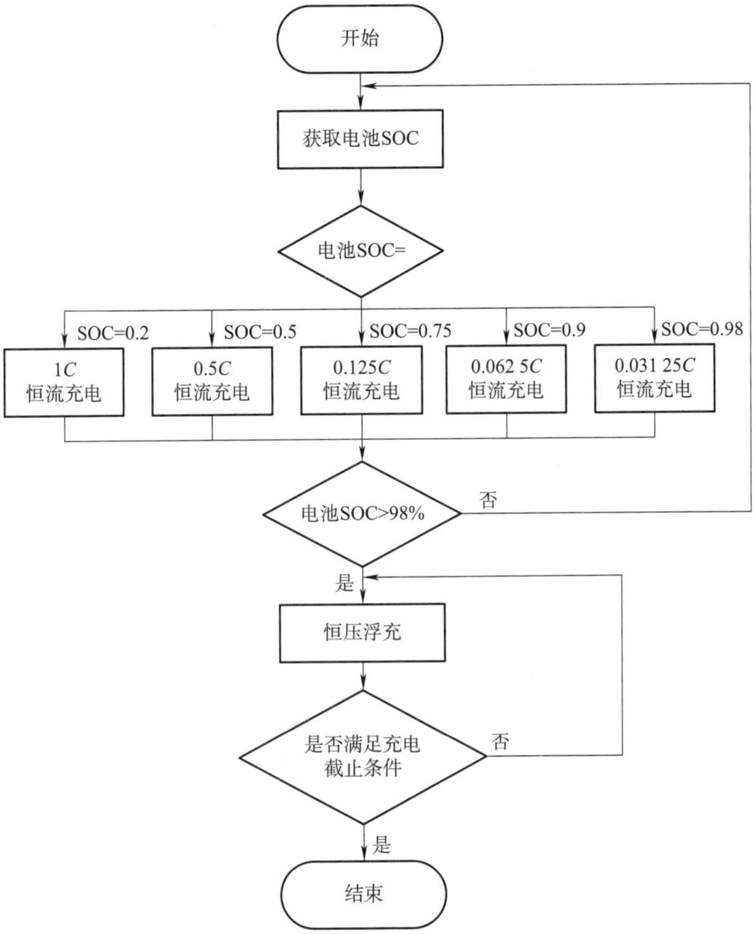

图 4-15　基于 SOC 的五阶梯恒流恒压充电流程

电池恒流充电时，电池 SOC 逐渐升高，当升高至 SOC 切换值时，充电阶段切换，充电电流降低，电池 SOC 增速降低但是 SOC 值继续升高直至下一切换值，当五阶段恒流充电完成后，切换至恒压浮充阶段，保持恒压充电直至充电结束。根据充电电流随电池 SOC 和极化电压的变化规律，设置充电阶段切换的电池 SOC 值分别为 0.2、0.5、0.75、0.9、0.98。

设置 SOC 作为充电阶段的切换标志，避免了前期较大的充电电流充电时间过长的问题，而且电池 SOC 可以很好的反映电池内部极化效应，有利于根据电池极化电压对各充电阶段的充电电流进行进一步优化。采用基于电池 SOC 的五阶梯恒流恒压充电方式得到的电池 SOC、充电电流和极化电压波形如图 4-16 所示，该充电方式的充电时间在 6 874 s 左右。充电极化电压虽然始终保持下降的整体趋势，但是总体充电过程中极化电压依然偏大，在第一阶段充电电流较大时和充电结束阶段已经出现了极化电压迅速增大的趋势。

通过遗传算法对基于 SOC 的五阶梯恒流恒压充电方式的各阶段充电电流进行进一步优化，以本章第二节建立的磷酸铁锂电池模型为基础，采用电池充电极化电压和充电时间作为优化目标，通过对各阶段充电电流的优化，在保证充电速率的基础上降低充电极化电压。

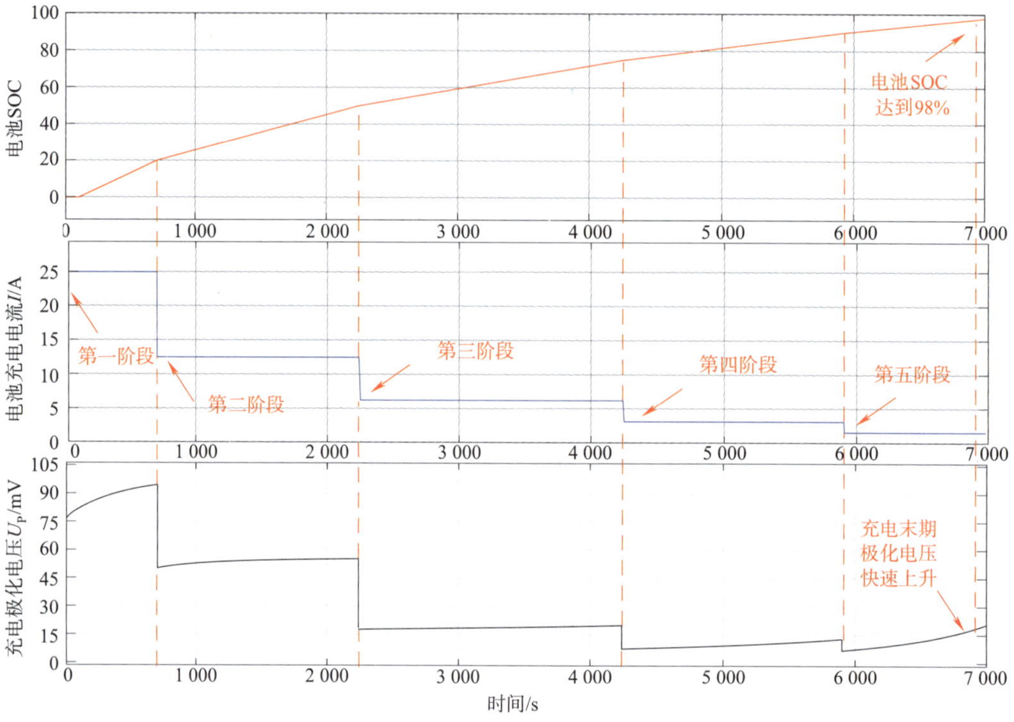

图 4-16　基于 SOC 的五阶梯恒流恒压充电波形

遗传算法是一种广泛应用于系统最优化研究的适应算法，按照“适者生存”的原理，通过遗传操作模拟自然界生物染色体产生新的解集的种群，逐渐演化产生越来越好的近似解，末代种群中的最优个体经过解码即可作为系统的近似最优解。遗传算法的思想主要包括种群初始化、适应度函数计算和遗传操作三个步骤，其优化算法流程如图 4-17 所示。

1. 种群初始化

随机产生个体数目一定的初始种群，在初始化种群阶段，需要对种群大小、变量个数、变量范围和遗传操作中的变异、交叉概率进行初始化设置。设置初始化种群数量为 200；变量个数为 7，包括五个阶段的充电电流值和表示充电极化电压、充电时间比重的权重系数；各阶段充电电流的范围选择为[0.025C，C]，权重系数取值范围选择为[0，1]；交叉概率设置为 0.9，变异概率设置为 0.01。

2. 适应度函数计算

适应度函数是每个种群个体进行搜索的依据，直接影响了算法收敛速度以及能否找到最优解。适应度函数的设计一般要遵循单值、连续、非负、计算量小、通用性强等原则。适应度函数可根据目标函数转换而来。采用充电极化电压和充电时间作为目标函数，并引入权

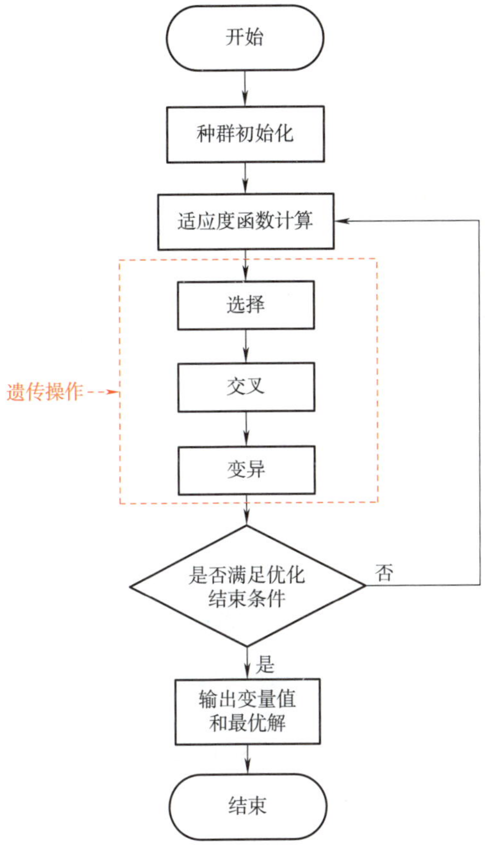

图 4-17　遗传算法流程

重系数，建立目标函数为

$$f(x)=\alpha[U_{P}(x)/U_{P\_ave}]+\beta[T(x)/T_{ave}] \tag{4-34}$$

式中　$f(x)$——遗传算法的目标函数；

x——变量；

α, β——充电极化电压和充电时间的权重系数，$\alpha+\beta=1$；

$U_{P}(x)$——定充电电流下的极化电压，V；

U_{P_ave}——各倍率充电电流产生的极化电压平均值，选取 44.98 mV；

$T(x)$——一定充电电流下的充电时间，s；

T_{ave}——各倍率充电电流下充电时间的平均值，选取 5 925 s。

为确定极化电压和充电时间与充电电流的关系，以本章第二节建立的磷酸铁锂电池模型为基础，观察充电过程中产生的极化电压和充电时间。按照式(4-34)计算充电过程的极化电压，在[0.1C,C]范围内，每隔 0.1C 对磷酸铁锂电池进行一次充电试验，以 C、0.8C、0.6C、0.4C、0.2C 电流充电过程为例，充电过程中产生的极化电压及充电时间如图 4-18 所示。

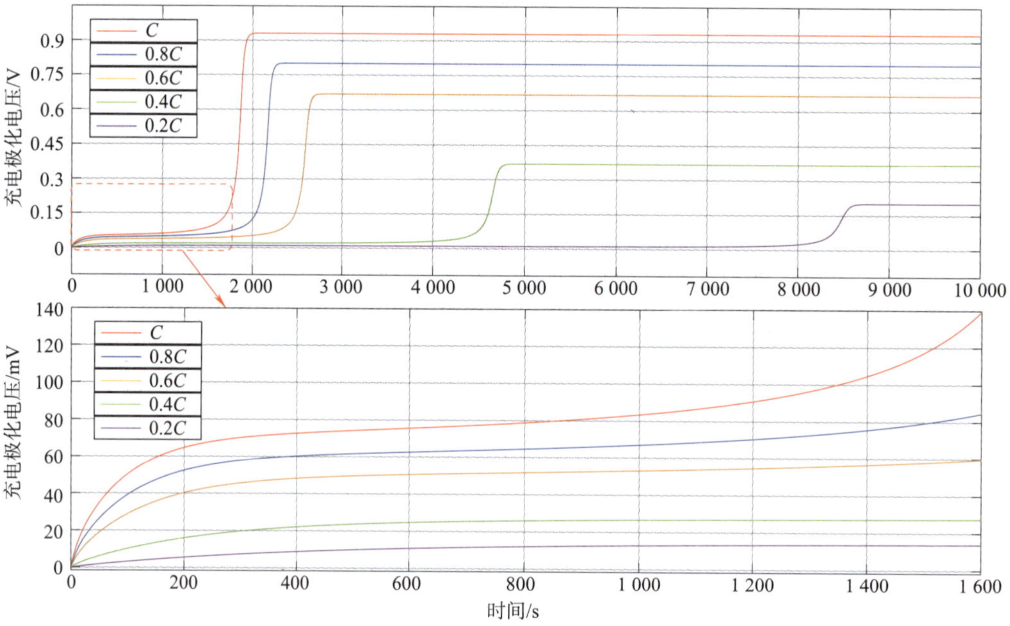

图 4-18　不同倍率电流充电试验

从图 4-18 中可以看出，充电电流越大，充电速度越快，但是产生的极化电压也更大。在充电结束阶段，当电池 SOC 较大时，电池内部极化效应明显，造成极化电压迅速上升，在充电末期选择恒压浮充的充电方式以减小极化电压，因此仅考虑恒流充电初期和中期所产生的充电极化电压。根据试验结果记录各倍率电流充电时产生的极化电压平均值和充电时间，各倍率的恒流充电试验数据见表 4-1。

表 4-1　不同倍率电流充电试验数据

充电倍率	充电电流	极化电压	充电时间	充电倍率	充电电流	极化电压	充电时间
1.25*C*	31.25 A	115.5 mV	2 132 s	0.5*C*	12.5 A	39.5 mV	4 655 s
C	25 A	92.5 mV	2 487 s	0.4*C*	10 A	23.5 mV	5 219 s
0.9*C*	22.5 A	73.2 mV	2 754 s	0.3*C*	7.5 A	20.2 mV	7 440 s
0.8*C*	20 A	66 mV	2 976 s	0.2*C*	5 A	15.3 mV	9 334 s
0.7*C*	17.5 A	58.9 mV	3 114 s	0.1*C*	2.5 A	8.2 mV	12 397 s
0.6*C*	15 A	52.5 mV	3 313 s	0.05*C*	1.25 A	4.6 mV	18 593 s

根据表 4-1 中数据，绘制充电电流与极化电压、充电时间的关系曲线，如图 4-19 所示。

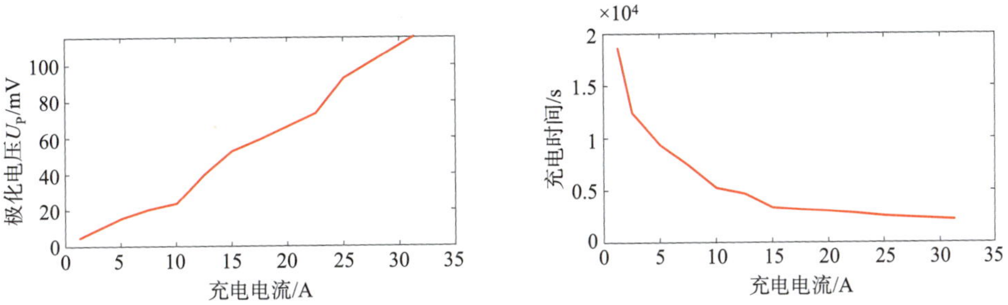

(a)充电电流—极化电压曲线　　(b)充电电流—充电时间曲线

图 4-19　充电电流与极化电压、充电时间的关系曲线

根据图 4-19 中曲线拟合充电电流与极化电压、充电时间的关系式，充电电流和极化电压的关系采用三阶线性模型，充电电流和充电时间的关系采用指数模型。最终得到拟合后的关系式为

$$\begin{cases} U_P(x)=0.036x^2+2.62x+0.37 \\ T(x)=2.18\times 10^4 x^{-0.62} \end{cases} \tag{4-35}$$

式中　x——充电电流。

用一个 7×1 阶矩阵 $\boldsymbol{x}$ 表示目标函数的变量，其中，x_1、x_2、x_3、x_4、x_5 分别表示五个阶段的充电电流值 I_1、I_2、I_3、I_4、I_5；x_6 和 x_7 分别表示权重系数 α 和 β。权重系数和各阶段的充电电流值均通过遗传算法优化得出。

根据曲线关系拟合出的函数关系式拟合精度达到 95%，满足要求。至此，根据各阶段充电电流所对应的 SOC 值，结合式(4-33)和式(4-34)可以确定目标函数 $f(x)$ 为

$$f(x)=\alpha\frac{0.2U_P(x_1)+0.3U_P(x_2)+0.25U_P(x_3)+0.15U_P(x_4)+0.1U_P(x_5)}{U_{P\_ave}}+\beta\frac{0.2T(x_1)+0.3T(x_2)+0.25T(x_3)+0.15T(x_4)+0.1T(x_5)}{T_{ave}} \tag{4-36}$$

适应度函数 $F(x)$ 可以根据待求解的目标函数转换得到，因为优化目的是求解目标函数的最小值，因此转换关系为

$$F(x)=\begin{cases} C_{max}-f(x) & f(x)<C_{max} \\ 0 & f(x)\geqslant C_{max} \end{cases} \tag{4-37}$$

式中　C_{max}——目标函数的最大值。

其中，充电电流的范围设置为[0.625 A,25 A]，权重系数的范围设置为[0,1]。此外，为变量设置限制条件 $\boldsymbol{Ax}\leqslant\boldsymbol{b}$，五个阶段的充电电流应逐渐减小且两个权重系数的和为 1。变量 $\boldsymbol{x}$ 应满足的限制条件为

$$\begin{pmatrix} -1 & 1 & 0 & 0 & 0 & 0 & 0 \\ 0 & -1 & 1 & 0 & 0 & 0 & 0 \\ 0 & 0 & -1 & 1 & 0 & 0 & 0 \\ 0 & 0 & 0 & -1 & 1 & 0 & 0 \\ 0 & 0 & 0 & 0 & 0 & 1 & 1 \\ 0 & 0 & 0 & 0 & 0 & -1 & -1 \end{pmatrix} \begin{pmatrix} x_1 \\ x_2 \\ x_3 \\ x_4 \\ x_5 \\ x_6 \\ x_7 \end{pmatrix} \leqslant \begin{pmatrix} 0 \\ 0 \\ 0 \\ 0 \\ 0 \\ 1 \\ -1 \end{pmatrix} \tag{4-38}$$

在 Matlab 中使用遗传算法工具箱对此约束条件进行处理，采用罚函数将这些约束加入适应度函数中。因为其中一些个体可能提供关于最优解的有用信息，所以惩罚策略不拒绝迭代过程中的不可行解，而是通过惩罚项将约束问题转化为无约束问题，通过引入惩罚项，允许在全部个体中的不可行域中进行搜索，这样可以避免算法陷入局部最优，保证最优解在约束范围内。

为进一步避免算法陷入局部最优解，在遗传操作中加入随机性。

3. 遗传操作

（1）选择

遗传操作的选择是依据建立的适应度函数选择再生个体，适应度函数值大的个体被选中的概率高，适应度函数值小的个体则可能被淘汰。常用的选择算子方式有轮盘赌、排序选择和最优保留等方式，选用算法收敛性较强的轮盘赌算法。首先计算个体的适应度值 $F(i)$，则每个个体被选择的概率值 P_i 为

$$P_i = \frac{F(i)}{\sum_{k=1}^{n} F(k)} \tag{4-39}$$

定义累积概率为当前个体所对应的之前全部个体的被选择概率之和，然后随机产生[0,1]之间的一个随机数 r，依次比较累积概率与 r 的值，选中第一个大于 r 的值，将此累积概率对应的区间个体选择出来作为母体进行下一步遗传操作。

（2）交叉

交叉是按照一定的交叉概率和交叉方法生成新的个体，通过将两个二进制编码后的母体在交叉点进行数据交换实现新母体的产生，常用的交叉方法有单点、两点、多点和均匀交叉等方式。选择单点交叉方式，把交叉点之前的母体和交叉点之后的母体进行组合以产生新的母体。

算法通过交叉操作实现母体的"新旧交替"，设置交叉概率过大时可能会导致近亲交叉，造成对适应度函数的多次计算；交叉概率过小又不利于加强种群的多样性。设置交叉概率为 0.9。

（3）变异

变异是按照一定的变异概率和变异方法生成新的个体，通过将二进制编码后的个体在变异点位置将数据取反实现新个体的产生，常用的变异方法有基本位、均与、边界和高斯近

似变异等方式。选择基本位变异方式，在变异的位置将二进制码取反，其余位置不变。

算法通过变异操作可以增强收敛性，提升算法性能。设置变异概率过大时会导致优秀的个体被破坏，后期找不到最优解；变异概率过小不利于促进新个体的产生。设置变异概率为 0.01，产生变异能有效保持种群多样性，使算法具有较好的全局搜索能力。

遗传算法优化后的基于 SOC 的五阶梯恒流恒压充电方式的各阶段充电电流优化结果如图 4-20 所示。

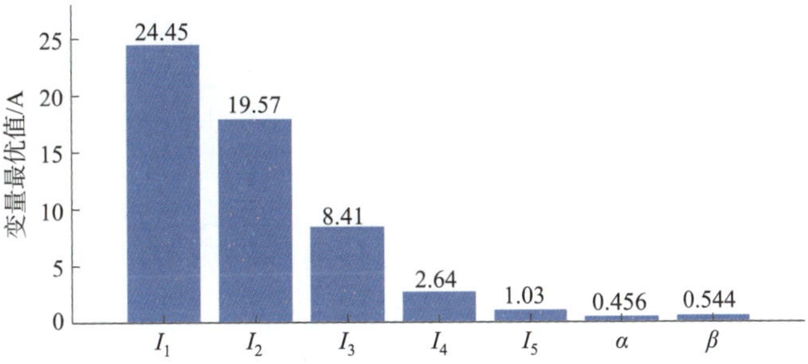

图 4-20　遗传算法优化结果

优化后的各阶段充电电流分别为 24.45 A、19.57 A、8.41 A、2.64 A 和 1.03 A。采用遗传算法优化后的五阶梯充电方式得到的电池 SOC、充电电流和极化电压波形如图 4-21 所示。

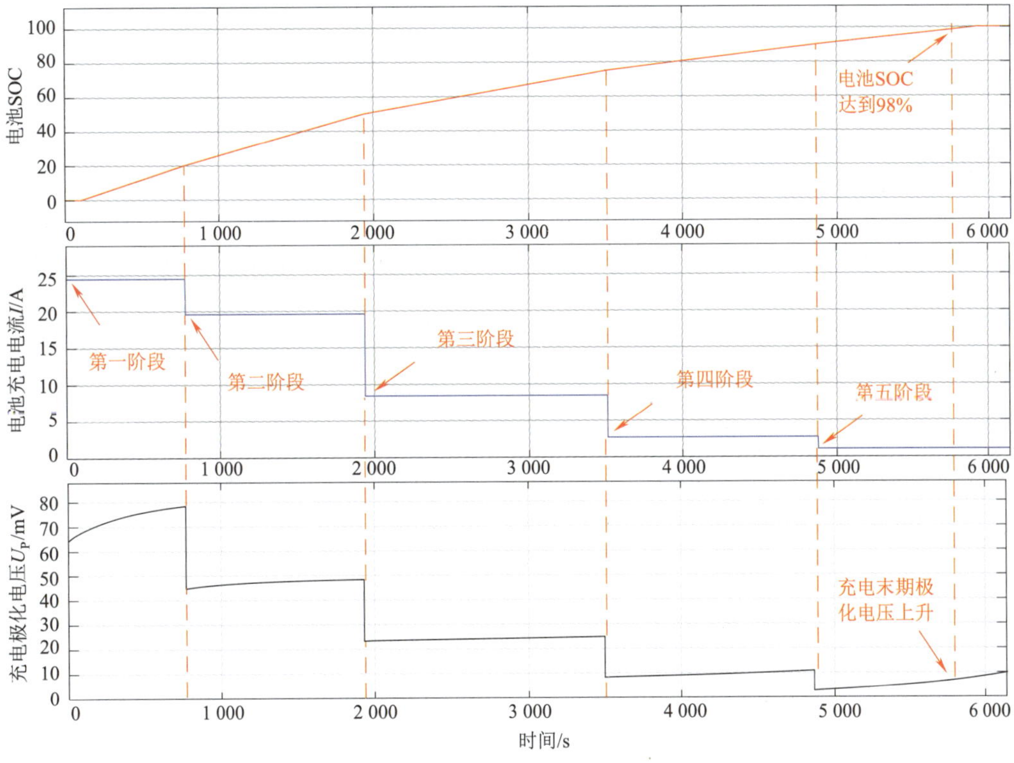

图 4-21　遗传算法优化后的五阶梯充电波形

充电极化电压始终保持下降的整体趋势，在出现增大趋势时及时切换充电阶段，减小充电电流，因此没有出现恒流充电时的大幅增大趋势。在电池充电末期，电池 SOC 达到 98%后，即使充电电流很小，依然会出现极化电压快速上升的情况，因此在充电末期采用恒压浮充方式减小极化电压。

充电策略优化前后各阶段的充电电流、充电时间以及平均极化电压数据见表 4-2。

表 4-2 充电策略优化前后充电试验数据

阶段	优化前充电策略			优化后充电策略		
	充电电流	充电时间	平均极化电压	充电电流	充电时间	平均极化电压
第一阶段	25 A	712 s	85.26 mV	24.45 A	853 s	70.41 mV
第二阶段	12.5 A	1 441 s	53.44 mV	19.57 A	1 134 s	45.32 mV
第三阶段	6.25 A	2 014 s	18.13 mV	8.41 A	1 495 s	21.67 mV
第四阶段	3.125 A	1 787 s	12.27 mV	2.64 A	1 381 s	9.53 mV
第五阶段	1.062 5 A	923 s	8.92 mV	1.03 A	851 s	3.62 mV

总体来说，采用遗传算法优化后的整个充电过程中极化电压较低、充电时间较短，有效弱化了充电过程中的极化效应。两种充电策略的充电时间和平均极化电压见表 4-3。

表 4-3 充电策略优化结果对比

项　　目	优化前充电策略	优化后充电策略	优化效果
充电时间	6 874 s	5 714 s	16.88%
平均极化电压	29.76 mV	28.02 mV	5.85%

根据对比结果可以看出，采用优化后的充电方式充电时间在 5 714 s 左右，不仅好于传统的五阶梯充电方式，也要好于平均充电时间，并且将平均极化电压减小了 5.85%左右，电池极化效应的影响更小。因此，遗传算法优化后的五阶梯充电策略不仅提高了充电速率，也减弱了电池充电过程中的极化效应。

第5章 动车组蓄电池移车系统

我国动车组的运行主要依靠接触网高压供电，然而当动车组运行经过动车段、动车所、过分相及停车进站时，有停在无电区的可能，此时无法依靠自身动力实现自走行，严重影响运行效率。传统的移车技术普遍存在成本高、安全性低、容易造成环境污染及人员浪费等缺点，因此，通过动车组自带蓄电池为动力源，实现列车短距离低速行驶出无电区，具有较好的应用价值。

5.1 蓄电池移车系统

5.1.1 蓄电池移车系统研究背景

动车组采用交—直—交牵引传动方式，通过受电弓从接触网获得电能，经牵引变压器降压后输出给四象限整流器，再由四象限整流器整流后给逆变器供电。然而，当动车组在经过动车段、动车所、过分相、停车进站等无接触网供电路段时，有停在无电区的可能，无法依靠自身动力实现自走行，对动车段调车、动车组本身运行效率都有很大的影响。

传统移车技术主要有三种：(1)调车机车移车，占用调车机车资源、效率低，且调车机车大多是内燃机车，运行过程中燃料燃烧会造成环境污染；(2)交流牵车设备移车，所需额外铺设的牵引电缆过长，成本高且效率低；(3)人力推车，效率和精确度低且存在安全隐患。

动车组的蓄电池系统通过充电机从列车的交流母线获得电能并储存起来，当列车存在紧急供电需求时再释放电能。因此，可考虑采用车载蓄电池作为紧急移车动力源，使动车组运行过程中停在无电区时依靠自身动力实现短距离紧急牵引，提高车辆运行可靠性；同时实现动车组在动车段、动车所内紧急牵引，减少调车和牵车设备数量，降低维护成本。

5.1.2 蓄电池移车系统发展现状

1. 城市轨道交通

蓄电池移车系统在城市轨道交通领域的应用主要分为以下两种情况：一是区间输电设备故障造成高压中断时，列车利用蓄电池牵引到最近的车站，组织旅客疏散，减少对旅客出行的影响；二是如果列车是第三轨供电，当列车回库时，可以利用蓄电池牵引，在库内不用铺设供电轨，保证作业人员的安全。如果蓄电池移车系统的应用工况仅限于车辆段调车检修，则车辆运行速度达 3～5 km/h 即可满足要求；如果蓄电池移车系统的应用工况要实现正线载客自救援，则车辆运行速度一般需达到 20 km/h。

国外地铁车辆生产厂家在一些城轨车辆上设计使用了蓄电池移车技术，近几年国内牵引生产厂家和车辆生产厂家也开始研究和应用该项技术，国内如无锡、天津、武汉、青岛等地铁也纷纷提出蓄电池牵引的需求，包括已运营车辆的改造。目前国内主要应用项目见表 5-1，其中较为典型的为北京地铁 16 号线和青岛地铁 11 号线。

表 5-1　蓄电池移车系统在城市轨道交通领域应用项目

应用项目	运行速度/(km/h)	运行距离/m	应用工况
北京地铁 4 号线	3	700	车辆段
北京大兴线	3	700	车辆段
上海地铁 16 号线	3～5	1 000	车辆段
北京地铁 16 号线	20	900	正线
青岛地铁 11 号线	3～5	300	车辆段

以北京地铁 16 号线为例，列车为 6 动 2 拖、8 辆编组，额定电压 DC 1 500 V，受电弓供电，列车编组形式为 Tc+Mp+M+Mp+M+M+Mp+Tc。根据最高运行速度为 20 km/h 的要求，计算逆变器输入电压应在 DC 200 V 以上，基于上述因素该应用工况的蓄电池移车系统设计方案如图 5-1 所示。采用整车 3 组蓄电池：6 个蓄电池箱分别安装于 6 辆动车之上，两两串联形成 3 组蓄电池，每组蓄电池额定电压为 DC 242 V，驱动 3 辆 Mp 车。

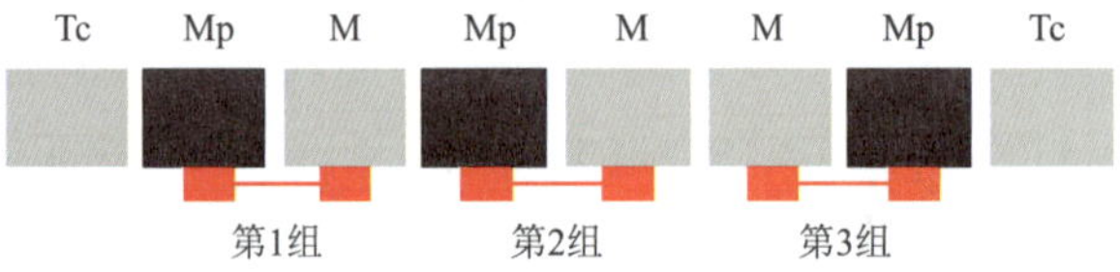

图 5-1　北京地铁 16 号线蓄电池移车系统设计方案

2. 和谐型电力机车

和谐型电力机车是国内铁路主干线上为大型货、客运设计制造的大功率电力机车，采用接触网供电的交—直—交电传动方式，在 22.5～31 kV 的接触网电压下，额定功率 7 200 kW。和谐型电力机车如图 5-2 所示。

和谐型电力机车蓄电池移车系统工作原理如图 5-3 所示，将机车蓄电池 DC 110 V 电压直接升压为 DC 600 V 后，通过主回路库用开关接入至机车主变流器直流中间电压，通过机车 TCMS 软件和主变流器软件预置的库用位程序，控制主变流器功率元件输出 3AC 380 V 三相交流电，采用 VVVF 方式驱动牵引一台电动机实现机车自走行。试验证明，和谐型电力机车蓄电池移车系统在小于3‰的坡道上，机车依靠自身动力自走行最大牵引总重约为280 t(即附挂牵引一台机车的情况下自走行)，最大走行速度为1 km/h。

图5-2　和谐型电力机车

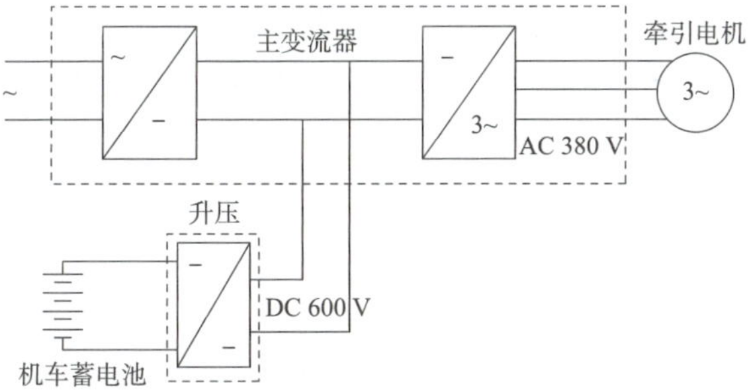

图5-3　和谐型电力机车蓄电池移车系统工作原理

3. 动车组

本章以时速250 km复兴号动车组的蓄电池移车系统为研究对象，通过将动车组自带的110 V、功率等级为120 kW蓄电池组作为动力源，实现列车以5 km/h的速度低速行走100 m的目标注。动车组蓄电池移车系统拓扑如图5-4所示。采用直—交逆变电路，蓄电池组提供的直流电经DC/DC转换装置进行升压变换，再通过牵引逆变器转换成三相交流电，驱动异步牵引电机工作。其拓扑主要包括两大模块：动力电池系统模块和电机驱动系统模块。动力电池系统模块主要由蓄电池组和DC/DC转换装置两部分组成，电机驱动系统模块主要由牵引逆变器和牵引电机两部分组成。

注：项目来源为北京交通大学与中车唐山机车车辆有限公司产学研合作项目，受国家重点研发计划“先进轨道交通”重点专项“轨道交通新型供电制式车辆与车载储能技术”项目联合支持；目前处于研究阶段，暂无实际应用。

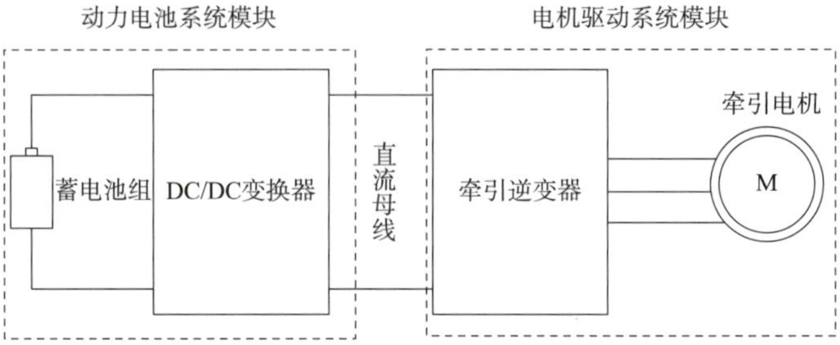

图 5-4 动车组蓄电池移车系统拓扑

5.2 动力电池系统模块的建模与控制

5.2.1 蓄电池组选型与建模

随着动力电池技术的发展，目前应用比较广泛的动力电池主要有钠硫电池、铅酸电池、镍镉电池和锂离子电池。其中，锂离子电池具有工作电压高、比能量大、循环使用寿命长、可实现快速充电、工作温度适应性广等特点，成为动车组动力电池的首选。

与其他种类的锂离子电池相比，钛酸锂蓄电池主要具有以下优势：(1)钛酸锂为零应变材料，循环性能好；(2)放电电压平稳，而且电解液不易发生分解，提高了锂电池的安全性能；(3)与碳负极材料相比，钛酸锂具有较高的锂离子扩散系数，可高倍率充放电，具有很好的应用前景；(4)相比其他种类锂离子电池，虽然电池能量密度略有降低，但电池安全性、温度特性及使用寿命都有所提升。考虑到动车组将蓄电池的低温性能、使用寿命、安全性、能量密度作为主要指标，钛酸锂电池是现阶段最适宜作为动车组动力源电池的种类之一。

钛酸锂电池放电过程中的电化学反应过程是复杂且非线性的，因此在建模过程中电路的每一个元件都是基于非线性方程的，非线性电池模型如图 5-5 所示。主电路由受控电压源与电阻串联组成，对电池的输出电流进行采样，通过一个积分环节得到电池的实际充放电容量，再通过公式计算得到受控源电压，从而实现电池输出电流对电池开路电压的闭环反馈。

受控电压源电压可以描述为

$$E=E_{\mathrm{o}}-K\frac{Q}{Q-\int i\,\mathrm{d}t}+A\exp\left(-B\cdot\int i\,\mathrm{d}t\right) \tag{5-1}$$

$$V_{\mathrm{batt}}=E-Ri \tag{5-2}$$

式中　E——受控源电压,V;

E_o——钛酸锂电池最大充电电压,V;

K——极化电压,V;

Q——电池容量,A·h;

$\int i\mathrm{d}t$——实际充放电容量,A·h;

A——指数区电压降,V;

B——指数区容量倒数,A/h;

V_{batt}——输出电压,V;

R——电池内阻,Ω;

i——电池电流,A。

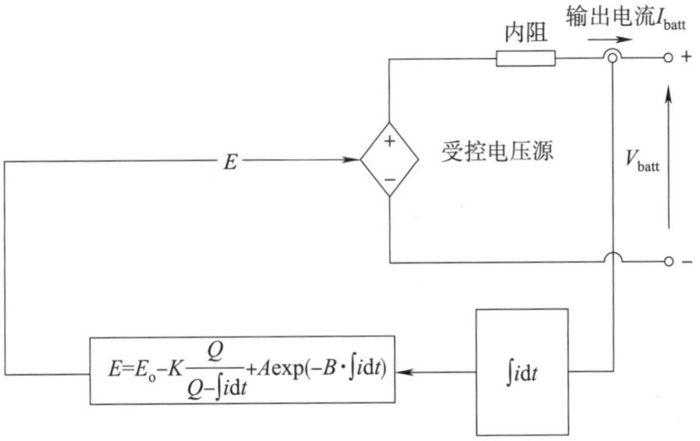

图 5-5　非线性电池模型

选用的钛酸锂电池单体参数见表 5-2,不同倍率放电电流下钛酸锂单体电池典型放电特性曲线如图 5-6 所示。

表 5-2　钛酸锂电池单体参数

电池类型	钛酸锂电池	**能量密度**/[(W·h)/kg]	78
电池容量/(A·h)	10	**充放电寿命**	10 000 次
标准电压/V	2.3	**电池尺寸**/(mm×mm×mm)	6×219×127
最大充电电压/V	2.8	**电池质量**/g	295
放电截止电压/V	1.9	**欧姆内阻**/mΩ	5.2

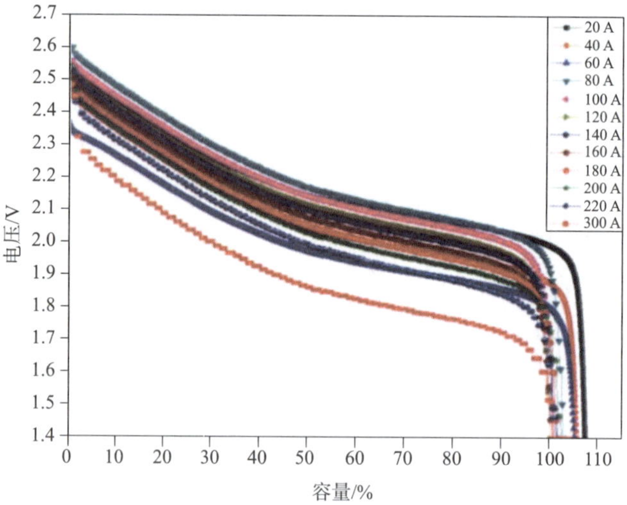

图 5-6　钛酸锂电池放电曲线

由放电曲线和电池基本参数可以得到模型参数，见表 5-3。

表 5-3　钛酸锂电池模型参数

E_0/V	K/V	A/V	B/(A/h)	R/Ω
2.8	0.008 76	0.23	3.5	0.005 2

在 Matlab/Simulink 仿真平台上对设计的非线性钛酸锂电池模型进行仿真模型搭建，如图 5-7 所示。

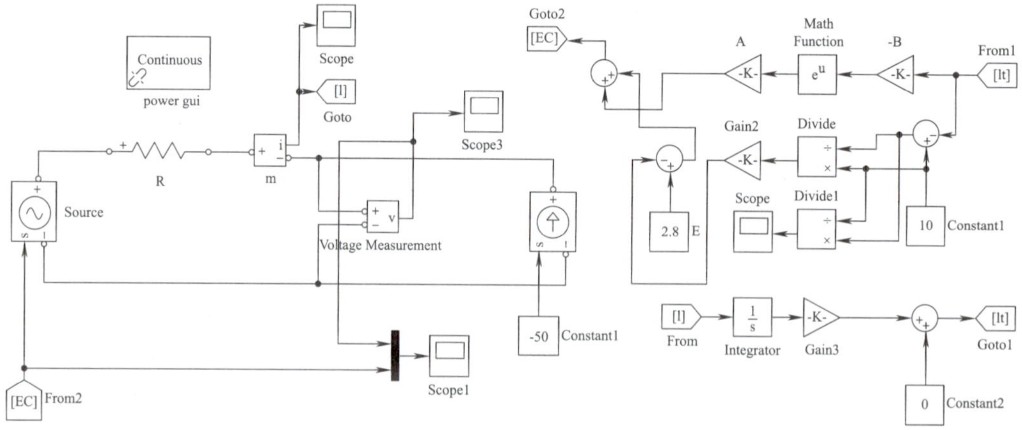

图 5-7　锂电池仿真模型

用不同倍率的电流对单体钛酸锂电池进行放电分析，得到仿真波形如图 5-8 所示，其中绿色线代表受控电压源电压 E，蓝色线代表电池输出电压 V_{batt}。

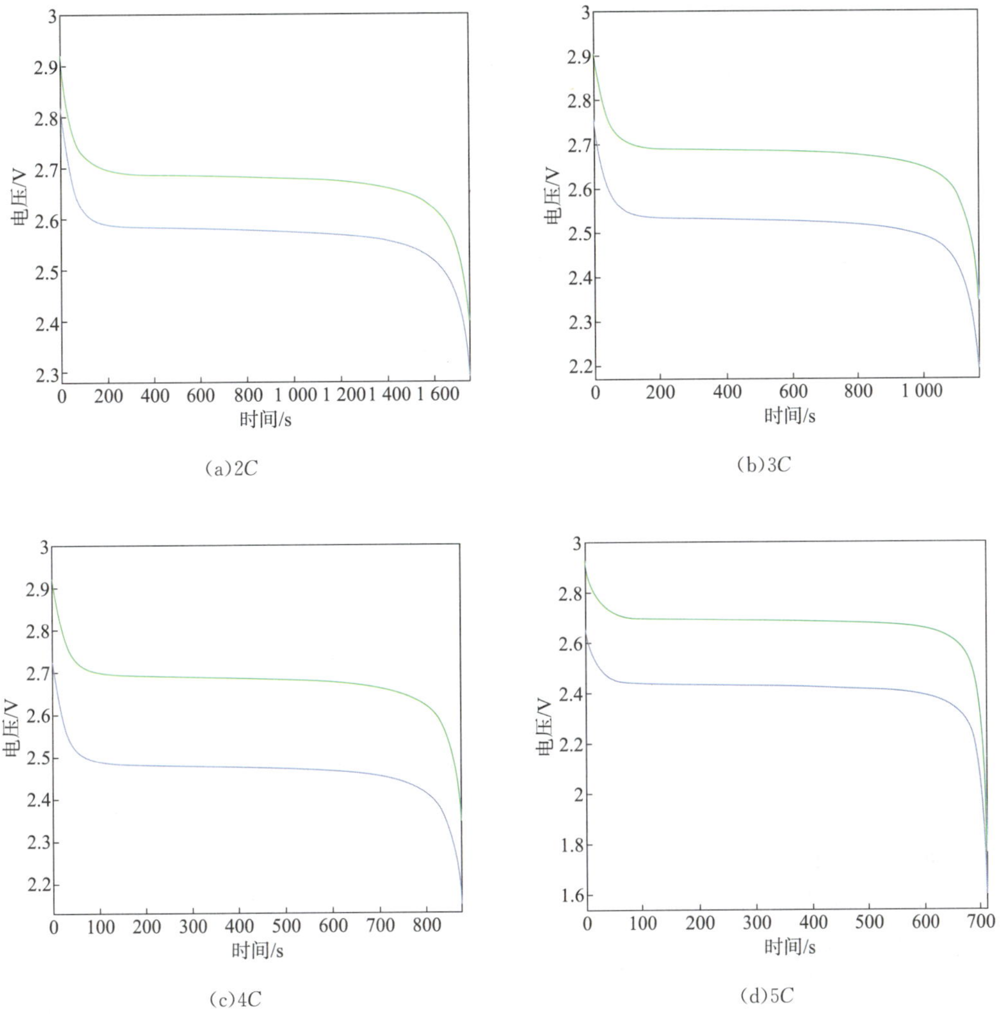

图 5-8　不同倍率放电电流下电压波形

由图 5-8 可知，在高倍率放电电流下钛酸锂电池放电速率较快，可实现大电流放电，功率特性好，满足动车组快速放电需求。

5.2.2　DC/DC 转换装置设计

在动车组蓄电池移车系统中，直流升压变换器是至关重要的环节。其前接蓄电池组，将蓄电池组输出的 DC 110 V 电压转换成 DC 400 V 电压输送给直流母线，后接牵引逆变器。相比于效率低、体积重量都比较大的隔离型 DC/DC 变换器，非隔离型 DC/DC 变换器具有效率高、结构简单、所需元器件少、成本低、易于控制的优点，特别是采用交错运行技术的交错并联 Boost 变换器，不仅能有效减小输出电流、电压纹波，并且在传输相同功率条件下，可大大减小流经每个开关器件的电流，从而减小通态损耗，提高变换器传输效率。在蓄电池移车系统中变换器需要工作在大电流、高功率场合，因此采用交错并联 Boost 变换器作为中间直流升压环节。

1. 交错并联 Boost 变换器电路拓扑

最基本的交错并联 Boost 电路采用两路单端 Boost 变换单元并联而成，即双重交错并联 Boost 电路，其拓扑结构如图 5-9 所示，各路变换器中功率开关管的规格和参数均相同。交错并联控制策略基本原理：保持各单端 Boost 变换单元驱动信号开关频率相同，相角互相错开 $2\pi/n$（n 为并联单元数）。在双重交错并联 Boost 变换器中，S_1、S_2 驱动信号互差 180°相位角度，各路变换器承担的功率为负载功率的一半。

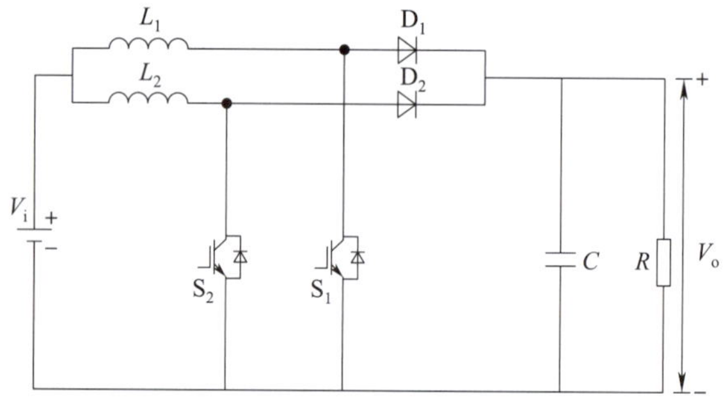

图 5-9　双重交错并联 Boost 电路拓扑

2. 四重交错并联 Boost 变换器工作原理

由于蓄电池移车系统的功率等级为 120 kW，蓄电池组输出电压约为 110 V，计算可知输入 DC/DC 转换装置的电流可达 1 200 A，因此为进一步减小开关管上的电流应力、提高变换器效率，采用四路单端 Boost 变换单元并联的电路结构，即四重交错并联 Boost 电路，其电路拓扑如图 5-10 所示。该拓扑结构中，四路变换器中功率开关管的规格和参数均相同，每路变换器承担 1/4 的负载功率，相应承担的电流也为总电流的 1/4，开关管 S_1、S_2、S_3、S_4 驱动脉冲信号各相差 90°。

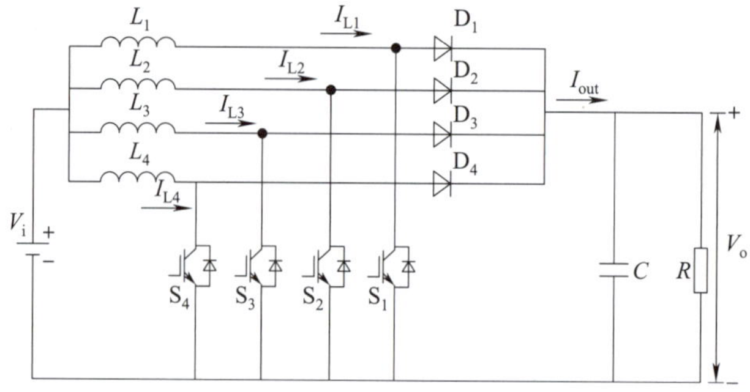

图 5-10　四重交错并联 Boost 电路拓扑

根据电感电流是否连续，四重交错并联 Boost 电路的工作模式可分为三种：连续电流模式（CCM）、临界电流工作模式（CRM）和断续电流模式（DCM）。其中，CCM 模式主要应用于中大功率场合，对于 300 W 以下的小功率场合通常采用 CRM 或 DCM 模式。针对蓄电池移车系统中 120 kW 的功率等级要求，采用 CCM 工作模式。对四重交错并联 Boost 变换器进行数学模型搭建，当开关管导通时，滤波电感电流上升

$$V_{\mathrm{d}}=L\frac{\mathrm{d}i}{\mathrm{d}t} \tag{5-3}$$

$$\Delta I_1=\frac{V_{\mathrm{d}}}{L}DT \tag{5-4}$$

式中　ΔI_1——电感电流上升值，A；

D——占空比；

T——工作周期，s；

V_{d}——输入电压，V；

L——滤波电感，H。

当开关管关断时，滤波电感电流下降

$$V_{\mathrm{o}}-V_{\mathrm{d}}=L\frac{\mathrm{d}i}{\mathrm{d}t} \tag{5-5}$$

$$\Delta I_2=\frac{V_{\mathrm{o}}-V_{\mathrm{d}}}{L}(1-D)T \tag{5-6}$$

式中　ΔI_2——电感电流下降值，A；

V_{o}——输出电压，V。

由于在一个周期内，$\Delta I_1=\Delta I_2$，因此有

$$\frac{V_{\mathrm{o}}}{V_{\mathrm{d}}}=\frac{1}{1-D} \tag{5-7}$$

由此可知四重交错并联 Boost 电路输出电压表达式与普通 Boost 电路相同。根据蓄电池移车系统要求，DC/DC 转换装置要实现 DC 110 V 到 DC 400 V 的电压转换，由式(5-7)计算可得占空比 $D=1-V_{\mathrm{o}}/V_{\mathrm{d}}=1-0.275=0.725$。假设变换器中的元器件均为理想元件，并且四路单端 Boost 单元中对应元件规格参数均相同，即 $L_1=L_2=L_3=L_4$；输出电容 C 足够大，在一个开关周期内输出电压 V_{o} 保持稳定。则在该占空比下开关管驱动信号（G_{S1}、G_{S2}、G_{S3}、G_{S4}）、输入电流（I_{in}）及各电感电流（I_{L1}、I_{L2}、I_{L3}、I_{L4}）波形如图 5-11 所示。

根据功率开关管 S_1、S_2、S_3、S_4 的开、关状态不同，四重交错并联 Boost 变换器的工作状态可分为八个阶段，如图 5-12 所示。

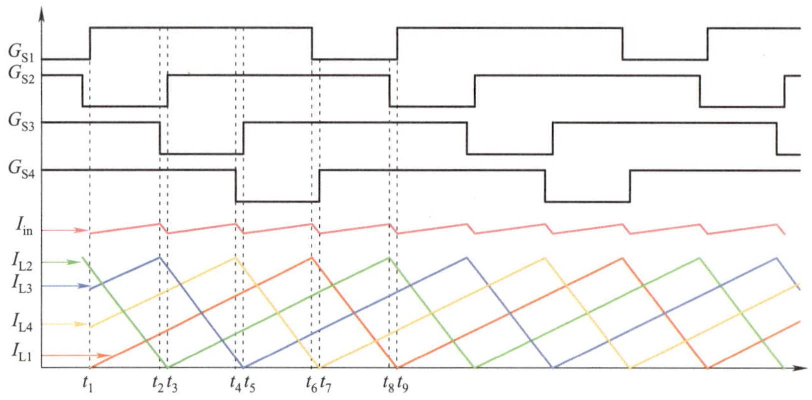

图 5-11　驱动信号及电流波形

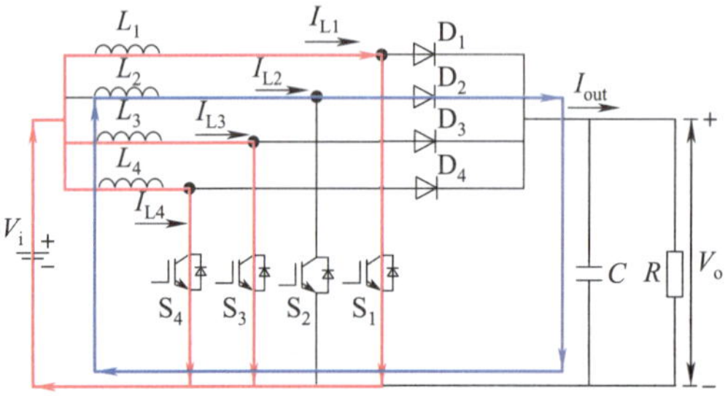

(a)t_1～t_2 阶段，仅 S_2 断开

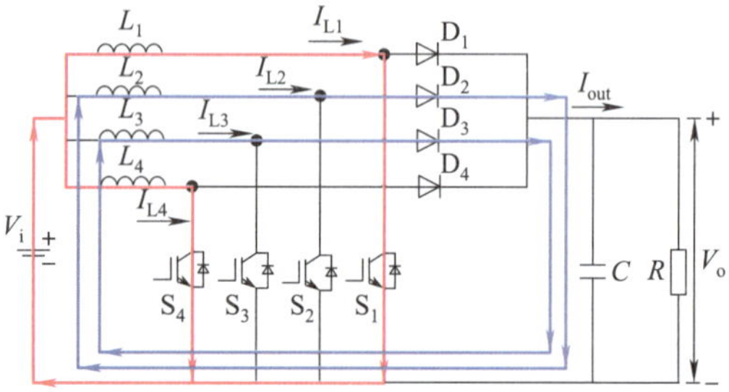

(b)t_2～t_3 阶段，S_1、S_4 闭合，S_2、S_3 断开

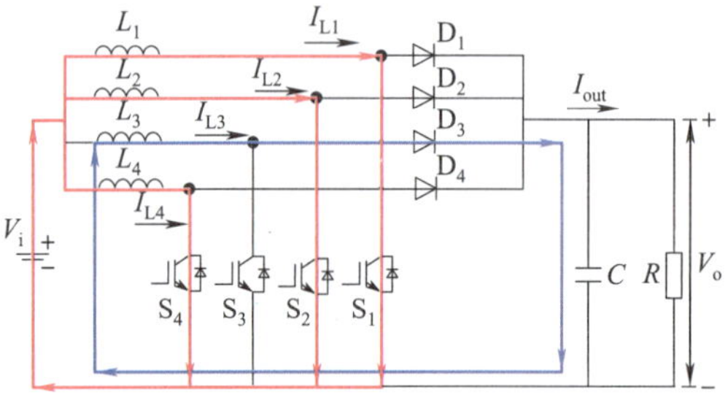

(c)t_3～t_4 阶段，仅 S_3 断开

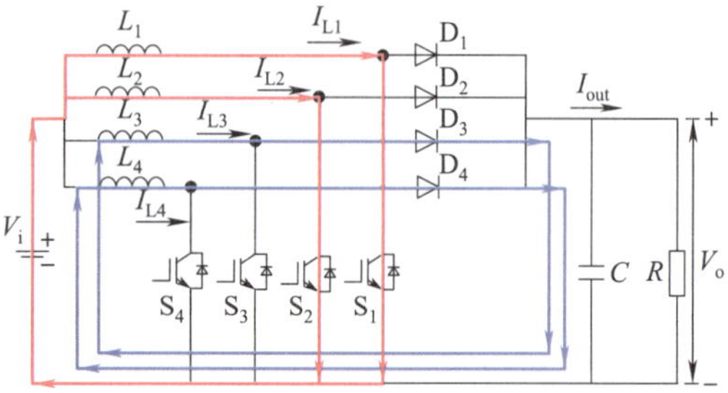

(d)t_4～t_5 阶段，S_1、S_2 闭合，S_3、S_4 断开

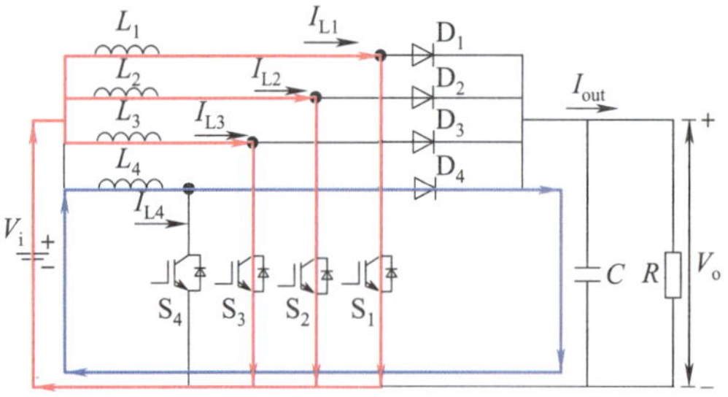

(e)t_5～t_6 阶段，仅 S_4 断开

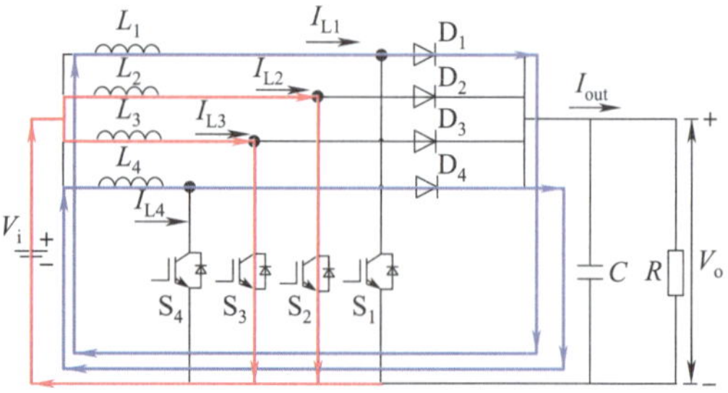

(f)t_6～t_7 阶段，S_2、S_3 闭合，S_1、S_4 断开

图　5-12

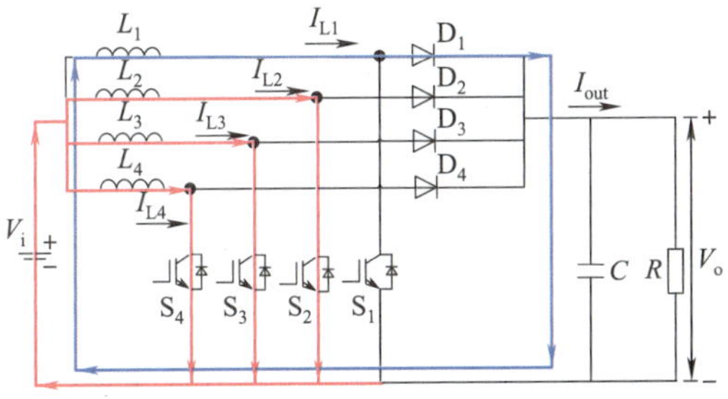

(g)t_7～t_8 阶段,仅 S_1 断开

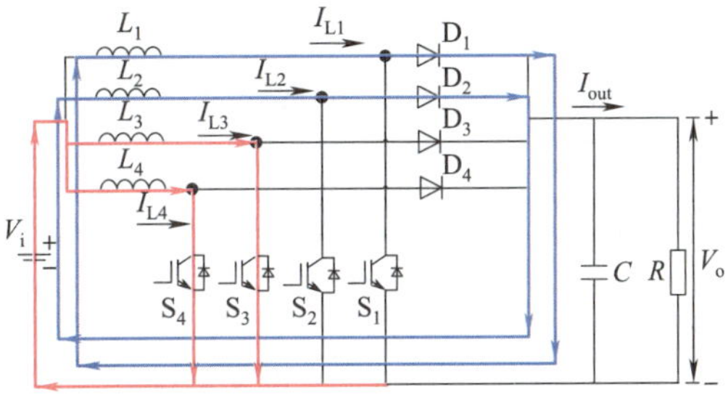

(h)t_8～t_9 阶段,S_3、S_4 闭合,S_1、S_2 断开

图 5-12　四重交错并联 Boost 变换器工作状态

工作状态 1:t_1～t_2 阶段,仅开关管 S_2 断开,其余开关管都闭合。t_1 时刻电感 L_1 开始充电,此时流经 L_1、L_3、L_4 的电流线性增加,t_2 时刻开关管 S_3 断开,流经 L_3 电流达到最大,t_2 时刻输入总电流达到最大。

工作状态 2:t_2～t_3 阶段,开关管 S_2、S_3 断开,S_1、S_4 闭合。从 t_2 时刻开始,开关管 S_3 也进入关断状态,流经 L_2、L_3 的电流线性减小,到 t_3 时刻电感 L_2 电流减小为零,此时输入电流最小。

工作状态 3:t_3～t_4 阶段,开关管 S_2 闭合,其余开关管状态同第二阶段。t_3 时刻开关管 S_2 闭合,电感 L_2 充电,电流增加,直至 t_4 时刻开关管 S_4 断开,电感 L_4 电流达到最大。t_4 时刻输入总电流达到最大。

工作状态 4:t_4～t_5 阶段,开关管 S_3、S_4 断开,S_1、S_2 闭合。t_4 时刻开关管 S_4 断开,流经电感 L_3、L_4 电流呈线性减小趋势,直至 t_5 时刻,电感 L_3 的电流减小为零,此时输入总电流最小。

工作状态 5:t_5～t_6 阶段,开关管 S_4 断开,其余开关管都闭合。t_5 时刻开关管 S_4 断开,仅电感 L_4 放电,直至 t_6 时刻开关管 S_1 断开,电感 L_1 电流达到最大。t_6 时刻输入总电流达到最大。

工作状态 6:t_6～t_7 阶段,开关管 S_2、S_3 闭合,S_1、S_4 断开。t_6 时刻,开关管 S_1 断开,流经电感 L_1、L_4 的电流线性减小,到 t_7 时刻电感 L_4 的电流减小为零,此时输入电流最小。

工作状态 7:t_7～t_8 阶段,开关管 S_4 闭合,仅余开关管 S_1 断开。t_7 时刻开关管 S_4 闭合,电感 L_4 充电,电流增加,直至 t_8 时刻开关管 S_2 断开,电感 L_2 电流达到最大。此工作区间电感 L_2、L_3、L_4 通过开关管充电,电流线性增大。t_8 时刻输入总电流最大。

工作状态 8:t_8～t_9 阶段,开关管 S_3、S_4 闭合,S_1、S_2 断开。t_8 时刻开关管 S_2 断开,流经电感 L_1、L_2 电流呈线性减小趋势,直至 t_9 时刻,电感 L_1 的电流减小为零,此时输入总电流最小。

3. 四重交错并联 Boost 变换器仿真分析

在 Matlab/Simulink 仿真平台上搭建四重交错并联 Boost 电路仿真模型如图 5-13 所示。

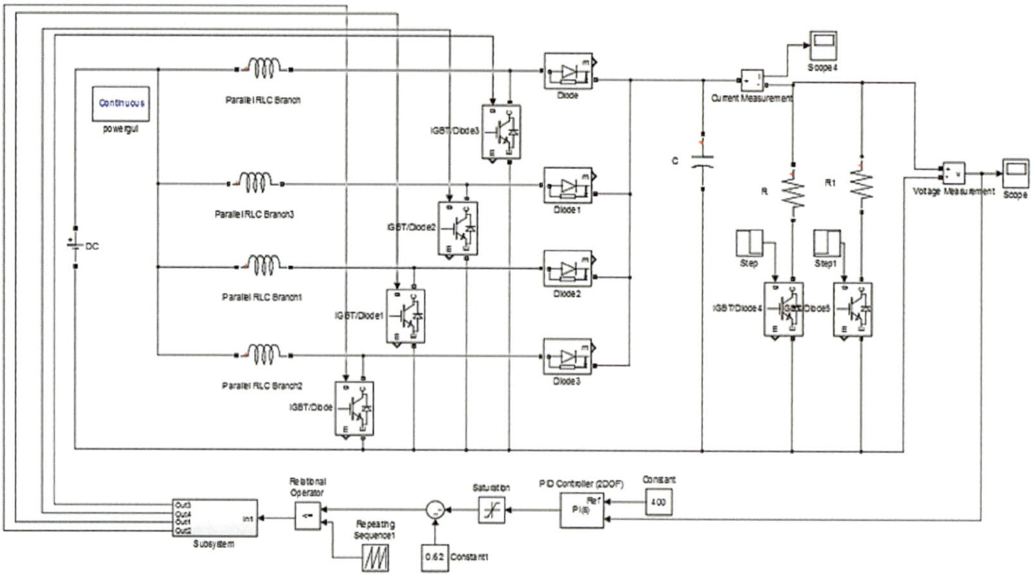

图 5-13　四重交错并联 Boost 电路仿真模型

蓄电池移车系统要求实现将蓄电池组输出的 DC 110 V 转化为 DC 400 V 直流电，且电压纹波不超过 5%。在仿真运行至 3 s 时改变负载，得到输出电压、输出电流波形如图 5-14 所示。

图 5-14 中可以看出：设计的四重交错并联 Boost 电路可以实现从 DC 110 V 至 DC 400 V 的升压变换，超调小，电压、电流可以很快达到稳定，电压纹波为 15 V/400 V×100%＝3.75%，满足不超过 5%的系统要求。在 3 s 改变负载时，输出电压波动较小且可很快再次稳定在 400 V，抗负载变化性能好。

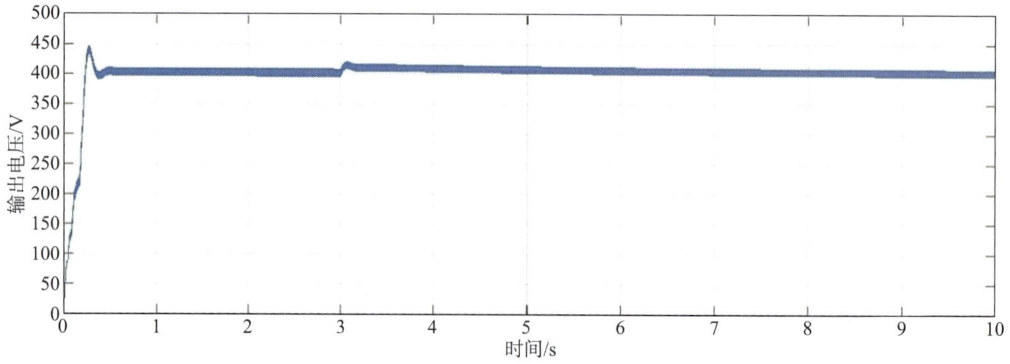

(a)输出电压波形

图　5-14

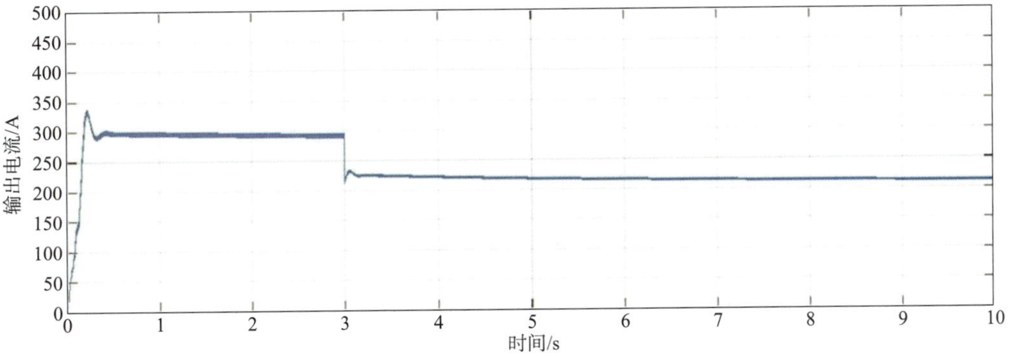

(b)输出电流波形

图5-14　四重交错并联Boost电路输出波形

5.3　蓄电池组优化配置与均衡控制

5.3.1　动车组牵引计算

在对动车组蓄电池移车系统进行分析之前，首先要得到列车在移动过程中所消耗的能量，作为配置蓄电池组容量的依据。

1. 列车单位合力的计算

列车的运行状态由其所受外力的合力所决定，外力主要有牵引力、制动力、基本阻力和附加阻力。牵引力、制动力、基本阻力是由列车特性所决定，而附加阻力是由线路条件所决定。因此，可以将列车所受的外力分成两类计算：一类是与速度相关的牵引力、制动力和基本阻力；另一类是由线路条件所决定的附加阻力。

在实际列车牵引计算过程中，通常采用单位合力，即列车所受的外力与列车重力之间的比值，来代替列车所受的实际合力进行计算。与此同时，由于附加阻力受到坡度、曲线等多种因素的影响，在实际计算中为简化计算，通常将所有因素的影响进行叠加，得到与距离相关的加算坡度千分数。

动车组的运行工况主要分为三种：牵引工况、惰行工况、制动工况。当列车处于牵引工况时，牵引电机将电能转化为机械能，列车受到牵引力和阻力的作用；当列车处于惰行工况时，为了节约电能，牵引电机停止工作，列车只受到阻力的作用；当列车处于制动工况时，牵引电机由电动机转变为发电机，将机械能转化为电能，产生再生制动能量。此时，列车受到阻力和制动力的作用。

由此，可以得到动车组在不同工况下受到的合力。

牵引工况：

$$C=F-W_0=f_1(v) \tag{5-8}$$

惰行工况：

$$C=-W_0=f_2(v) \tag{5-9}$$

制动工况：

$$C=-W_0-B=f_3(v) \tag{5-10}$$

式中 F——牵引力，kN；

W_0——基本阻力，kN；

B——制动力，kN；

C——动车组所受合力，kN。

单位合力（N/kN）定义为作用在列车上的合力（N）与列车所受重力（kN）之比，其计算公式为

$$c=\frac{C\times10^3}{\left(\sum P+G\right)g} \tag{5-11}$$

式中 $\sum P$——列车计算重量，t；

G——牵引重量，t；

g——重力加速度，$\mathrm{m/s^2}$；

c——单位合力，N/kN。

在列车运行过程中，影响基本阻力的因素极为复杂。因此，在实际应用过程中通常按照由大量试验综合出的经验公式进行计算。经验公式一般为速度的二次函数。除以上提到的因素外，还应当考虑坡道、曲线等因素的影响。这些影响因素与时间无关，与列车运行的距离有关。实际应用时，一般将区间以内坡度相差不大的相邻坡段合并起来计算，得到化简后的加算坡度千分数。

坡道和曲线的加算坡度千分数的算法分别如下：

坡道：

$$i_h=\frac{H_2-H_1}{L_h}\times1\ 000 \tag{5-12}$$

曲线：

$$i_r=\frac{600}{L_h}\times\sum\frac{L_r}{R}=\frac{10.5\sum\alpha}{L_h} \tag{5-13}$$

由此，得到化简后的加算坡度千分数（此处不考虑隧道情况）为

$$i=i_h+i_r \tag{5-14}$$

式中 H_1,H_2——简化坡度区段起点与终点的高度，m；

i_h——坡道坡度；

i_r——曲线（计算）长度范围内曲线阻力的加算坡度千分数；

L_h——简化坡度区段的长度，m；

L_r——曲线长度，m；

R——曲线半径，m；

α——曲线中心角，rad。

2. 列车运行时间与运行路程的计算

在完成列车单位合力的计算之后，得到单位合力 c 与速度 v 之间的函数关系式 $c=f(v)$。与此同时，通过一定的简化运算，得到列车运动方程的一般形式

$$\frac{dv}{dt}=\zeta c=120c \quad (km/h^2) \tag{5-15}$$

式中　ζ——简化系数，与列车轮轨摩擦因素相关，一般取 120。

对式(5-15)进行一定的转化和积分运算，得到列车运行距离 S 与列车运行时间 t 的计算公式

$$t=\int \frac{1}{\zeta c}dv \tag{5-16}$$

$$S=\int \frac{v}{\zeta c}dv \tag{5-17}$$

但在实际运算过程中，由于 $c=f(v)$ 不是初等函数，很难对其直接进行积分运算。因此，首先把列车速度划分为若干速度间隔，然后取速度间隔内平均速度所对应的单位合力 c_p 代入计算，得到列车在每个速度间隔内的运行时间 Δt 和运行距离 ΔS。之后，将每个速度间隔内的 Δt 和 ΔS 进行累加，最终得到列车运行距离与时间。具体计算方法如下：

$$\Delta t=\frac{v_2-v_1}{120c_p}(h)=\frac{30(v_2-v_1)}{c_p}(s) \tag{5-18}$$

$$\Delta S=\frac{v_2^2-v_1^2}{240c_p}(km)=\frac{4.17(v_2^2-v_1^2)}{c_p}(m) \tag{5-19}$$

式中　v_1——速度间隔的初速度，m/s；

v_2——速度间隔的末速度，m/s。

3. 动车组牵引计算仿真

时速 250 km 复兴号动车组为 8 辆编组，采用 4 动 4 拖编组方式。在蓄电池移车工况下，具体需满足的线路条件为：在 6‰坡道、5 km/h 的逆风运行条件下移动至少 100 m。牵引特性曲线如图 5-15 所示，在 0～1 km/h 速度范围内，列车以最大牵引力 $F=93$ kN 恒牵引力启动，在 1～5 km/h 速度范围内，列车牵引力为速度的一次函数，表达式为 $F=-8.25v+101.25$(kN)。

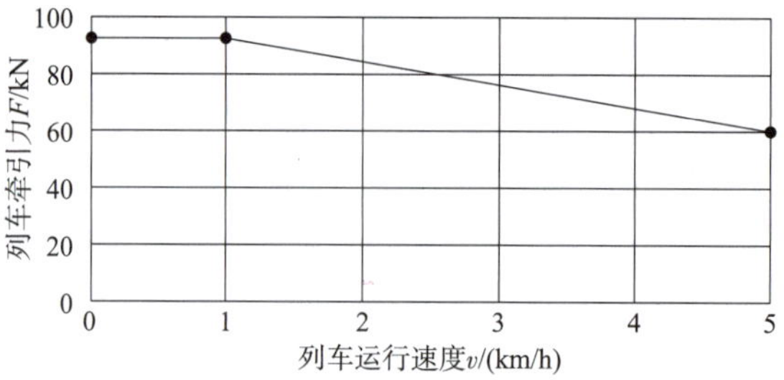

图 5-15　牵引特性曲线

动车组牵引计算仿真需要用到的基本参数和线路条件参数见表 5-4 和表 5-5。

表 5-4　基本参数

编组	列车总重/t	齿轮传动效率	轮径/mm	齿轮传动比
4M4T	475	0.975	920	3.444

表 5-5　线路条件

运行距离/m	坡度	逆风运行/(m/s)	全线限速/(km/h)
100	6‰	0.5	5

基本阻力 w(N)为

$$w=0.000\,923Mg+38.682(v+v_d)+8.1915(v+v_d)^2 \tag{5-20}$$

式中　M——动车组重量，t；

v——动车组速度，m/s；

v_d——动车组逆风的风速，m/s。

列车的启动阻力为 $R_q=Mg\times5=23.03$ kN。

列车的坡道附加阻力为

$$R_i=Mgi \tag{5-21}$$

在 Matlab 仿真软件中对满足上述条件的动车组进行牵引计算仿真编程，运行得到的时速 250 km 复兴号动车组在蓄电池移车线路条件下运行距离与速度曲线如图 5-16 所示。

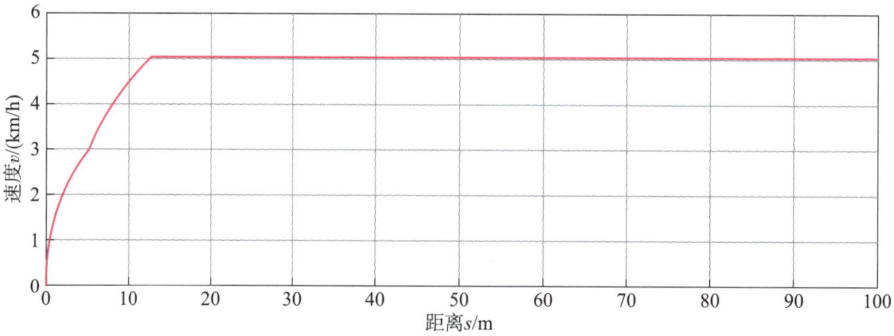

图 5-16　运行距离与速度曲线

通过牵引计算仿真得到时速 250 km 复兴号动车组在蓄电池移车要求线路条件下的最小运行时间为 80.5 s,运行能耗为 1.123 5 kW·h。

5.3.2　蓄电池组优化配置

蓄电池组是动车组蓄电池移车系统的核心动力源,为保证动车组在 6‰坡道、0.5 m/s 逆风运行条件下以 5 km/h 的速度运行 100 m 的设计要求,蓄电池组需要有足够大的容量来提供牵引功率。由于单体电池容量和电压有限,所选用的钛酸锂电池标称电压为 2.3 V,容量仅为 10 A·h,无法满足动车组实际运行需要,因此需将单体电池进行串并联组合,即通过串联增大电压,通过并联提升容量。

由列车牵引计算仿真得到动车组在 6‰坡道、5 km/h 车速和 0.5 m/s 的逆风运行条件下移动至少 100 m 所用时间为 80.5 s,功率为 50.332 9 kW,运行能耗为 1.125 5 kW·h。根据蓄电池移车系统能量和电压要求对所选钛酸锂电池单体进行串并联组合,具体的容量配置方案如下。

(1)串联电池单体数量计算:动车组蓄电池移车系统要求蓄电池组提供电压为 DC 110 V,单体锂电池标称电压为 2.3 V,放电截止电压为 1.9 V,最大充电电压为 2.8 V,45 个单体电池串联形式的蓄电池组,标称电压为 2.3×45=103.5(V);最大输出电压为 2.8×45=126(V)。考虑到电池小型化、轻量化、降低成本等设计要求,45 个单体电池串联所提供的最大电压大于 110 V,满足系统设计要求。

(2)电池组放电电流计算:为满足动车组牵引能耗需求,设计蓄电池组功率等级为 120 kW,则放电电流为 120×1 000÷103.5=1 159.42(A),为便于计算取整百,约为 1 200 A。

(3)电池组提供能量验证:由牵引计算仿真知动车组以 5 km/h 速度运行 100 m 所需时间为 80.5 s,在放电截止电压 1.9 V 下电池组可提供能量至少为 1.9×45×1 200×(80.5÷3 600)÷1 000=2.294(kW·h)。

考虑钛酸锂电池综合因数(温度因数、老化因数、大电流因数),则蓄电池组实际输出能量至少为 2.294×0.9×0.9×0.85=1.579(kW·h)。

考虑 DC/DC 转换装置、牵引逆变器及电机本体效率分别为 92.3%、92%、92.69%,则蓄电池输出的能量传递到电机侧至少为 1.579×0.923×0.92×0.926 9=1.243(kW·h)。

比较可知该能量值大于牵引计算仿真得到的动车组一次移车所需牵引能量(1.123 5 kW·h),可满足设计要求。

(4)并联电池串个数确定:为满足动车组运行过程中快速放电要求,所设计的钛酸锂电池需要实现大倍率(设为 $5C$)电流放电。钛酸锂电池在 $5C$ 电流放电条件下,按照 $25It$(A)峰值放电计算,电池的容量最少应大于 1 200×5÷25=240(A·h)。

即可按 $5C$=240×5=1 200(A)进行大电流放电。钛酸锂电池单体容量为 10 A·h,为满足 1 200 A 放电电流,所需并联锂电池单元数为 240÷10=24;所需钛酸锂电池单体个数为 45×24=1 080。

得到蓄电池组容量配置方案见表 5-6。

表 5-6　蓄电池组容量配置方案

额定输出电压/V	103.5	**最大输出电压/V**	126
容量/(A·h)	240	**最大输出电流/A**	1 200
串联电池数	45	**并联单元数**	24
电池单体数	1 080	**功率/kW**	120

在实际应用中,为方便仿真研究与电池管理,需将 45 串联 24 并联蓄电池组进行模块化分组设计。采用混联的组合方式,其拓扑如图 5-17 所示。相较于先并联后串联的方式,先串联后并联电池拓扑有利于对蓄电池组中各单体电池进行管理和均衡控制,因此采用先将 15 个单体电池串联、再将 4 个电池并联的方式,得到一个基本电池模块;再将所得电池模块进行串并联组合,先将 3 个电池模块进行串联组合,再将 6 组所得到的串联模块进行并联连接,这样就得到了系统要求的 45 串 24 并蓄电池组。

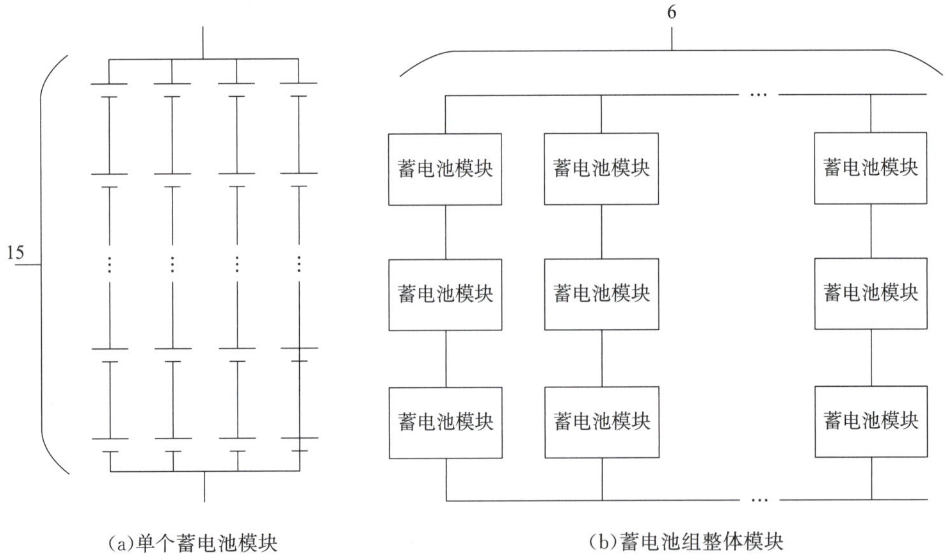

图 5-17　蓄电池组拓扑

蓄电池组的仿真模型如图 5-18 所示,电压仿真波形如图 5-19 所示。

由图 5-19 可知,在 5C 放电倍率的情况下,蓄电池组稳定输出时输出电压在 110 V 左右,说明蓄电池组的设计达到要求。

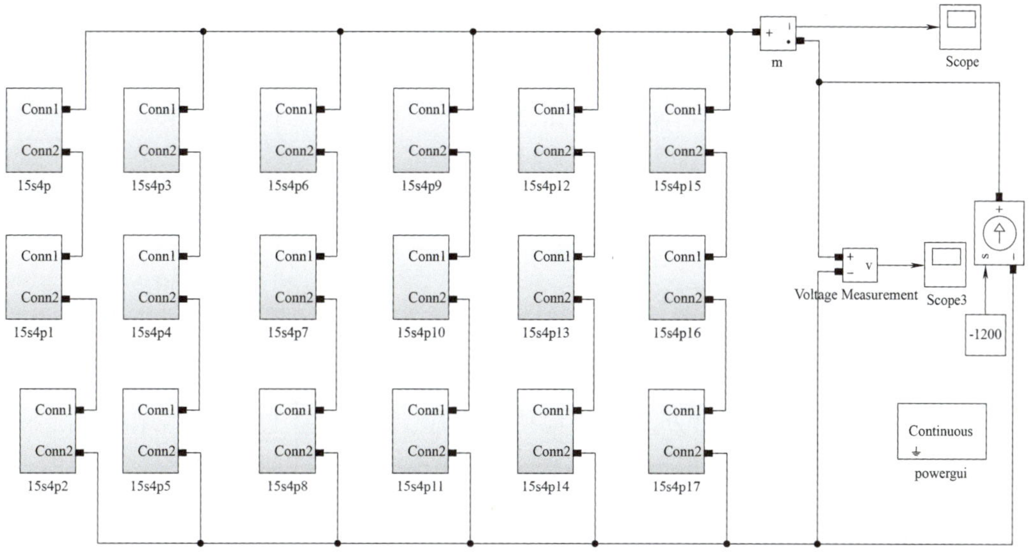

图 5-18　蓄电池组仿真模型

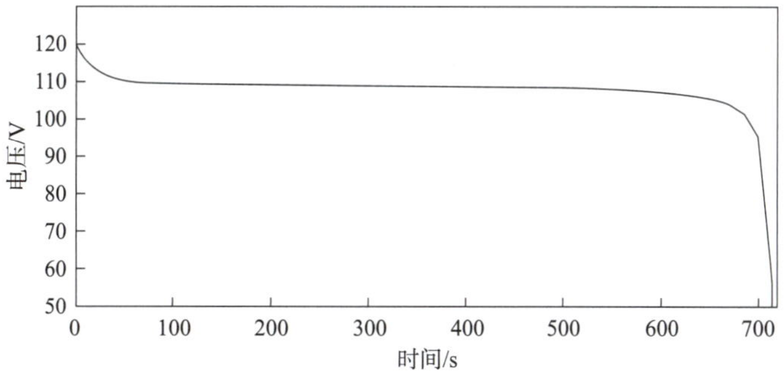

图 5-19　蓄电池组电压仿真波形

5.3.3　蓄电池组均衡系统设计

动车组蓄电池移车系统中所设计的动力源电池组是通过将若干个单体钛酸锂电池串并联成组来达到系统要求的电压等级和容量等级，由于现阶段动力电池生产水平和制造工艺的局限性，在设计中虽然选用的钛酸锂电池型号、参数都相同，但单体电池在性能方面仍存在一定差异，这将导致蓄电池组在使用过程中内部电池单体间会存在不一致现象。如图 5-20 所示，在放电过程中，电池 a 已经完全放电至截止电压(对于所选钛酸锂电池，截止电压为 1.9 V)，而电池 b、电池 c 和电池 d 仍有容量剩余，为防止电池 a 过放，电池管理系统将控制整个蓄电池组停止放电，这将减少电池组的可用容量。设计蓄电池组均衡控制系统，并辅以合适的均衡控制策略，将电池组的能量输送给电压最低的电池单体，实现“填谷”效果，从而避免由于个别电池提前达到放电截止电压导致整个放电过程结束，不仅可以提高电池组容量利用率，还可以提高电池组的整体性能和使用寿命，降低使用成本，是目前解决不一致问题最有效的方法。

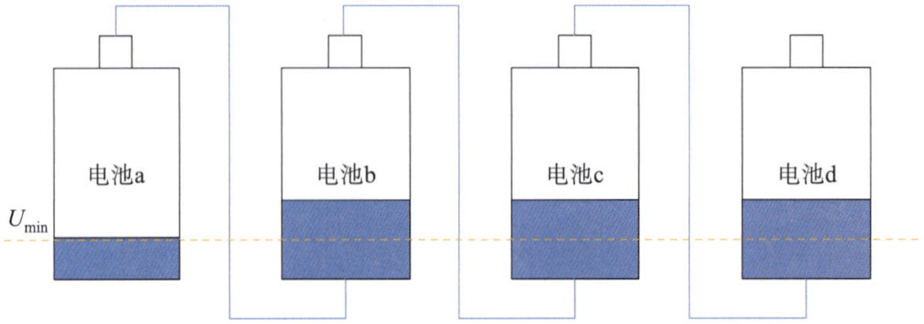

图 5-20　放电不一致现象

根据蓄电池组模块化设计方案，蓄电池移车系统所设计的蓄电池组在均衡控制过程中采用模块化管理方式，即分别对每一个小模块（15 串 4 并）进行均衡控制，最终实现整个蓄电池组（45 串 24 并）的均衡控制。

蓄电池组均衡控制方式分为两种：被动均衡和主动均衡。被动均衡主要通过电阻将电池组中能量最高的单体电池的多余能量转化为热能，因此虽然这种控制方式结构简单、易于控制，但能量的耗散导致其效率较低并对电池组电流也有条件限制，不适用于高功率、大电流的蓄电池移车系统。主动均衡主要是利用变压器、电容、电感等储能元件实现能量在电池组内部单体电池间的传递与转移，因此可提高系统效率。各类型均衡控制系统拓扑结构优缺点对比见表 5-7。

表 5-7　各类型均衡控制系统拓扑结构优缺点

类型	均衡电流	布置难度	效率	控制难度	可扩展性	成本
电阻型	小	小	极低	低	好	低
电容型	小	较小	高	较高	好	低
电感型	较大	较小	较高	高	较好	较高
变压器型	小	大	高	较高	差	高

采用反激变压器型均衡拓扑结构，该结构均衡速度快，其拓扑结构如图 5-21 所示。

在反激变压器型均衡系统中，反激变压器作为磁能与电能的转换媒介，可实现系统间能量的双向流动。其工作模式主要有两种：充电过程中的顶部均衡模式和放电过程中的底部均衡模式。顶部均衡是通过将电池组中电压最高的单体电池能量转移给电池组防止电池过充；底部均衡是通过将电池组的能量转移给电压最低的单体电池防止电池过放。研究电池组放电过程中的底部均衡模式，假设电池 1 电压最低，均衡过程如图 5-22 所示。

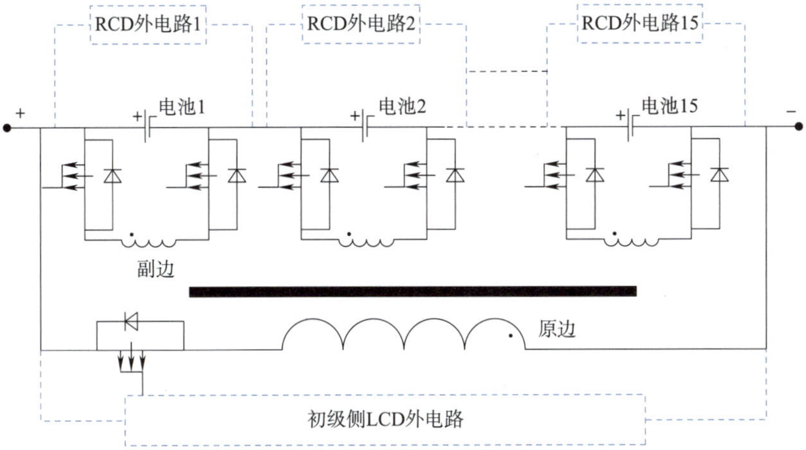

图 5-21　反激变压器型均衡拓扑

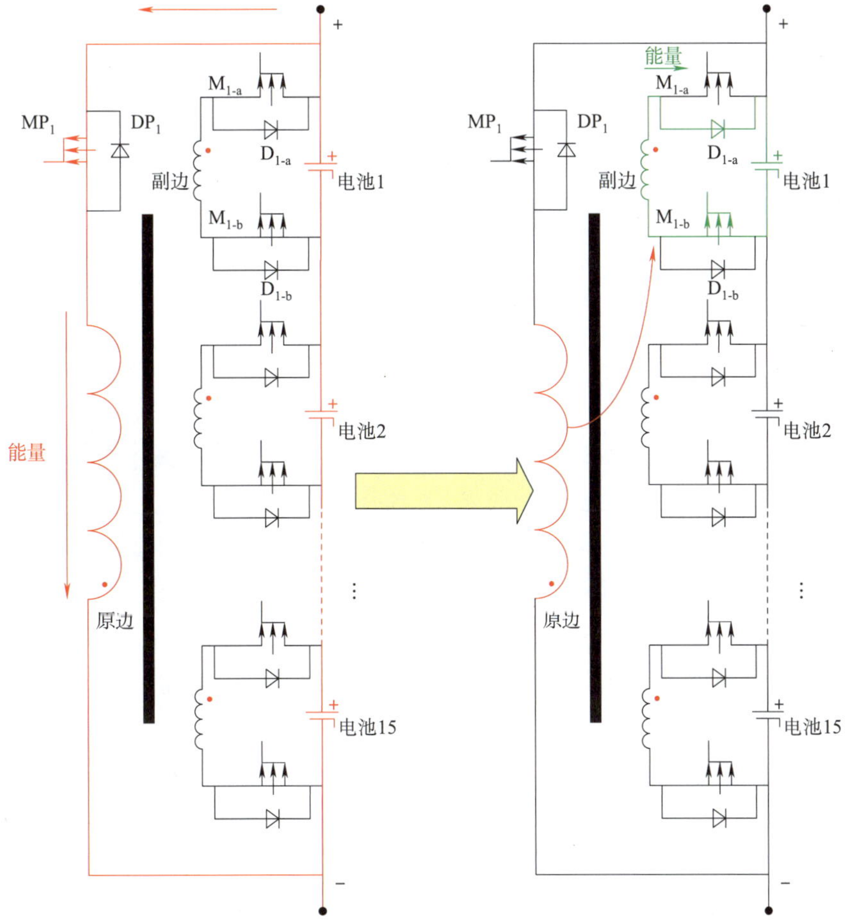

图 5-22　底部均衡过程

先闭合开关管 MP1，副边电池组的电能通过 MP1 回路流入变压器初级绕组，转化为磁能存储在变压器初级绕组中；之后关断 MP1，闭合电池 1 中的开关管 M1-b，此时初级绕组中储存的磁能传递给次级绕组，再转化为电能给电池 1 充电，电池 1 电压下降速度变慢，延长了蓄电池组整体放电时间。底部均衡过程中各开关管状态见表 5-8。

表 5-8 底部均衡过程中各开关管状态

开关管	电能→磁能	磁能→电能
MP_1	闭合	断开
DP_1	截止	截止
$M_{1\text{-}a}$	断开	断开
$D_{1\text{-}a}$	截止	导通
$M_{1\text{-}b}$	断开	闭合
$D_{1\text{-}b}$	截止	截止

根据所选均衡变量不同，均衡控制策略可分三类：基于荷电状态（SOC）、基于电压和基于剩余电量。其中基于电压的均衡控制策略简单且易于实现，在实际中得到广泛应用。

引入 15 串 4 并电池模块中各单体钛酸锂电池电压极差 r 作为进入和退出均衡的判断指标，极差表达式为

$$r=\max(v_i)-\min(v_j) \tag{5-22}$$

式中　$i,j=1,2,3,\cdots,15$。

钛酸锂电池放电截止电压为 1.9 V，电池组持续放电，直到其中某节电池达到放电截止电压，此时启动均衡。为避免均衡系统频繁工作，需要设定合理的极差阈值，该值受电压采样精度影响，其值至少应为电压采样精度的两倍，因此将阈值最小值设定为 4 mV。放电均衡控制策略流程如图 5-23 所示。

在 Matlab/Simulink 仿真平台上对一组 15 个电池单体串联模块进行均衡控制主电路仿真模型搭建，如图 5-24 所示。由于放电均衡控制策略模型搭建十分复杂，因此引入 S-function 模块，在 m 文件中使用 matlab 语言根据图 5-23 的策略流程对均衡控制策略进行程序编写，最终实现均衡系统仿真。放电均衡过程中各单体电池电压变化曲线如图 5-25 所示。

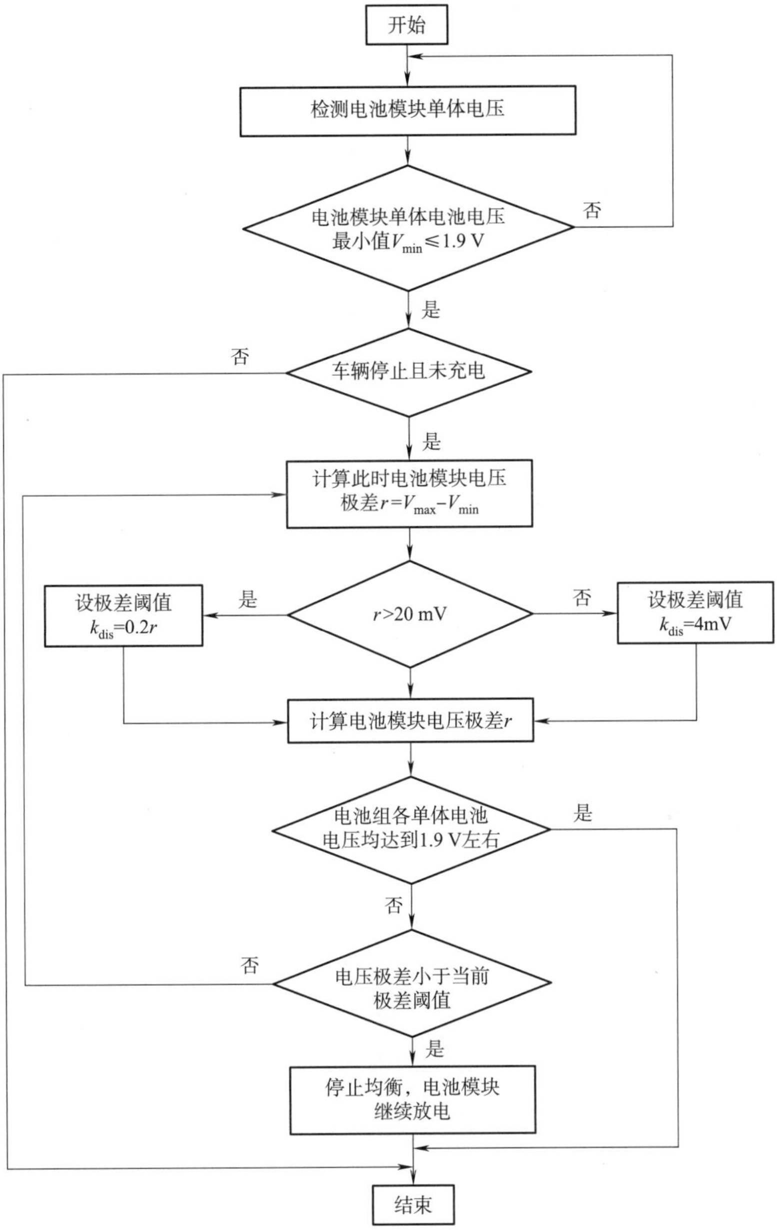

图 5-23　放电均衡控制策略流程

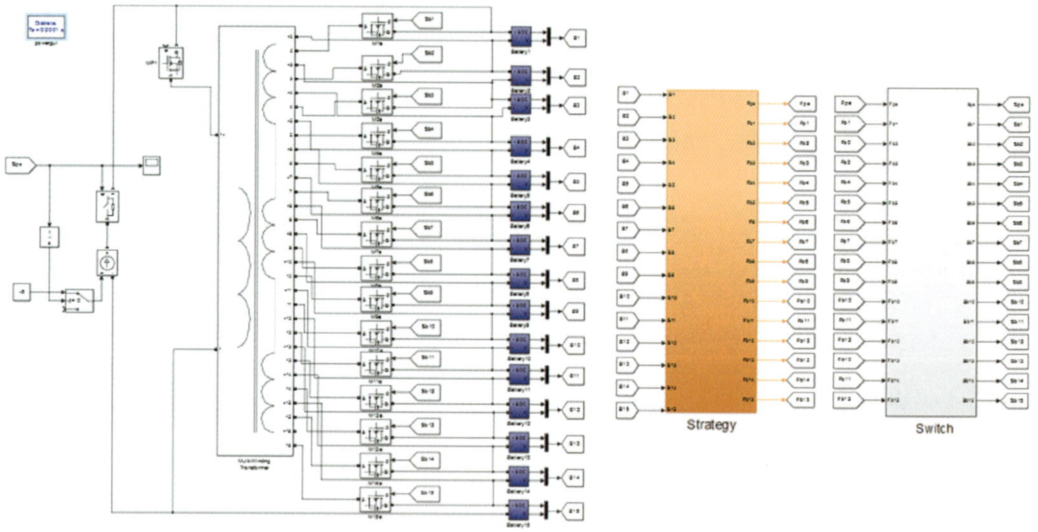

图 5-24　均衡系统仿真模型

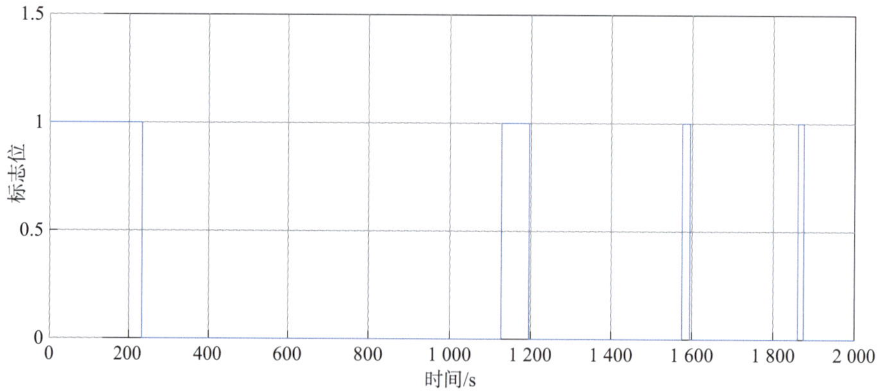

(a)均衡时序

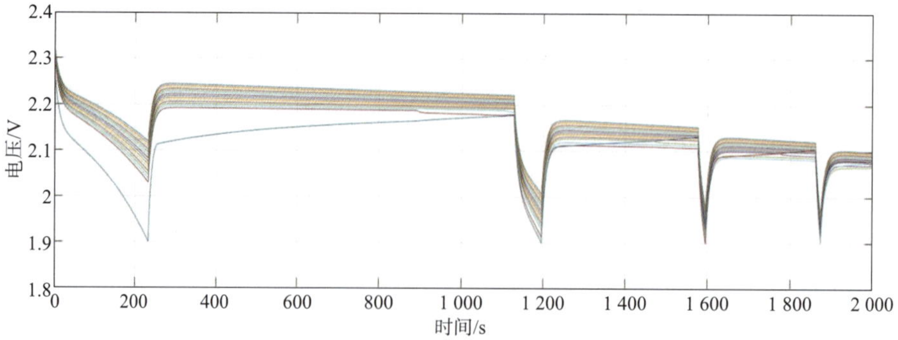

(b)电压变化

图 5-25　放电均衡波形

由图5-25可知，当均衡时序图标志位为“1”时，系统开始均衡；当标志位为“0”时，系统结束均衡。蓄电池组持续放电直至其中一节电池达到截止放电电压，此时加入均衡，每次放电均衡后电压极差都会减小，经过四次均衡放电后基本可忽略不计，电池不一致性产生的影响大大改善，延长了电池组放电时间与整体性能。

5.4　牵引电机的建模与矢量控制

在动车组蓄电池移车系统中，电机驱动系统主要由牵引逆变器和异步电机两部分组成。蓄电池输出的DC 110 V直流电经DC/DC转换装置升压至DC 400 V，再经牵引逆变器转化为三相交流电，驱动异步电机工作，从而实现电能到动能的转化。其中，电机的转速、转矩特性是检验所设计的蓄电池移车系统能否稳定运行并满足线路需求的重要指标。异步电机驱动系统采用基于转子磁场定向的矢量控制策略，其原理如图5-26所示。

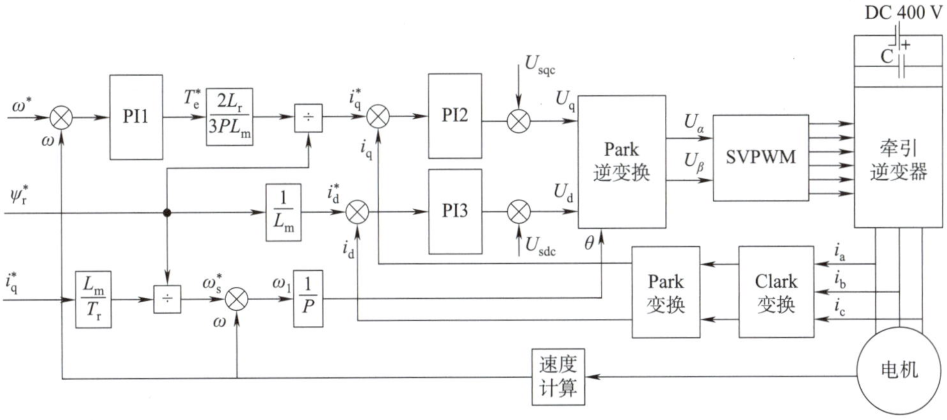

图5-26　矢量控制原理

矢量控制原理：系统输入量为参考转速 ω^* 和参考磁通 ψ_r^*，定子转矩电流分量参考值 i_q^* 由参考转速和电机转速采样值作差再经过一个PI调节器和数学公式计算得到，定子励磁电流分量参考值 i_d^* 由参考磁通经计算得到。电机三相电流采样值经过3s/2s变换和2s/2r变换，分别得到定子转矩电流分量反馈值 i_q 和励磁电流分量反馈值 i_d。分别将 i_q^* 与 i_q、i_d^* 与 i_d 进行作差计算，差值分别通过两个PI调节器得到两相旋转坐标系下定子电压矢量参考值，再通过2r/2s变换（Park逆变换）和SVPWM变换，得到六路PWM脉冲信号，控制电压源型逆变器工作，将DC 400 V直流电转化为三相交流电，驱动牵引电机工作。

5.4.1　牵引电机建模

异步电机在三相静止坐标系中的数学模型是非线性的，经过坐标变换后，可以将模型简化为线性模型,从而使异步电机模型易于分析。

Clark 变换也称 3s/2s 变换,如图 5-27 所示,将三相坐标系中的电机模型转化为两相静止坐标系中的电机模型。

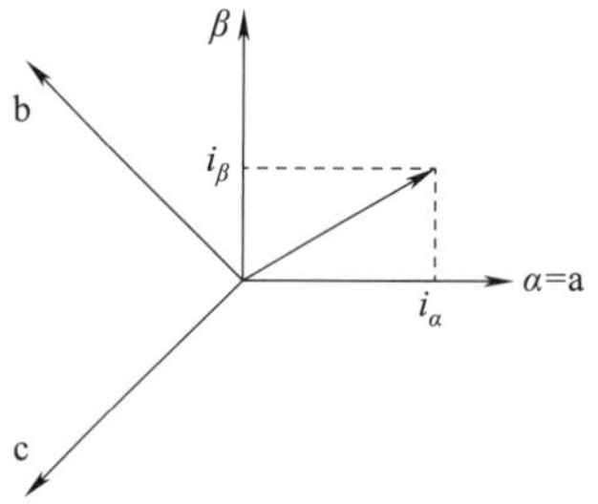

图 5-27　Clark 变换

变换前后电流空间矢量幅值保持恒定,得到变换矩阵为

$$\begin{pmatrix} i_\alpha \\ i_\beta \end{pmatrix}=\frac{2}{3}\begin{pmatrix} 1 & -\frac{1}{2} & -\frac{1}{2} \\ 0 & \frac{\sqrt{3}}{2} & -\frac{\sqrt{3}}{2} \end{pmatrix}\begin{pmatrix} i_a \\ i_b \\ i_c \end{pmatrix} \tag{5-23}$$

式中　i_α,i_β——两相静止坐标系下定子电流,A;

i_a,i_b,i_c——三相静止坐标系下定子电流,A。

Park 变换也称 2s/2r 变换,如图 5-28 所示,将两相静止坐标系变换为两相旋转坐标系。其中 d、q 两轴逆时针旋转的角速度为 ω,d 轴与 α 轴相差的角度为 $\theta=\omega t$。

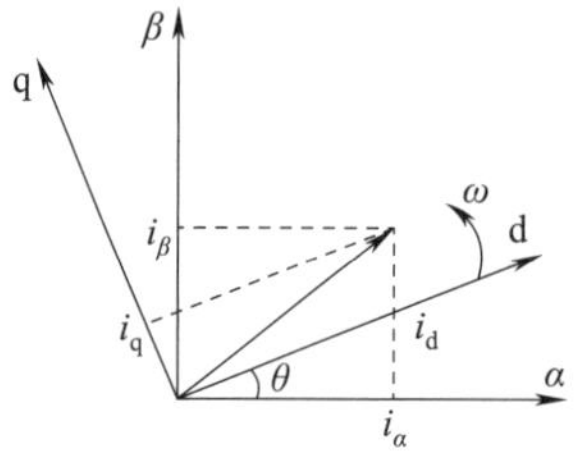

图 5-28　Park 变换

变换矩阵为

$$\begin{pmatrix} i_\alpha \\ i_\beta \end{pmatrix}=\begin{pmatrix} \cos\theta & -\sin\theta \\ \sin\theta & \cos\theta \end{pmatrix}\begin{pmatrix} i_d \\ i_q \end{pmatrix} \tag{5-24}$$

式中　i_d,i_q——两相旋转坐标系下定子电流,A。

Park 逆变换矩阵为

$$\begin{pmatrix} i_{d} \\ i_{q} \end{pmatrix} = \begin{pmatrix} \cos\theta & -\sin\theta \\ \sin\theta & \cos\theta \end{pmatrix} \begin{pmatrix} i_{\alpha} \\ i_{\beta} \end{pmatrix} \tag{5-25}$$

在转子磁场定向条件下，转子磁通 ψ_{r} 方向为 d 轴方向，因此有

$$\begin{cases} \psi_{r} = \psi_{d} \\ \psi_{q} = 0 \end{cases} \tag{5-26}$$

当两相坐标系以同步角速度 ω_{1} 旋转时，各矢量相对于该坐标系是静止的，在该坐标系中分解的量为常值。

电压方程：

$$\begin{pmatrix} u_{sd} \\ u_{sq} \\ u_{rd} \\ u_{rq} \end{pmatrix} = \begin{pmatrix} R_{s}+L_{s}p & -\omega_{1}L_{s} & L_{m}p & -\omega_{1}L_{m} \\ \omega_{1}L_{s} & R_{s}+L_{s}p & \omega_{1}L_{m} & L_{m}p \\ L_{m}p & -\omega_{s}L_{m} & R_{r}+L_{r}p & -\omega_{s}L_{r} \\ \omega_{s}L_{m} & L_{m}p & \omega_{s}L_{r} & R_{r}+L_{r}p \end{pmatrix} \begin{pmatrix} i_{sd} \\ i_{sq} \\ i_{rd} \\ i_{rq} \end{pmatrix} \tag{5-27}$$

磁链方程：

$$\begin{pmatrix} \psi_{sd} \\ \psi_{sq} \\ \psi_{rd} \\ \psi_{rq} \end{pmatrix} = \begin{pmatrix} L_{s} & 0 & L_{m} & 0 \\ 0 & L_{s} & 0 & L_{m} \\ L_{m} & 0 & L_{r} & 0 \\ 0 & L_{m} & 0 & L_{r} \end{pmatrix} \begin{pmatrix} i_{sd} \\ i_{sq} \\ i_{rd} \\ i_{rq} \end{pmatrix} \tag{5-28}$$

电磁转矩方程：

$$T_{e} = \frac{3}{2} p L_{m} (i_{sq} i_{rd} - i_{sd} i_{rq}) \tag{5-29}$$

式中　ψ_{sd}，ψ_{sq}——定子磁链在 d 轴、q 轴上的分量；

ψ_{rd}，ψ_{rq}——转子磁链在 d 轴、q 轴上的分量；

i_{sd}，i_{sq}——定子电流在 d 轴、q 轴上的分量；

i_{rd}，i_{rq}——转子电流在 d 轴、q 轴上的分量；

L_{s}，L_{r}——dq 坐标系中异步电机定子绕组、转子绕组每相自感；

L_{m}——互感；

R_{r}——转子电阻；

R_{s}——定子电阻；

p——异步电机极对数。

将式(5-26)代入式(5-27)、式(5-28)可得

$$\begin{cases} i_{sd} = \dfrac{\psi_{r} - i_{rd} L_{r}}{L_{m}} \\ i_{rq} = -\dfrac{L_{m}}{L_{r}} i_{sq} \end{cases} \tag{5-30}$$

再将式(5-30)代入式(5-29)中得

$$T_e=\frac{3}{2}p\frac{L_m}{L_r}i_{sq}\psi_r \tag{5-31}$$

由式(5-30)、式(5-31)可以得到转差 ω_s 和转子磁链 ψ_r 的表达式为

$$\begin{cases}\omega_s=\dfrac{L_m i_{sq}}{T_r\psi_r}\\[2ex]\psi_r=\dfrac{L_m}{T_r p+1}i_{sd}\end{cases} \tag{5-32}$$

式(5-32)中,转子磁通 ψ_r 表达式中不含与转矩电流分量 i_{sq} 相关项,仅含有定子励磁电流分量 i_{sd} 相关项,实现了定子励磁电流分量和转矩电流分量的完全解耦。

在转子磁场给定的矢量控制系统中,异步电机采用转矩闭环控制方式,为了削减电机运行过程中由于电机转子参数 T_r 和互感 L_m 变化对转子磁链 ψ_r 计算所产生的影响,采用磁链开环控制方法,直接给定转子磁链值,即转差型矢量控制方法。当转矩参考值为 T_e^*、磁链参考值为 ψ_r 时,根据式(5-30)、式(5-31)和式(5-32)可以求出定子转矩电流分量参考值 i_q^*、励磁电流分量参考值 i_d^* 和转差角速度参考值 ω_s^*。

$$\begin{cases}i_q^*=\dfrac{3L_r}{2P_n L_m\psi_r}T_e^*\\[2ex]i_d^*=\dfrac{\psi_r}{L_m}\end{cases} \tag{5-33}$$

$$\omega_s^*=\frac{L_m}{T_r\psi_r}i_q^* \tag{5-34}$$

转子磁链旋转角速度是电机转子角速度和转差角速度之和,即

$$\omega=\omega_r+\omega_s \tag{5-35}$$

转子磁通角表达式为

$$\theta=\int\omega\,\mathrm{d}t \tag{5-36}$$

分析式(5-33)可得:异步电机定子转矩电流分量 i_q^* 与电机转矩成正比关系,定子励磁电流分量 i_d^* 与转子磁通也成正比关系,因此异步电机控制过程中想要实现解耦控制可以通过两种方法:直接给定转矩值和磁通值、间接给定电流分量值。

5.4.2 牵引电机矢量控制

矢量控制简称 VC 控制,是利用坐标变换实现对异步电机的控制,其原理结构框图如图 5-29 所示。

首先通过 2r/2s 变换,将励磁电流给定值 i_d^* 和转矩电流给定值 i_q^* 转化成 i_α^*、i_β^*,之后再将通过 2s/3s 变换得到电流指令信号 i_a^*、i_b^*、i_c^*,通过一个中间逆变环节,转化成异步电机

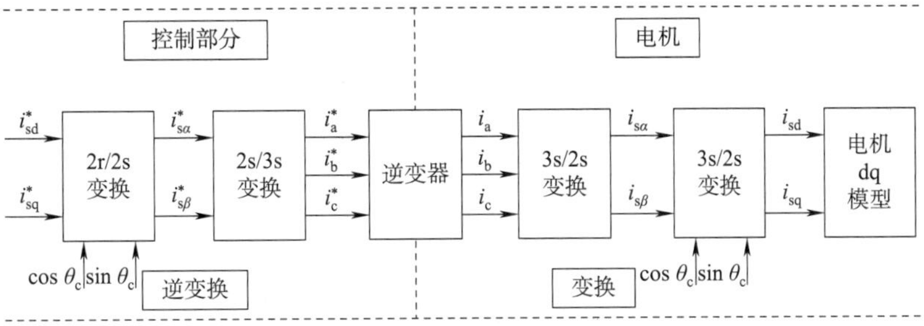

图 5-29　VC 控制原理结构框图

运行时所需的频率可变的三相电流。

异步电机转子磁场定向矢量控制原理：先将 abc 静止坐标系上的数学模型经 Clark 变换转化成 $\alpha\beta$ 静止坐标系，之后再经过 Park 变换，最终转化成 dq 旋转坐标系。将异步电机转子磁链定向在 dq 旋转坐标系中的 d 轴上，即 $\psi_{rd}=\psi_r$，则 q 轴即为逆时针旋转 90°。在转子磁场定向时，有

电压方程：

$$\begin{pmatrix} u_{sd} \\ u_{sq} \\ 0 \\ 0 \end{pmatrix} = \begin{pmatrix} R_s+L_s p & -\omega_1 L_s & L_m p & -\omega_1 L_m \\ \omega_1 L_s & R_s+L_s p & \omega_1 L_m & L_m p \\ L_m p & -\omega_s L_m & R_r+L_r p & -\omega_s L_r \\ \omega_s L_m & L_m p & \omega_s L_r & R_r+L_r p \end{pmatrix} \begin{pmatrix} i_{sd} \\ i_{sq} \\ i_{rd} \\ i_{rq} \end{pmatrix} \tag{5-37}$$

磁链方程：

$$\begin{pmatrix} \psi_{sd} \\ \psi_{sq} \\ \psi_{rd} \\ 0 \end{pmatrix} = \begin{pmatrix} L_s & 0 & L_m & 0 \\ 0 & L_s & 0 & L_m \\ L_m & 0 & L_r & 0 \\ 0 & L_m & 0 & L_r \end{pmatrix} \begin{pmatrix} i_{sd} \\ i_{sq} \\ i_{rd} \\ i_{rq} \end{pmatrix} \tag{5-38}$$

将式(5-38)代入式(5-37)得

$$u_{sd}=R_s i_{sd}+p(L_s i_{sd}+L_m i_{rd})-\omega_e(L_s i_{sq}+L_m i_{rq}) \tag{5-39}$$

由式(5-38)得

$$\begin{cases} i_{rd}=\dfrac{\psi_{rd}-L_m i_{sd}}{L_r} \\ i_{rq}=-\dfrac{L_m}{L_r} i_{sq} \end{cases} \tag{5-40}$$

将式(5-40)代入式(5-39)得

$$u_{sd}=R_s i_{sd}+\sigma L_s p i_{sd}+\frac{L_m}{L_r} p\psi_{rd}-\omega_e \sigma L_s i_{sq} \tag{5-41}$$

同理可得

$$u_{sq}=R_s i_{sq}+\sigma L_s p i_{sq}+\omega_e\left(\frac{L_m}{L_r}\psi_{rd}+\sigma L_s i_{sd}\right) \tag{5-42}$$

式中，$\sigma=\frac{L_m^2}{L_s L_r}$。

5.4.3 牵引电机仿真分析

在 Matlab/Simulink 仿真平台上搭建的矢量控制仿真模型如图 5-30 所示。该模型由电流采样模块、前馈解耦模块、SVPWM 模块和电机本体模块四部分组成。仿真模型中异步电机参数见表 5-9。

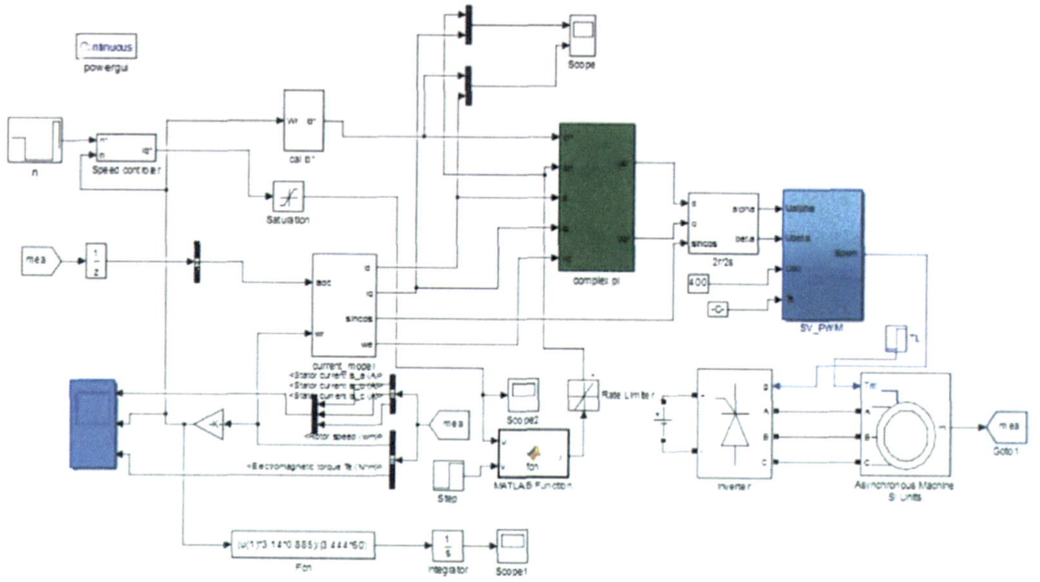

图 5-30 矢量控制仿真模型

表 5-9 异步电机参数

母线电压/V	400
额定电流峰值/A	240
极对数	2
定子电阻/Ω	0.051 82
转子电阻/Ω	0.029 12
定子电感/H	0.000 688 8
转子电感/H	0.000 910 9
互感/H	0.016 983 2

电机相电流、转速、转矩波形如图 5-31 所示，本仿真模型使用预励磁模块，待磁场稳定之后，加上转矩电流，转矩电流采用斜坡给定，可以看出，相电流幅值经过 0.72 s 后才达到最大值 400 A，为额定电流有效值的 1.7 倍。在该加速阶段，电机转矩达到额定转矩 1 500 N·m，并且转矩无脉动，当运行 1.2 s 后，转速给定为 0，进入减速阶段，此时制动转矩达到 2 000 N·m，转速迅速减为 0。实现了电机加减速过程中的快速动态响应。

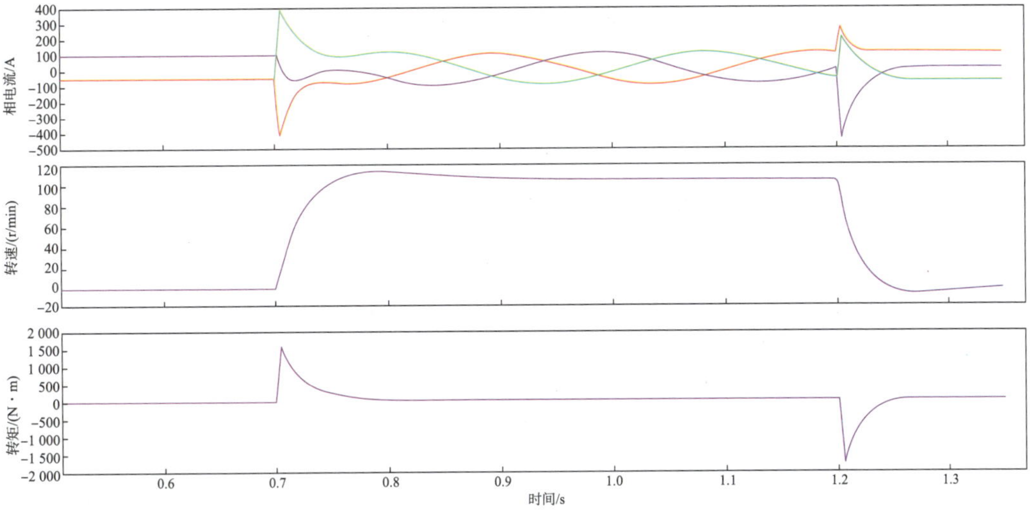

图 5-31　电机相电流、转速、转矩仿真波形

5.5　蓄电池移车系统仿真与实验验证

5.5.1　仿真分析

根据蓄电池组、DC/DC 变换装置、牵引逆变器、牵引电机各模块仿真模型，在 Matlab/Simulink 中对时速 250 km 复兴号动车组蓄电池移车系统进行联合仿真，搭建的仿真模型如图 5-32 所示。

根据时速 250 km 复兴号动车组基本参数，齿轮传动比为 3.444，传动效率为 0.975，轮径为 920 mm，计算得到在车速 5 km/h 运行条件下电机转速为 100 r/min。根据实际情况，动车组在 5 km/h 运行时需电机提供的转矩为 1 045 N·m，在仿真过程中给定电机转矩为 1 045 N·m。图 5-33 为 5 km/h 运行条件下电机相电流、转速、转矩仿真波形。

为避免负载瞬间增加引起的电流过流，转矩采用分段增加的方式，从图 5-33 可以看出设计的蓄电池移车系统可以快速达到给定转矩要求，同时加载过程中抗负载变化能力较好。

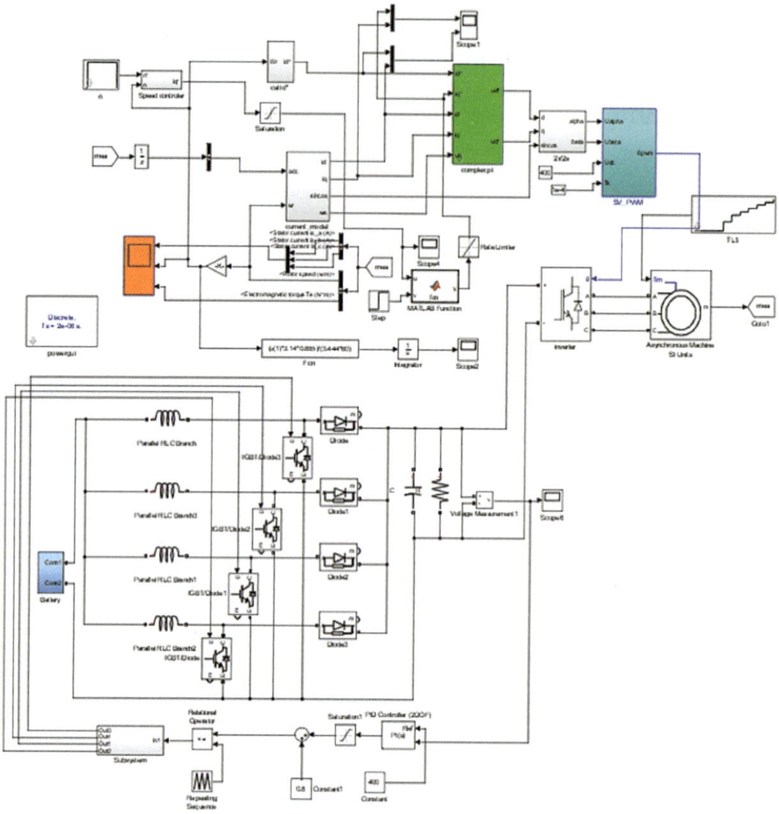

图 5-32　蓄电池移车系统仿真模型

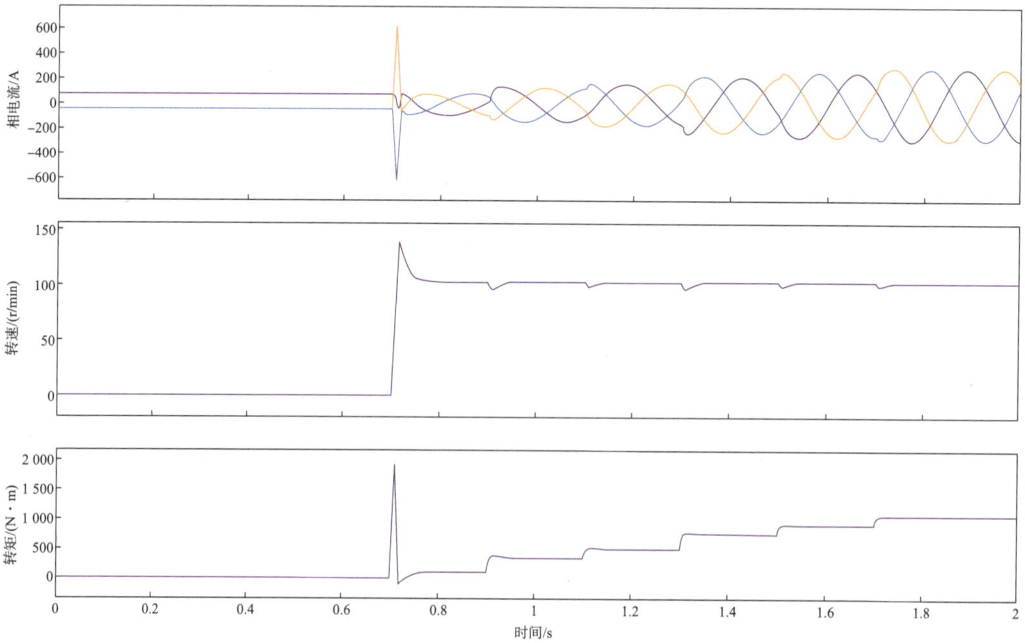

图 5-33　5 km/h 运行条件下电机相电流、转速、转矩仿真波形

5.5.2　实验分析

参与蓄电池移车系统组合实验的各部件按照图 5-34 连线，在列车上设置牵引模式选择开关，用来选择列车牵引系统工作条件：

工作条件一：AC 25 kV 供电模式，网压经牵引变压器降压后输出给四象限整流器，再由四象限整流器整流后给逆变器供电。

工作条件二：蓄电池供电模式，蓄电池输出电压经 DC/DC 变换器升压至 400 V 后给牵引逆变器供电。

牵引逆变器控制装置根据模式选择开关输入信号及 DC/DC 变换器输出电压来控制 QS 触发器动作，实现两种模式的切换。

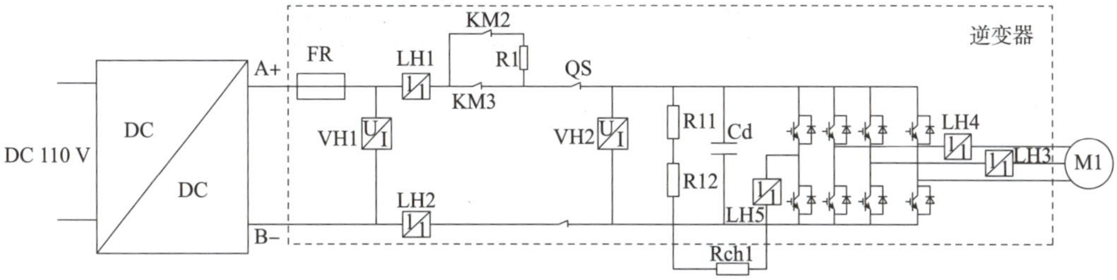

图 5-34　主电路原理

蓄电池移车系统实验平台实物如图 5-35 所示，主要包括蓄电池充电机、蓄电池组、DC/DC 变换器、牵引逆变器和异步电机五部分。系统硬件参数见表 5-10。

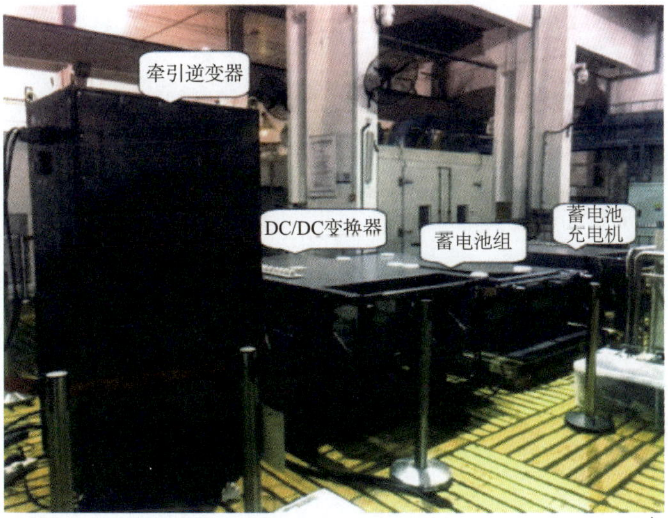

(a)蓄电池充电机、蓄电池组、DC/DC 变换器、牵引逆变器

图　5-35

(b)异步电机

图 5-35 蓄电池移车系统实验平台

表 5-10 系统硬件参数

蓄电池组参数	
额定输出电压/V	DC 103.5
最大输出电流/A	1 200
尺寸/(mm×mm×mm)	574×1 711×2 986
重量/kg	1 300
DC/DC 变换装置参数	
额定输入电压/V	DC 110
额定输入电流/A	1 090
额定输出电压/V	DC 400
额定输出电流/A	300
控制电源电压/V	DC 110
外形尺寸/(mm×mm×mm)	711×1 550×2 982
重量/kg	926
牵引逆变器参数	
额定输入电压/V	DC 400
额定输入电流/A	300
输出电压/V	AC 0～304
输出电流/A	额定 128,启动 260
控制电源电压/V	DC 110
冷却方式	强迫风冷

续上表

牵引逆变器参数	
效率	≥99%
外形尺寸/(mm×mm×mm)	795×830×1 933
质量/kg	380
牵引电机参数	
启动电流(基波)/A	240
启动转矩/(N·m)	1 593
最高转速/(r/min)	200
极数	4
冷却方式	强迫风冷

在蓄电池充满电的状态下，经 DC/DC 变换器给牵引逆变器供电，牵引逆变器牵引异步电机负载，输出电压为 DC（400±50）V 之间，电机转速达到（100±5）r/min，给定转矩 1 045 N·m，在该工况下持续工作至 DC/DC 变换器报欠压。

从时刻 26′28″开始实验，并每隔一段时间记录牵引系统工作时间、蓄电池组电压、输出电流以及蓄电池组剩余电量。时速 5 km 模拟运行实验数据见表 5-11。

表 5-11　时速 5 km 模拟运行实验数据

时间	**输出电压**/V	**输出电流**/A	**剩余电量**/%
26′28″	111.8	344.5	97
28′00″	109.6	355.2	92
29′00″	108.6	357.6	89
31′55″	105.5	369.3	81
33′44″	103.8	378.2	75
35′08″	102.7	383.8	70
38′07″	100.7	390.9	61
40′27″	99.1	404.8	53
42′58″	97.2	405.8	45
45′17″	95.5	408.0	37
48′03″	93.4	434.8	27
49′59″	91.6	440.3	20
51′34″	88.6	430.4	14

可以看出，从 26′28″实验开始，到 51′34″蓄电池组放电截止，系统共运行了约 25 min，在 5 km/h 下共行驶的距离为 5×(25/60)≈2.08(km)，远远超过蓄电池移车系统移动 100 m 的预期目标，验证了所设计蓄电池移车系统的正确性与可行性。根据表 5-11 中的数据绘制时速 5 km 模拟运行实验特性曲线，如图 5-36 所示。

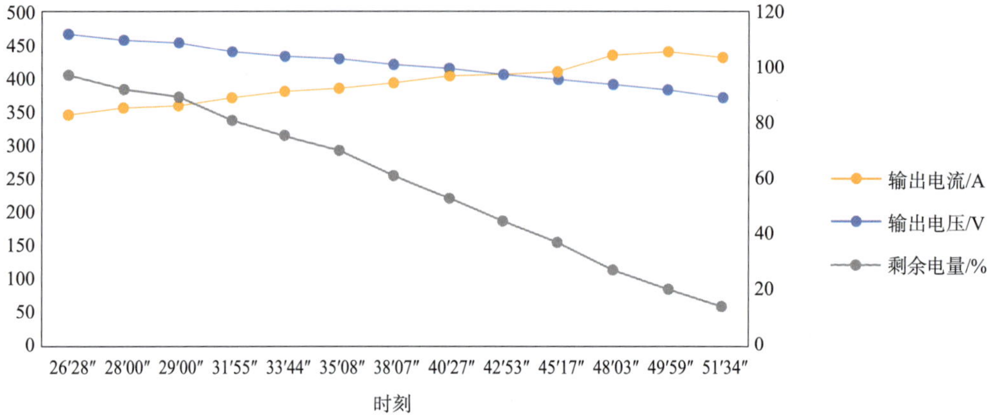

图 5-36 时速 5 km 模拟运行实验特性曲线

第 6 章 碳化硅器件的相关应用

近年来，随着半导体技术的不断发展，碳化硅器件以其独特的优势开始受到广泛关注，基于碳化硅器件的辅助变流器也得到了越来越多的实际应用。相较于传统的硅器件，碳化硅器件具有低导通电阻、低开关损耗等优势，可以显著降低开关器件的损耗。与此同时，碳化硅 MOSFET 存在的高击穿电压优势使其性能可以与硅 IGBT 相媲美，成为中高压大功率场合电力电子开关器件的有力竞争者。

6.1 碳化硅器件的发展历程与现状

碳化硅(SiC)的发现最早可追溯到 1891 年，美国科学家爱德华在人工合成金刚石的过程中观测到了碳化硅，但直到 1955 年荷兰的飞利浦实验室才开发出生长高品质单晶碳化硅材料的方法，此后，碳化硅才真正被纳入半导体材料的范畴。1987 年，碳化硅衬底商业化投产，进入 21 世纪后，基于碳化硅功率器件的商业应用才逐步铺开。由于此前硅基功率 MOSFET 的巨大成功，碳化硅 MOSFET 一出现就受到研究机构和工业界极大关注。随着对碳化硅材料研究的逐步深入和工艺制造水平的提高，使得碳化硅器件的商业量产成为可能。

6.1.1 碳化硅器件国外研究

目前，全球第三代半导体电力电子产业格局呈现美国、欧洲国家、日本三足鼎立态势。其中，美国在 SiC 领域全球独大，并且占有全球 SiC 70%～80%的产量。几种市场上比较常见的碳化硅器件及其对应的电压/电流等级见表 6-1。

表 6-1 商业化的碳化硅器件类型

器件型号	器件类别	电压/电流等级
SCT2750NY	碳化硅 MOSFET	1 700 V/6 A
SCT3017AL	碳化硅 MOSFET	650 V/118 A
BMS300C12P3E201	碳化硅模块	1 200 V/300A

续上表

器件型号	器件类别	电压/电流等级
SCS240KE2	碳化硅 SBD	1 200 V/40 A
C2M0045170D	碳化硅 MOSFET	1 700 V/72 A
C3D25170H	碳化硅 SBD	1 700 V/25 A
CAS325M12HM2	碳化硅模块	1 200 V/325 A
GA16J717-247	碳化硅三极管	1 700 V/50 A
GB10MPS17-247	碳化硅整流二极管	1 700 V/25 A
GA100SICP12-227	碳化硅模块	1 200 V/160 A
IDW40G120C5B	碳化硅 SBD	1 200 V/40 A
IJW12OR07071	碳化硅 JFET	1 200 V/35 A

2006 年 SiC MOSFET 器件被美国应用于开发 2.7 MV·A 的固态功率变电站。采用全碳化硅功率模块，可以使传统的低频（60 Hz）变压器转变为高频（20 kHz）固态功率变电站，预计使变压器的重量由 6 t 降低到 1.7 t，体积从 10 m^3 降低到 2.7 m^3。2011 年美国研发了用 20 个 80 A 的 SiC MOSFET 以及 20 个 50 A SiC 肖特基二极管制作了一个 1 200 V/800 A 的双向功率模块。该模块用作全桥逆变并与 Si 器件比较实验，结果表明功率损耗至少降低 40%，在同样输出电流等级情况下 SiC 模块可以工作在 Si 模块的 4 倍频状态。

2012 年日本开始推出全碳化硅功率模块，日本三菱电机公司通过使用碳化硅制造的 MOSFET 和肖特基二极管，研发出一个 11 kW 逆变器，它比基于硅器件制造的逆变器降低能源损耗达七成，输出功率为 10 W/cm^3。日本三菱电机公司报道了使用强制风冷的三相 400 V 输出全碳化硅逆变器，采用了碳化硅 JFET 和碳化硅肖特基势垒二极管，这套装置的功率密度达到了 50 (kV·A)/L，远高于传统的硅基装置。日本富士电机公司研发基于 SiC MOSFET 的 1 200 V/100 A 碳化硅功率模块。该模块采用新型无焊线设计、氮化硅陶瓷作衬底制作，可以在 200 ℃高温工作，并且类似倒装芯片的压接式设计使得该模块与传统的铝线键合模块相比具有内电感低的特点，同时损耗更低，与传统同功率 IGBT 模块相比具有更紧凑的结构，大小约为原先的 1/2。

2013 年美国的 Cree 公司和日本的三菱公司也推出 1 200 V/100 A 的全碳化硅模块，可替换原来额定电流为 200～400 A 的硅基 IGBT 模块。因器件散热性提高，使得装置的体积缩小了一半，并且发热量小，可缩小冷却装置，实现装置的小型化，同时可以将电力转换时的损耗削减 85%以上，大幅削减工业设备的电力损耗。美国 Cree 公司发布的第二代 SiC MOSFET 通过缩小芯片面积等手段压缩了成本，以耐压为 1.2 kV 的品种为例，第二代芯片面积比第一代缩小了约 40%。

随着 SiC 功率器件制造工艺的进步，各大公司相继推出了高耐压与大容量的全 SiC 功率模块，非常适用于列车的辅助供电系统。目前，日本三菱电机、法国阿尔斯通等公司均已推出 SiC 辅助变流器产品，并成功运行，相较于相同容量规格的 Si 辅助变流器产品，SiC 辅助变流器在效率、功率密度与噪声排放等各方面的性能均有较大提升。

1. 三菱电机 SiC 辅助变流器

2013 年 3 月，日本三菱电机公司商业化并交付了世界上首个用于铁路车辆的 SiC 辅助变流器，如图 6-1 所示，该系统的主要参数见表 6-2。与三菱电机公司现有的采用硅电源模块的系统相比，新系统的功耗降低了 30%，体积减小了 20%，重量减小了 15%。由于输出电压波形失真率改善 35%，它还可将变压器噪声降低 4 dB。

图 6-1　三菱电机 SiC 辅助变流器

表 6-2　三菱电机 SiC 辅助变流器主要参数

参　　数	参数值或说明
额定输入电压	DC 600 V
主电路	两电平电压型 PWM 逆变器
额定容量	140 kV·A
冷却系统	自然风冷

2. 阿尔斯通 SiC 辅助变流器

法国的阿尔斯通公司也推出了其第一个采用 SiC 器件的辅助变流器，如图 6-2 所示。其由全桥斩波器(SiC MOSFET)、中频变压器、SiC 二极管整流器和全 SiC 三相逆变器组成，主要参数见表 6-3。

表 6-3　阿尔斯通 SiC 辅助变流器主要参数

参　　数	参数值或说明
额定输入电压	DC 1 500 V
开关频率	15 kHz
主电路	两电平电压型 PWM 逆变器
额定容量	66 kV·A/17 kW
冷却系统	自然风冷

图 6-2 阿尔斯通 SiC 辅助变流器

3. 交流供电制式的 SiC 辅助变流器

2016 年，三菱电机公司成功研制出交流供电制式的 SiC 辅助变流器，采用整流加逆变的两级结构，相比于 Si 辅助变流器，开关频率由 1 kHz 提升到 5 kHz，损耗降低了 40%，总效率由 95.6%提升到 97.3%，其主要参数见表 6-4。

表 6-4 交流供电制式的 SiC 辅助变流器主要参数

参　数	参数值或说明
额定输入电压	AC 380 V
开关频率	5 kHz
主电路	两电平电压型 PWM 整流器+逆变器
额定容量	136 kV · A
冷却系统	自然风冷

6.1.2 碳化硅器件国内研究

就国内发展趋势而言，全球范围内有将近一半的碳化硅使用量在中国。近年来，国内一些企业逐步进入碳化硅领域，其研发产品广泛应用于发电、输电、铁路、照明等领域。截至 2022 年，我国已有 7 家碳化硅企业完成融资，涵盖碳化硅衬底、外延、器件等环节。

作为国内主要的碳化硅器件供应商之一，湖南三安投资长沙碳化硅全产业链工厂，2021 年 6 月一期工程投产，6 英寸碳化硅晶圆产能爬坡至 15 000 片/月，二期工程于 2023 年完工，达产后年产能达 50 万片 6 英寸碳化硅晶圆。在 SiC MOSFET 产品方面，已推出了 650～1 700 V 宽电压范围的 SiC MOSFET；其中，1 700 V/1 000 mΩ MOSFET 主要应用于光伏逆变器的辅助电源，1 200 V/75 mΩ MOSFET 主要应用于新能源汽车的 OBC(电池充电的电力电子装备)。

2022 年，斯达半导用于乘用车主控制器的车规级 SiC MOSFET 模块开始大量“上车”，并新增多个使用车规级 SiC MOSFET 模块的 800 V 系统的主电机控制器项目定点。2020 年建设全碳化硅功率模组产业化项目，投资建设年产 8 万颗车规级全碳化硅功率模组生产线和研发测试中心；2022 年完成定增募资用于投资 IGBT 和碳化硅芯片项目等。车规级 SiC 模块开始在海外市场小批量供货，另外，使用自主芯片的车规级 SiC MOSFET 模块于 2023 年开始向主电机控制器客户批量供货。

士兰微旗下士兰明镓已实施“碳化硅功率器件芯片生产线”项目，预计形成月产 6 000 片 6 英寸碳化硅芯片的生产能力。2022 年 10 月，士兰微筹划非公开发行募资，募投项目之一便是用于“年产 14.4 万片碳化硅功率器件生产线建设项目”，并在 2023 年 4 月审核通过。士兰微 SiC MOSFET/SBD 功率器件芯片中试线进展顺利，芯片性能指标达到业内领先水平。

2023 年，扬杰科技公告计划建设 6 英寸碳化硅晶圆产线，规划产能 5 000 片/月，后续拟进一步布局 6～8 英寸碳化硅芯片生产线建设。目前已经向市场推出碳化硅模块及 650 V 碳化硅 SBD、1 200 V 系列碳化硅 SBD 全系列产品，碳化硅 MOSFET 已取得关键性进展；同时进一步完善了在晶圆制造上的核心能力，形成了比较完备的晶圆产品制造能力。

6.1.3　碳化硅材料结构特性与制备工艺

1. 结构特性

SiC 为Ⅳ主族中 Si 元素和 C 元素组成的化合物，C 原子和 Si 原子以共价键的形式连接。SiC 的基本结构单元是硅碳四面体，其相互连接形成各种紧密堆积的结构。Si-C 双原子层的堆积顺序不同，导致 SiC 具有多种晶体结构。其中，SiC 的同态多晶型主要有闪锌矿结构、纤锌矿结构和菱形结构。SiC 的纤锌矿结构为 α-SiC，SiC 的立方闪锌矿结构为 β-SiC，根据晶体堆叠的不同呈现出多型结构，其中 β-SiC(3C-SiC) 和 α-SiC(2H-SiC、4H-SiC、6H-SiC、15R-SiC) 比较具有代表性，对于不同的晶体结构，其禁带宽度也有所差异，如图 6-3 所示。

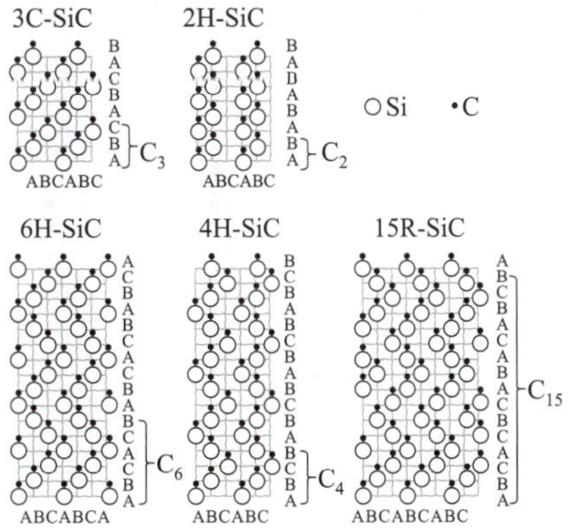

(a)晶体结构

图　6-3

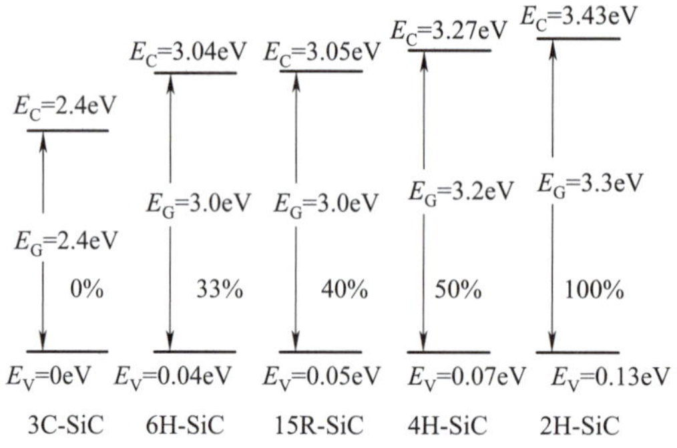

(b)禁带宽度

图 6-3　SiC 材料的常见多型结构

在 SiC 的各种晶体类型中，3C-SiC 键能最低，晶格自由能最高且易成核，但其处于亚稳态，具有较低的稳定性及易发生固相转移的特点。在接近平衡态的条件下，当退火温度分别为 1 200 ℃和 2 000 ℃时，3C-SiC 会发生相变，部分转变为 6H-SiC 和 4H-SiC，其中 3 种晶型的键能大小顺序为 3C-SiC＜6H-SiC＜4H-SiC，键能越小越不稳定，在外界条件影响下越容易发生相变。所以，通过改变外界条件，3C-SiC 可以发生相转变，变成其他晶型。目前，应用较多的是 4H-SiC 材料，其禁带宽度为 3.2eV，是 Si 禁带宽度的 3 倍左右，且热导率高，故多用于高温大功率的微电子器件领域。

2. 制备工艺

SiC 相图如图 6-4 所示，在大气氛围中 SiC 在 2 830 ℃下会分解为 C 和含 C 量为 13% 的 Si 熔液，因此无法从 Si-C 熔融体中进行晶体生长。工业界已研发出采用升华的方式制备 SiC 衬底的技术，使 SiC 材料在低压惰性环境中升华，Si、SiC_2、Si_2C 等分子沿温度梯度迁移，并按照设计取向在单晶 SiC 种子层上沉积而重新结晶成 SiC 晶体，如图 6-5 所示。采用新的物理气相传输（PVT）技术能够将晶体制备温度控制在 1 900～2 400 ℃范围内。

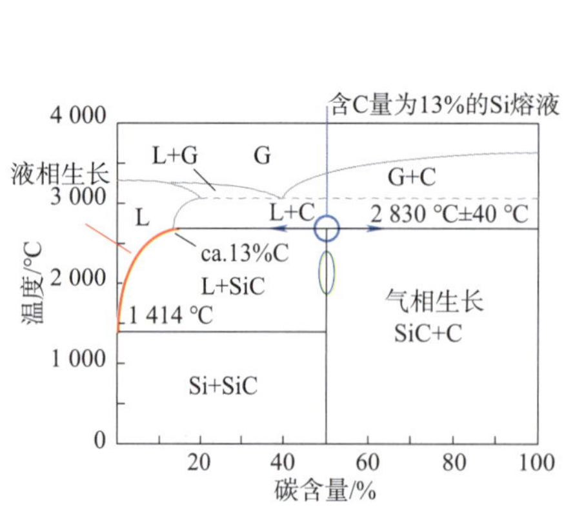

图 6-4　SiC 相图

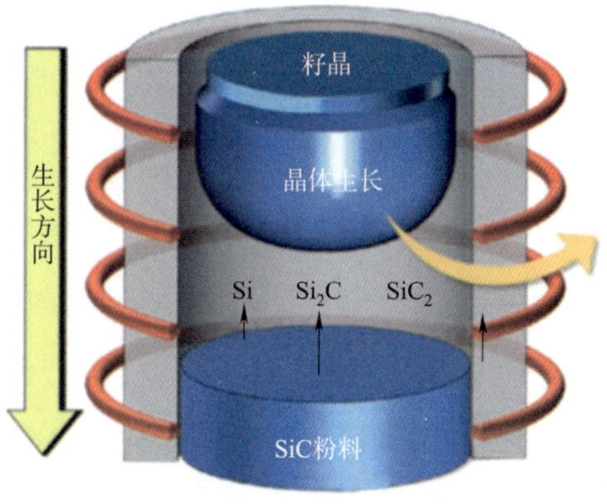

图 6-5　制备 SiC 的物理气相传输（PVT）技术

SiC 存在各种多型体(结晶多系),它们的物性值也各不相同。SiC 晶体中存在多种缺陷,这些缺陷会降低其自身的质量。常见的晶体缺陷类型有微管、位错、硅滴、孔洞、夹杂、多型共生等,如图 6-6 所示。晶体缺陷给 SiC 器件的应用造成了很大的阻碍。在这些缺陷当中,微管缺陷带来的后果最严重,SiC 器件的工作区域中任一微管缺陷都可能会导致器件的失效。

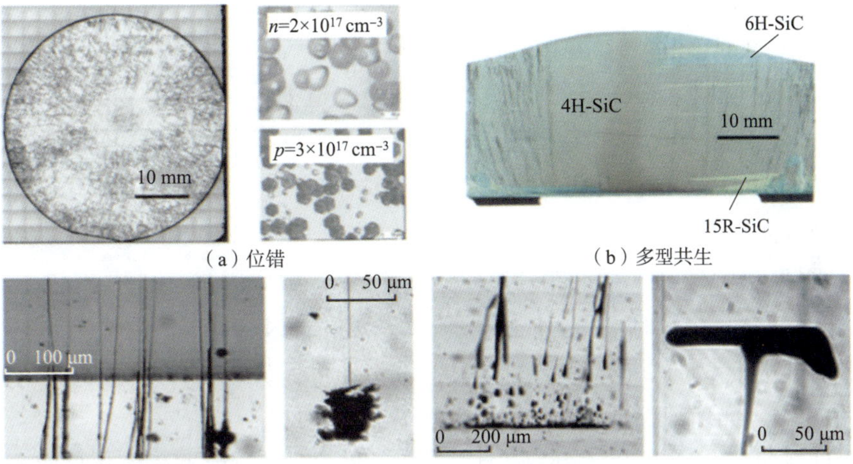

(a) 位错　(b) 多型共生　(c) 微管　(d) 夹杂　(e) 硅滴　(f) 孔洞

图 6-6 常见的 SiC 晶体缺陷类型

虽然一些电子元器件能够在不使用外延层的情况下直接在衬底材料上制备,但高品质的 SiC 器件仍然需要利用高品质的外延材料制备有源区。因此,低缺陷的 SiC 外延生长技术对 SiC 器件质量有着重要的影响。随着 SiC 功率器件制造要求和耐压等级的不断提高,其外延材料不断向低缺陷、厚外延方向发展。

6.2 碳化硅 MOSFET 的特性分析

在 Si 材料 MOSFET 中,越是耐高压的器件,其单位面积的导通电阻越大(约以耐压值的 2~2.5 次方的比例增加),因此在 600 V 以上电压等级的应用场合中主要采用 IGBT(绝缘栅极双极型晶体管)。IGBT 作为双极性元件,在漂移层内注入作为少数载流子的空穴,导致其导通压降比 Si 基 MOSFET 要小很多,同时其耐压值也高于 MOSFET,故 Si 基 IGBT 在 10 kV·A 以上的中大功率场合得到了广泛的应用。

SiC 器件漂移层的电阻比 Si 器件低,不需要采用 IGBT 结构而是采用高频器件结构的 MOSFET 就能实现高耐压和低阻抗。而且 MOSFET 的工作原理不会产生尾电流,因此在使用 SiC MOSFET 替代 IGBT 时,能够明显的减小开关损耗。另外,SiC MOSFET 能够在

IGBT 不能工作的高频和高温条件下驱动，能显著地提升电力电子装置的性能指标。

6.2.1 碳化硅 MOSFET 的基本结构和工作原理

SiC MOSFET 器件的基本结构和工作原理与 Si 材料 MOSFET 器件相仿，均为单一载流子场控晶体管，一般采用垂直双注入 MOSFET 结构，即 VDMOSFET，其基本单元如图 6-7 所示。它的制作过程是利用多晶硅做掩膜，在外延层上采用平面自对准双扩散工艺，在多晶硅边缘形成 P 和 N^+ 源区。以此在水平方向上形成多子（自由电子）导电沟道，其沟道长度一般为 1～2 μm。P 沟道通过同一多晶硅栅进行两次自对准平面扩散技术，并利用两次扩散的横向扩散差形成沟道，沟道方向为横向。

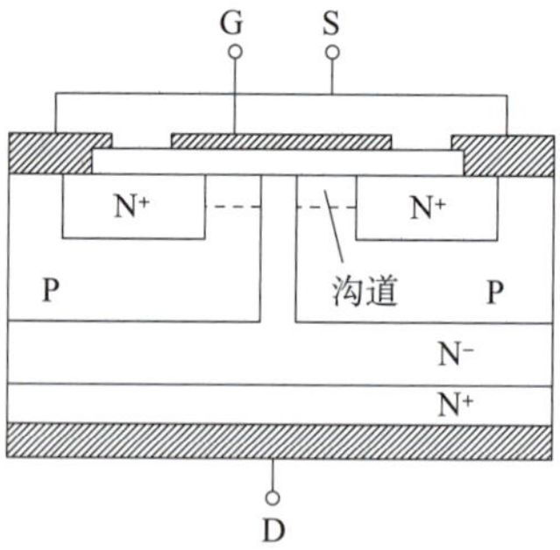

图 6-7 VDMOSFET 单元结构示意

对于增强型 VDMOSFET 器件，当漏源正向偏置、栅源零偏或低于阈值电压 V_{th} 时，P 区和 N^- 漂移区形成的 PN 结反偏，器件处于截止状态，漏源两级之间无导通电流通过。随着栅源电压 V_{GS} 的增加，栅极下方的界面电场逐渐形成耗尽区，沟道打开，电子从源极出发，流经 N^+ 区，通过沟道，而后向下依次流经 N^- 漂移区和 N^+ 衬底区最终达到漏极，最后漏极和源极导电。进一步增大 V_{GS}，器件通态电阻越小，导电能力越强，直至饱和。若要器件迅速关断，可将栅源极电压降至零或加负压，器件中 P 基区和 N^- 漂移区迅速反偏耗尽，导电沟道随之消失，漏源间的 PN 结起到阻断高压的作用，器件关断。

6.2.2 碳化硅 MOSFET 的静态电学特性

1. 导通电阻

导通电阻 R_{on} 指在额定栅源电压、漏极电流和结温的情况下，MOSFET 处于完全导通状态时漏源两极间的阻抗，是决定 MOSFET 器件静态性能的关键参数之一。在器件处于导通状态时，漏源两级间会流经很大电流，在导通电阻上形成导通压降，进而存在功率损耗。因此，从减小功率损耗和提高器件效率的角度而言，流经相同电流大小时导通电阻越小越好。如图 6-8 所示，当 SiC MOSFET 工作在导通状态时，其导通电阻为

$$R_{on}=R_s+R_n+R_{ch}+R_a+R_j+R_e+R_b+R_d \tag{6-1}$$

式中 R_s——源极接触电阻，Ω；

R_n——源区串电阻，Ω；

R_{ch}——沟道电阻，Ω；

R_a——积累层电阻，Ω；

R_j——结场效应管电阻，Ω；

R_e——外延层电阻,Ω;

R_b——衬底电阻,Ω;

R_d——漏极接触电阻,Ω。

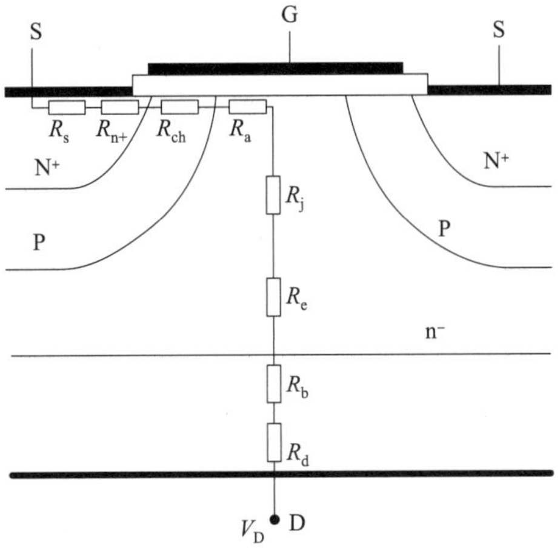

图 6-8　MOSFET 导通电阻构成

SiC 的击穿场强是 Si 的 10 倍,所以能够以低阻抗、薄厚度的漂移层实现耐高压。在相同电压等级下,SiC 器件可以得到单位面积导通电阻更低的器件,相同导通电阻下其芯片尺寸可以做到 Si 材料 MOSFET 的几十分之一。不仅能够以小的封装实现低导通电阻,而且能够使门极电荷量、结电容等寄生参数变小,这对于器件的快速开关是十分有利的。以罗姆公司生产的 SCT3022KL 型 SiC MOSFET 为例,其导通电阻与温度的关系如图 6-9 所示。当 SiC MOSFET 的温度小于 0 时,其导通电阻会随着温度的升高而减小,但程度很小;当碳化硅 MOSFET 的温度大于 0 时,其导通电阻会随着温度的升高而升高。

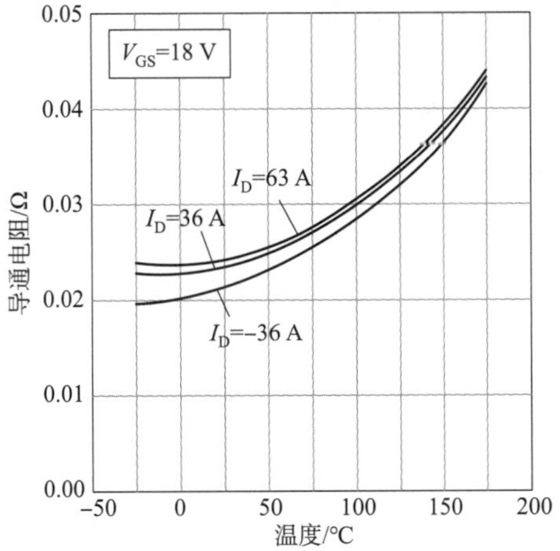

I_D—漏极电流。

图 6-9　碳化硅器件导通电阻与温度的关系

2. 阈值电压

阈值电压$V_{GS(th)}$又称开启电压，是指功率MOSFET在沟道扩散区发生形变使得沟道导通进入强反型工作区所必须的栅源极电压。一般认为，它由氧化层与半导体共同分担，即有

$$V_{GS(th)}=V_{OX}+2\psi_B \tag{6-2}$$

式中 V_{OX}——氧化层分担电压，V；

ψ_B——半导体内电动势，V。

由V_{OX}与半导体内总电荷Q_s的关系，得到

$$V_{OX}=\frac{Q_s}{\varepsilon_{OX}}t_{OX}=\frac{\sqrt{4qN_A\varepsilon_S\psi_B}}{\varepsilon_{OX}}t_{OX} \tag{6-3}$$

式中 t_{OX}——氧化层厚度；

ε_{OX}——氧化层的介电常数；

q——单个电子电荷量；

ε_S——半导体介电常数；

N_A——半导体掺杂浓度。

又因为ψ_B与P基区掺杂浓度N_A有如下表达式：

$$\psi_B=\frac{kT}{q}\ln\left(\frac{N_A}{n_i}\right) \tag{6-4}$$

式中 k——玻尔兹曼常数；

T——绝对温度，K；

n_i——半导体温度为T时本征载流子浓度。

将式(5-4)和式(5-3)带入式(5-2)，得到

$$V_{GS(th)}=\frac{\sqrt{4\varepsilon_S kTN_A\ln(N_A/n_i)}}{\varepsilon_{OX}}t_{OX}+2\frac{kT}{q}\ln\left(\frac{N_A}{n_i}\right) \tag{6-5}$$

可知，阈值电压$V_{GS(th)}$主要由P基区掺杂浓度N_A与氧化层厚度t_{OX}决定，并且随N_A与t_{OX}的增大而增大，可以通过改变两者的大小来设计其阈值电压。考虑器件开关过程中产生的噪声和干扰，MOSFET的阈值电压不能太小，否则会导致器件的误导通；阈值电压也不宜太大，如果太大可能导致开关管不能迅速完全导通，致使器件导通损耗太大。同时，由式(6-5)可知，阈值电压会受到温度的影响，当器件长期工作温度上升时，阈值电压也会随之发生变化。

3. 漏源击穿电压

漏源击穿电压V_{BR}定义为栅源两级短接，漏源两级所能承受的最大电压。当器件处于截止区时，漏源电压增大使得器件内PN结处电场大于SiC材料的临界击穿电场时，器件中的载流子会由于雪崩效应急剧增多，导致耗尽层中有大量电流流过，漏源两极发生击穿。对于Si材料MOSFET，其通态电阻与击穿电压呈正相关，因此高耐压MOSFET的通态电阻

明显增加。为了保持良好的器件特性，Si MOSFET 的漏源击穿电压通常在几十伏到几百伏之间。SiC 材料高临界击穿场强使得 SiC MOSFET 成为能够拥有低通态电阻而耐压值却更高的半导体器件。目前，商业化的 SiC MOSFET 模块已经达到 1 700 V 耐压值，而相关文献也相继列出了关于高压大容量 SiC 器件的研制情况。一旦研制成功，SiC 器件将成为中高压大功率场合电力电子开关器件的有力竞争者。

4. 静态特性

MOSFET 的静态特性主要包括输出特性和转移特性。以罗姆公司生产的 SCT3022KL 型碳化硅 MOSFET 为例，对其输出特性和转移特性进行分析。器件在 25 ℃时的输出特性曲线如图 6-10(a)所示，转移特性曲线如图 6-10(b)所示，其中 T_a 表示温度。

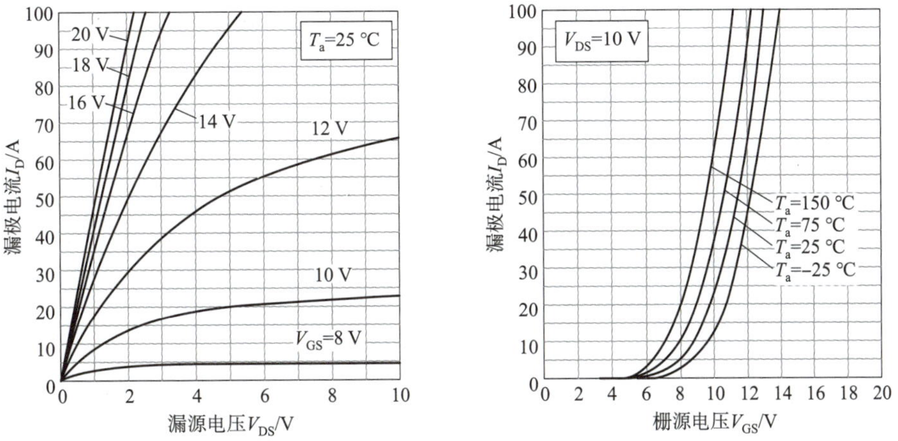

(a)输出特性曲线　　(b)转移特性曲线

图 6-10　罗姆公司 SCT3022KL 型碳化硅 MOSFET 输出特性与转移特性

从图 6-10(a)可以看出，当栅源极电压约 12 V 时 SiC MOSFET(SCT3022KL)输出特性曲线是一个较为平滑的曲线，线性区和饱和区没有明显的分界点。同时在此电压范围内，输出特性曲线差别还是比较大的，因此要想更好体现出碳化硅器件的优异特性，将碳化硅器件作为开关管使用，在驱动电压的选择上，要选较大的驱动电压，一般采用 18 V 左右的驱动电压。与此同时，当栅源极电压在 8～12 V 范围内时，导通时的导通电阻是比较大的，这样不仅会影响开关速度也会影响开关损耗，是需要避免的。

从图 6-10(b)可以看出，当温度升高时漏极电流 I_D 与栅源电压 V_{GS} 的曲线发生向左平移现象，这会使器件的开关阈值减小，对器件的影响主要体现在：当温度升高时，器件在较低的驱动电压下就会导通。碳化硅器件对寄生参数较为敏感，因此在高温情况下要做好器件保护工作，以避免器件误导通的情况发生。

6.2.3 碳化硅 MOSFET 的动态电学特性

1. 内部结电容

SiC MOSFET 器件的结电容对其开关过程有直接影响，内部电容的充放电过程将会决定器件的开关特性，其内部等效电路如图 6-11 所示。内部结电容存在于两两电极之间，分别为栅源极间电容 C_{GS}、漏源极间电容 C_{DS}、栅漏极间电容 C_{GD}。

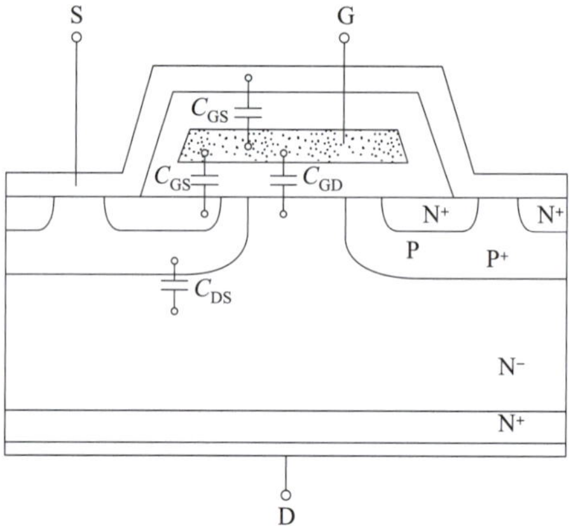

图 6-11 SiC MOSFET 寄生电容分布

其中，栅源极间电容 C_{GS} 是由栅极和源极的金属化部分重叠而成，它同栅极电压有关，但与漏源电压无关。栅漏极间电容 C_{GD} 又称米勒电容，由栅极和漂移区重叠形成。C_{GS} 和 C_{GD} 为内部 MOS 电容，电容值大小取决于器件内部芯片的几何形状和绝缘层的厚度。漏源极间电容 C_{DS} 则是漂移区和 P 基区之间 PN 结的结电容，其值主要取决于沟道面积和内部反偏宽度，同时还会受到电压和温度变化的影响。在实际数据手册中通常提供输入电容 C_{iss}、输出电容 C_{oss} 和反馈电容 C_{rss} 相关数据，结电容可通过计算得到。

$$C_{iss}=C_{GS}+C_{GD} \tag{6-6}$$

$$C_{oss}=C_{DS}+C_{GD} \tag{6-7}$$

$$C_{rss}=C_{GD} \tag{6-8}$$

由于 SiC MOSFET 为单极型半导体器件，是依靠多数载流子传导电流的，其开关应用时本身的电阻效应和渡越效应影响可以忽略，其开关速度会快很多。而 MOSFET 工作的开关频率普遍较高，其内部寄生电容不仅会影响开关时间和效率，而且在实际应用中也会引出新的问题。

2. 开关特性

MOSFET 器件的开关特性是由其内部结构、内部寄生电容和外接电阻决定的。在理想状态下，只需要一个零功率的电压信号加在 MOSFET 的栅极，就可以启动开关，但事实上在元器件内部电容上的电荷必须充放，所以要为栅极提供合适的电压和电流才能使得器件正常工作。MOSFET 开关波形示意如图 6-12 所示。

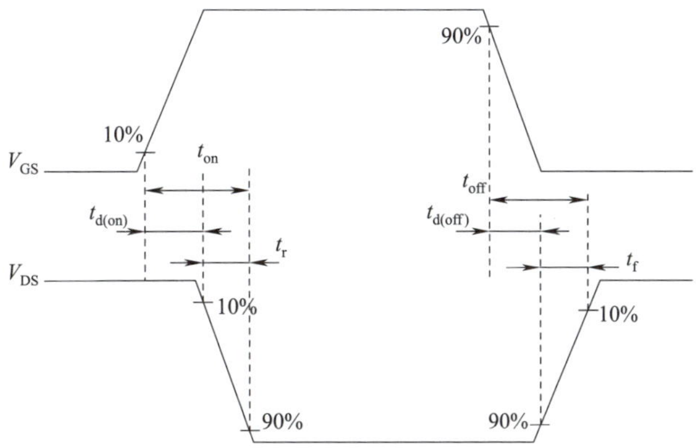

图 6-12　MOSFET 开关波形示意

开通时间 t_{on} 可分为开通延时 $t_{d(on)}$ 和上升时间 t_r 两部分。同样，关断时间 t_{off} 也可分为关断延时 $t_{d(off)}$ 和下降时间 t_f 两部分。比较相同容量 Si IGBT 与 SiC MOSFET 的开关时间可以发现，两者的上升时间和下降时间大致相同，但 SiC MOSFET 的开通延时和关断延时相比 IGBT 要小一个数量级(IGBT 开关延时大约在几百纳秒)，这也是由两者本身工作机理不同决定的。

MOSFET 关断过程中是不会产生如 IGBT 中常见的尾电流。相较于 IGBT，使用 SiC MOSFET 可以减小关断损耗。SiC 器件在 1 200 V 以上耐压值的大容量应用时也可以采用开关迅速的 MOSFET 结构。另外，在电力电子装置负载有感性成分时，电流会流经体二极管续流。Si 基器件中的体二极管的恢复电流通常非常大，会产生很大的损耗，并且在高温下会有进一步增大的趋势。与此不同的是，SiC MOSFET 中体二极管具有相当快的恢复性能，可以极大程度上减小二极管反向恢复损耗。

6.3　基于碳化硅器件和硅器件的三相逆变器比较分析

6.3.1　碳化硅 MOSFET 和硅 IGBT 性能对比

SiC MOSFET 与 Si IGBT 由于其本身结构和工作机理的不同，在实际应用中采用两者作为开关管的三相逆变器性能上也会显著不同。Cree 公司的 SiC MOSFET 器件 CAS300M12BM2 和 Infineon 公司的 Si IGBT 器件 FF600R12IE4 的主要参数见表 6-5。两款开关管都是工作电压为 1 200 V 的器件，但由于 IGBT 在容量设计时为了保证其工作的安全性，所留裕度通常是一般器件的 2 倍，因此，选取了容量为 300A 的 SiC MOSFET 和

600 A 的 Si IGBT 作比较。

表 6-5　两款开关管部分参数比较

型号	CAS300M12BM2	FF600R12IE4
类型	SiC MOSFET	Si IGBT
门极最大电压/V	−10/+25	−20/+20
阈值电压/V	2.3	5.8
输入电容/nF	11.7	37.0
反向传输电容/nF	0.07	2.05
开通时间/ns	114	330
关断时间/ns	211	850
导通损耗/mJ	6.05	49.0
关断损耗/mJ	5.95	53.0

1. 功率器件的开关频率对比

在实际三相逆变器的应用中，开关管的损耗是决定三相逆变器变换效率高低的主要因素之一。根据三相逆变器的主要技术参数，计算比较两种开关管的损耗。SiC MOSFET 和 Si IGBT 在额定工作状况下 25 ℃时不同开关频率下的单管损耗值见表 6-6。需要指出的是，表 6-6 中 Si IGBT 模块在开关频率为 30 kHz 时损耗为参考值，实际应用中会造成 Si IGBT 模块损坏，损耗值仅做参考对比。考虑实际应用情况，SiC MOSFET 选驱动电阻为 10 Ω。通过整理数据可以得到图 6-13。

表 6-6　开关管 25 ℃时单管损耗

开关频率/kHz	开关管型号	开关管导通损耗/W	开关管开关损耗/W	二极管导通损耗/W	二极管开关损耗/W	总损耗/W
10	CAS300M12BM2	23.76	34.24	15.50	3.20	76.70
	FF600R12IE4	42.83	56.68	16.35	17.22	133.08
20	CAS300M12BM2	23.76	68.48	15.50	6.40	114.14
	FF600R12IE4	42.83	113.35	16.35	34.45	206.98
30	CAS300M12BM2	23.76	102.72	15.50	10.56	152.54
	FF600R12IE4	42.83	170.03	16.35	51.67	280.88

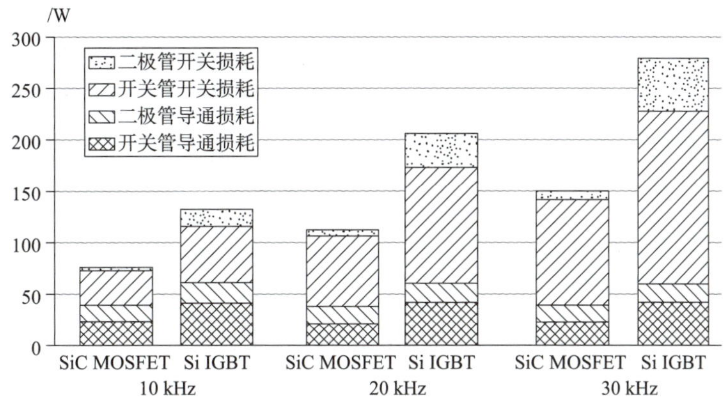

图6-13　开关管25 ℃时单管损耗对比分析

从表6-6和图6-13中可以看出，在两种开关管中，各部分损耗分布情况大体一致。其中开关管的开关损耗占比最大，其次是开关管导通损耗，这两部分损耗之和在两种开关管的总损耗中占比均超过75%，是构成开关管损耗的主要部分，在三相逆变器开关器件选型和参数设计中应优先考虑。同时可知，开关管和二极管的导通损耗只与器件工作时的电压电流值有关，与开关频率无关，而开关频率主要会影响开关管和二极管的开关损耗，两者均随着开关频率的增大成正比增加。

除此之外，表6-6中数据还表明，在相同开关频率下，SiC MOSFET的总损耗比Si IGBT小40%以上。同时可看出，MOSFET在开关管导通损耗、开关管开关损耗以及二极管开关损耗上都优于IGBT，尤其是在二极管开关损耗方面MOSFET损耗数值很小。这是由于SiC MOSFET中二极管为SiC肖特基势垒二极管，其反向恢复电荷较一般快恢复二极管小很多，几乎没有反向恢复电流。需要指出的是，如果SiC MOSFET驱动电阻进一步减小，MOSFET开关管导通损耗会在此基础上大幅降低（驱动电阻由10 Ω降至5 Ω，开关管导通损耗降低60%以上）。

综上，在相同的应用场合，SiC MOSFET总损耗较Si IGBT模块会大大减小。同时由于MOSFET本身动作迅速，能适应IGBT在高频情况下无法工作的应用场合（功率模块CAS300M12BM2最大工作频率可达60 kHz以上）。因此，不论从开关频率的提升还是功率损耗降低的角度分析，SiC MOSFET较Si IGBT性能上表现得更加优越。

2. 功率器件的温度特性对比

除上述分析的开关频率影响损耗之外，器件的结温也会对损耗造成很大影响。在实际应用中，由于开关器件损耗的功率全部都会以热量的形式消耗，导致器件的结温会逐步上升。因此，在设计三相逆变器时考虑其在高温下的损耗特性也是十分必要的。两种开关管在125 ℃单管的损耗见表6-7。通过分析可知，开关管的损耗各部分在不同开关频率下的变化比例是不变的，但由于每个部分损耗受温度影响不一样，导致在不同开关频率下总损耗变化的比例不同。

表 6-7　开关管 125 ℃时单管损耗

开关频率/kHz	开关管型号	开关管导通损耗/W	开关管开关损耗/W	二极管导通损耗/W	二极管开关损耗/W	总损耗/W
10	CAS300M12BM2	36.11	33.81	16.80	3.20	89.92
	FF600R12IE4	43.10	74.46	14.50	25.00	157.06
20	CAS300M12BM2	36.11	67.62	16.80	6.40	126.93
	FF600R12IE4	43.10	148.91	14.50	50.01	256.52
30	CAS300M12BM2	36.11	101.44	16.80	10.56	163.94
	FF600R12IE4	43.10	223.37	14.50	75.01	355.98

开关管结温由 25 ℃到 125 ℃时，各部分损耗变化的比例以及不同开关频率下总损耗的变化比例见表 6-8。可以看出，SiC MOSFET 二极管损耗受开关管结温影响不大，稍有上升；开关管导通损耗受温度影响较大，这由于导通电阻由 25 ℃上升至 125 ℃时会增大 50%左右；而在总损耗中占比最大的开关管开关损耗略有下降。因此 SiC MOSFET 在温度上升 100 ℃总损耗会随着温度的上升而增大，但总体而言变化不大，并且在开关频率较高的情况下总损耗变化比例会更小。

表 6-8　开关管温度上升 100 ℃损耗变化比例

开关管型号	开关管导通损耗(开关频率 10 kHz)	开关管开关损耗(开关频率 10 kHz)	二极管导通损耗(开关频率 10 kHz)	二极管开关损耗(开关频率 10 kHz)	总损耗 10 kHz	总损耗 20 kHz	总损耗 30 kHz
CAS300M12BM2	+52.0%	−1.3%	+8.4%	0	+17.2%	+11.2%	+7.5%
FF600R12IE4	+0.6%	+31.4%	−11.3%	+45.2%	+18.0%	+23.9%	+26.7%

IGBT 开关管开关损耗和二极管开关损耗受温度影响很大，温度上升时，两者都会显著增加。由于这两部分之和占比较大，温度上升会导致总损耗明显增大。同时，开关管和二极管的开关损耗与器件的开关频率成正比上升，在开关频率较高时，其总损耗增长会更加明显，对于散热系统的要求也会更高。

分析可知，SiC MOSFET 总损耗较 Si IGBT 受温度影响更小，热稳定性更高，尤其是在开关频率较高的情况下，SiC MOSFET 优势会更加明显。

6.3.2　碳化硅器件三相逆变器与硅器件三相逆变器对比分析

在前文分析的基础上，设计了一款基于 SiC 的新型三相逆变器样机。同时，选取了一款基于 Si 的三相逆变器作为对照。设计的 SiC 三相逆变器的三维模型如图 6-14(a)所示，传统的 Si 三相逆变器的三维模型如图 6-14(b)所示，相关参数见表 6-9。Si 三相逆变器中有 12 个电解电容，SiC 三相逆变器中只有 8 个薄膜电容器(2 个母线电容和 6 个去耦电容)。

电容数量的减少和电容类型的改变，降低了三相逆变器的总重，同时节省了三相逆变器的内部空间，这些节省的空间可以安装电压和电流传感器。这些传感器的集成，可以使数据采集更加方便，提高了整个三相逆变器的空间利用率，使其成为一个更加独立的系统，有助于在实际应用中减少三相逆变器与其他设备或系统之间的干扰。

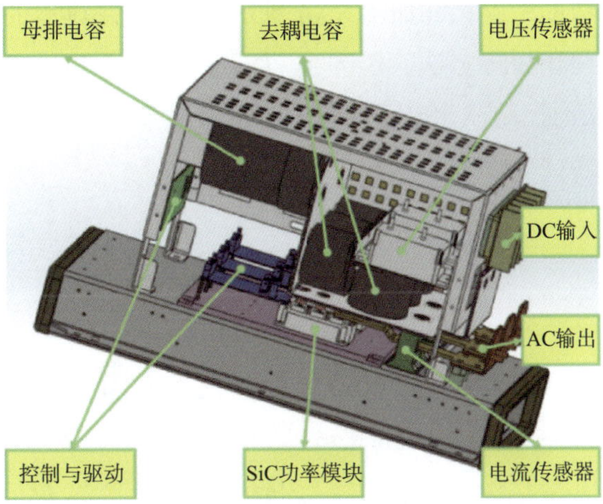

(a)SiC 三相逆变器

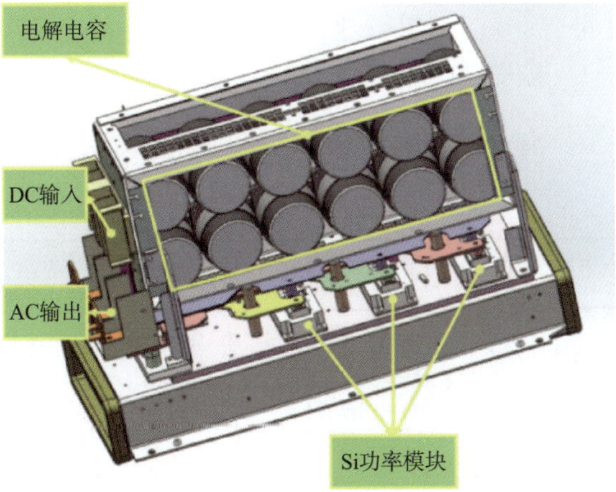

(b)Si 三相逆变器

图 6-14　三相逆变器三维结构设计

表 6-9　三相逆变器参数对比

机械结构	SiC 三相逆变器	Si 三相逆变器
长度/mm	670.30	670.30
宽度/mm	356	356
高度/mm	372.10	392.60

续上表

总体积/dm^3	88.79	93.68
总质量/kg	36.25	52
电容个数	8	12

SiC 三相逆变器样机的电路拓扑如图 6-15 所示，其电路是典型的三相两电平电压源三相逆变器，控制策略是 SVPWM 方法。$C_1 \sim C_8$ 为薄膜电容器，$Q_1 \sim Q_6$ 为全 SiC 功率器件，$P_1 \sim P_3$ 为相应功率模块的控制驱动电路，V_1 为电压传感器，$I_1 \sim I_3$ 为电流传感器。三相逆变器主要参数见表 6-10。

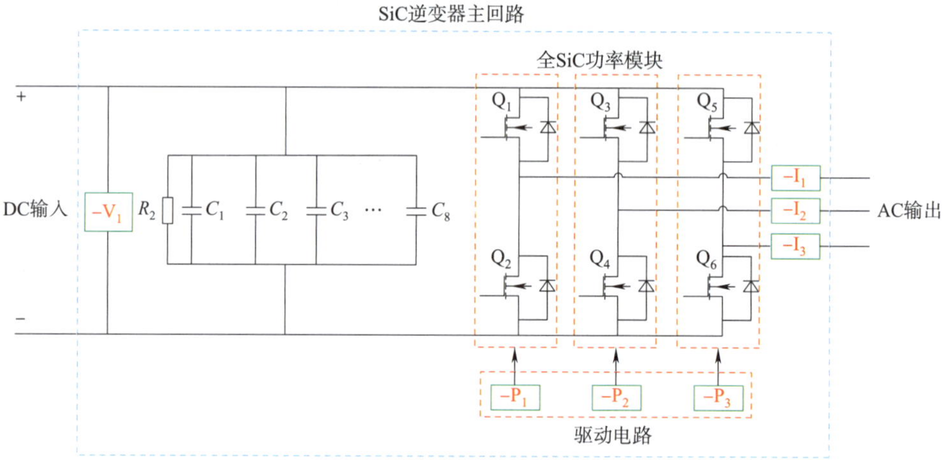

图 6-15　SiC 三相逆变器电路拓扑

表 6-10　三相逆变器主要参数

直流输入电压/V	400～600
额定输出线电压有效值/V	390
额定输出电压频率/Hz	50
额定容量/(kV·A)	75
额定功率因数	0.8

SiC 三相逆变器开关频率选用 36 kHz。为了突出 SiC MOSFET 开关损耗上的优越性，将其与采用 Si IGBT 的三相逆变器(开关频率为 12 kHz)进行对比分析。

首先，对 SiC 三相逆变器的输出稳态性能进行了实验分析。基于 SiC MOSFET 三相逆变器在空载情况下三相输出电压如图 6-16 所示；基于 SiC MOSFET 三相逆变器在满载情况下三相输出电压和输出电流波形如图 6-17 所示。三相逆变器在空载和满载时输出电压的傅里叶分析数据见表 6-11。由表 6-11 中数据可知三相逆变器在空载和满载时三相输出电压稳态误差均不超过 1%，THD 值不超过 1%，波形畸变很小，逆变系统具有良好的稳态性能。

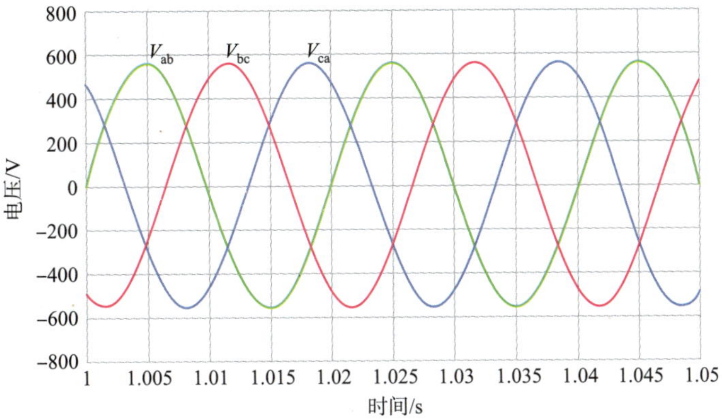

图 6-16　三相逆变器空载输出电压波形

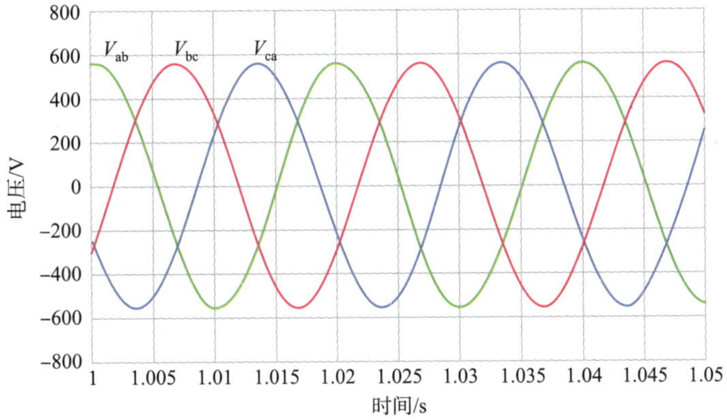

(a)电压波形

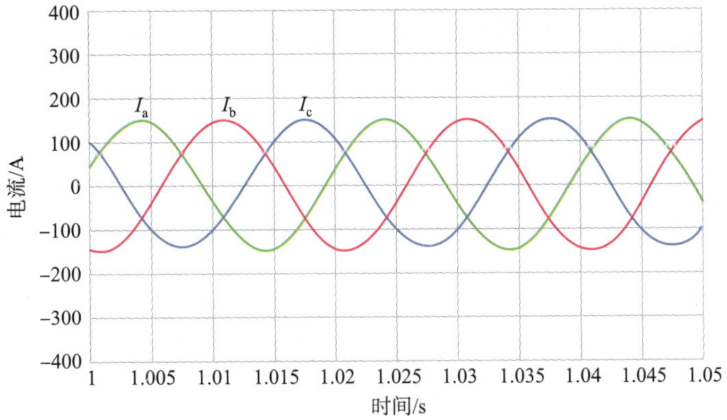

(b)电流波形

图 6-17　三相逆变器满载输出波形

表 6-11　三相逆变器输出电压分析

工况	输出电压	有效值/V	总谐波失真(THD)
空载	AB线电压	393.2	0.56%
空载	BC线电压	392.3	0.45%
空载	CA线电压	392.2	0.40%
满载	AB线电压	393.1	0.87%
满载	BC线电压	392.3	0.83%
满载	CA线电压	392.0	0.82%

之后,对 SiC 三相逆变器和 Si 三相逆变器进行整机效率测量,效率与负载大小关系曲线如图 6-18 所示。三相逆变器变换效率随着负载的增大会逐渐上升,满载时采用 SiC MOSFET 的三相逆变器效率最高达到 94.23%,考虑到实际中损耗分布情况,变换效率与理论预计基本一致。在开关频率大幅提升的同时,采用 SiC MOSFET 的效率也有所提高,充分说明了 SiC 器件在器件损耗方面的优势。

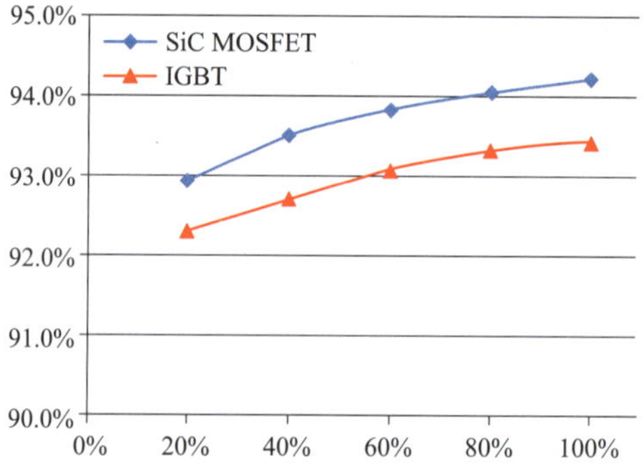

图 6-18　三相逆变器整机效率曲线

上述实验结果表明,SiC MOSFET 可以使三相逆变器在大幅提高开关频率的同时对整机效率也有所提升。在高开关频率下逆变器可以得到良好的稳态性能(高稳态精度和低 THD)以及快速的动态响应。此外,开关频率的提高能够减小电路中的电感值和电容值,大大减小了无源器件的体积和重量,提高了逆变器的功率密度。同时,器件损耗的降低使得散热器的体积减小,为散热系统的设计带来了极大的便利。

6.4　基于碳化硅 MOSFET 的中频辅助变流器在动车组上的应用

6.4.1　电路拓扑

动车组接触网采用 AC 25 kV/50 Hz 交流供电,通过主变压器和四象限变换器将输入电压转换成稳定的直流电,以此来给牵引逆变器和辅助变流器供电。由于动车组辅助变流器输入直流电压很大，约在 1 650 V(CRH1)到 3 600 V(CRH5)之间。因此，如何选择合适的电路拓扑以及开关器件，在满足电路输入输出要求的同时降低开关损耗成为了动车组辅助变流器的优化方向。而碳化硅器件的出现为动车组辅助变流器的优化提供了一种全新的思路。

为了解决上述问题，提出一种基于 SiC MOSFET 的动车组中频辅助变流器。该辅助变流器额定输入电压为 3 600 V，采用 4 路相同的高压 DC/DC 变换器，在变换器一次侧通过串联来均分输入高压，在变换器二次侧并联构造 1 个与输入端电气隔离的直流电压。然后通过三相三电平逆变器将直流电压最终转换成 3AC 380 V/50 Hz 的交流输出电压，如图 6-19 所示。其中升压变换器和三相逆变器采用 IGBT，谐振逆变器采用 1 700 V 的 SiC MOSFET。

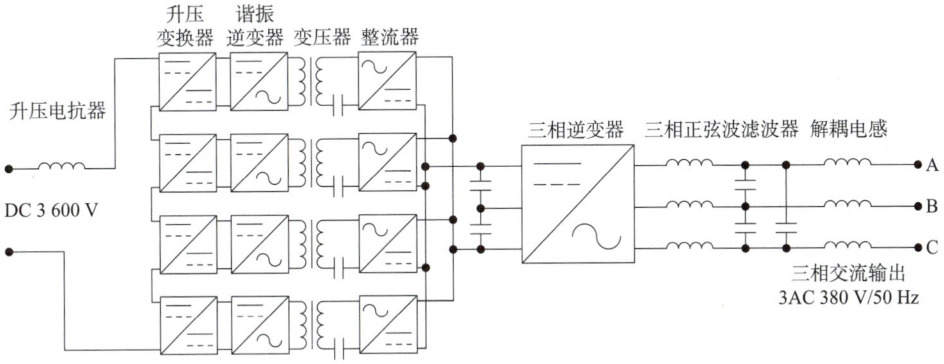

图 6-19　中频辅助变流器拓扑

1. 高压 DC/DC 变换器

其中一路高压 DC/DC 变换器拓扑如图 6-20 所示，内部共包含两级功率变换器，前一级是升压变换器，后一级是串联谐振变换器。

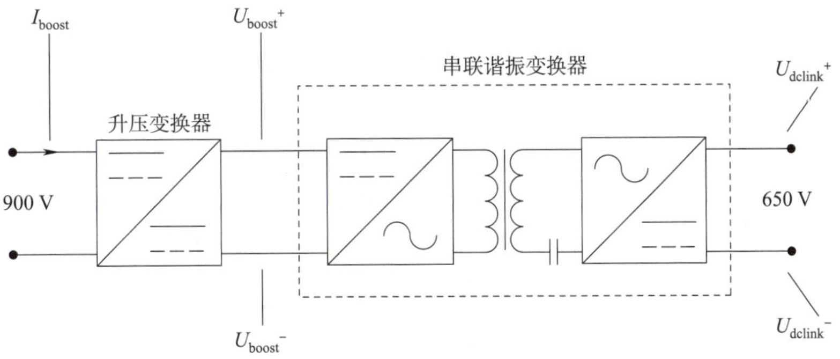

U_{dclink}—直流母线电压；U_{boost}—升压变换器电压；I_{boost}—升压变换器电流。

图 6-20　高压 DC/DC 变换器拓扑

升压变换器使用串联的架构，通过电容分压，处理了输入高压的问题，可以选择电压等级低的功率器件。同时，升压变换器采用交错技术可以有效地改善输入电流的纹波特性。在没有采用交错技术的情况下，所有串联的升压变换器功率器件同时开通和关断，整个升压变换单元对外呈现的等效开关频率与单个功率器件的开关频率相同。由于频率相对较低，若要减小输入电流纹波，必须增大电感量，使得输入电抗器的体积和重量较大。

采用交错技术后，各级升压变换器的功率器件开关周期不变，但开通的相位不同，即四级串联的升压变换器对外呈现的等效开关频率提高。在相同电流纹波的条件下，所需的电抗器感值大幅下降。因此，变换器降低了输入电抗器对感量的要求，进而减小了输入电抗器的体积，减轻了输入电抗器的重量。

升压变换器输出稳定的直流电压给后级的串联谐振变换器供电。串联谐振变换器的主要作用是利用谐振软开关技术使得变压器原边谐振逆变器实现零电压导通、副边的二极管整流桥实现零电流关断，最大程度降低变压器原副边功器件的损耗。通过采用谐振变换器和 SiC MOSFET 功率器件，隔离变压器的工作频率可以提高到 20 kHz 以上，相较于工频隔离的系统来说，隔离变压器的重量可以降低到十分之一左右。

2. 三相逆变器

三相逆变器选用 T 型三电平拓扑，如图 6-21 所示，在相同的开关频率情况下，三电平较两电平输出的线电压更接近正弦波，谐波含量减小，三电平逆变器所需的正弦滤波器也更小，可以减小滤波器体积和质量。

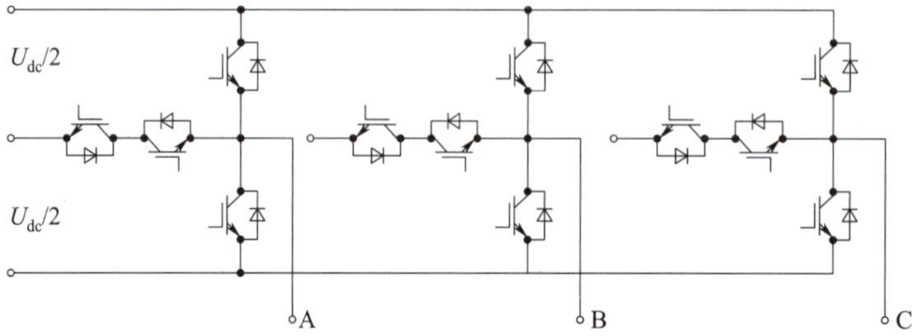

图 6-21　三电平逆变器拓扑

3. 效率

效率是电力电子产品的关键技术指标，也是列车辅助变流器的重要能效指标。针对中频辅助变流器，采用了三种提高效率的方法。

(1)谐振逆变器中采用 SiC MOSFET。1.7 kV SiC MOSFET 是近年来已市场化的新一代器件。使用 SiC MOSFET 可以降低功率损耗，使得系统效率得到提高。

(2)采用 T 型三电平逆变器。三电平逆变器输出谐波含量明显小于两电平逆变器，其在输出滤波器上的损耗小于两电平逆变器；同时，三电平逆变器开关管的电压应力只有两电平逆变器的一半，其开关损耗小于两电平逆变器。

(3)若升压变换器也采用 SiC MOSFET，系统效率将会进一步提高。

4. 变压器工作频率设计

SiC MOSFET 开关损耗较低，适合工作于高开关频率。但是，随着开关频率的增加，磁性元件尤其是隔离变压器将成为下一个瓶颈。由于涡流效应会在绕组中产生更多的功率损耗，此时即使工作频率进一步提高，变压器尺寸也难以继续减小。综合考虑器件损耗、变压器体积和重量等因素，设计的变压器工作频率为 30 kHz。

6.4.2　实验验证

基于 SiC MOSFET 的中频辅助变流器，额定功率 200 kV·A，升压变换器和三相逆变器采用 IGBT，谐振逆变器采用 1 700 V SiC MOSFET。使用功率分析仪测试整机效率及交流输出电压的畸变率(THDu)，测试结果如图 6-22 所示，其中 Element1～Element3 为三相交流输出，Element4 为直流输入，后两通道 ΣA(3 V、3 A)为功率分析仪计算的三相输出功率。从结果可以看到，系统输入功率 214 kW，输出功率 205.1 kW，系统效率达到 95.8%，输出电压谐波总畸变率约 1%。

	Element 1	Element 2	Element 3	Element 4	ΣA(3V、3A)	ΣA(3V、3A)
U_{rms} [V]	387.65	387.64	387.54	3.6184 k	387.61	387.61
I_{rms} [A]	306.73	303.45	306.45	59.15	305.55	305.55
P [W]	102.14k	103.05k	−1.89k	213.99k	205.19k	205.19k
S [V·A]	118.90k	117.63k	118.76k	214.03k	205.13k	205.13k
Q [var]	−60.87k	56.73k	−118.75k	−3.94k	−4.14k	−4.14k
f_U [Hz]	49.735	49.689	49.712	Error		
η_1 [%]	95.886					
U_{thd} [%]	1.047	1.043	1.055	0.078		
η_1 [%]	95.886					

U_{rms}—电压有效值；I_{rms}—电流有效值；P—有功功率；S—视在功率；
Q—无功功率；f_U—频率；η_1—效率；U_{thd}—谐波总畸变率。

图 6-22　额定工况下系统效率和谐波畸变率测试数据

直流输入 3 600 V、交流输出 200 kW 的工况下，系统输出电压和输出电流波形如图 6-23 所示，其中 CH1 为输出 AB 线电压波形；CH2 为输出 BC 线电压波形；CH3 为 A 相输出电流；CH4 为 B 相输出电流，整个系统运行稳定，且波形正弦度较高，输出电压与输出电流大小均达到设计要求。基于 SiC MOSFET 的中频辅助变流器具有较明显的技术优势，符合动车组对辅助电源小型化、轻量化、高效率的发展要求。

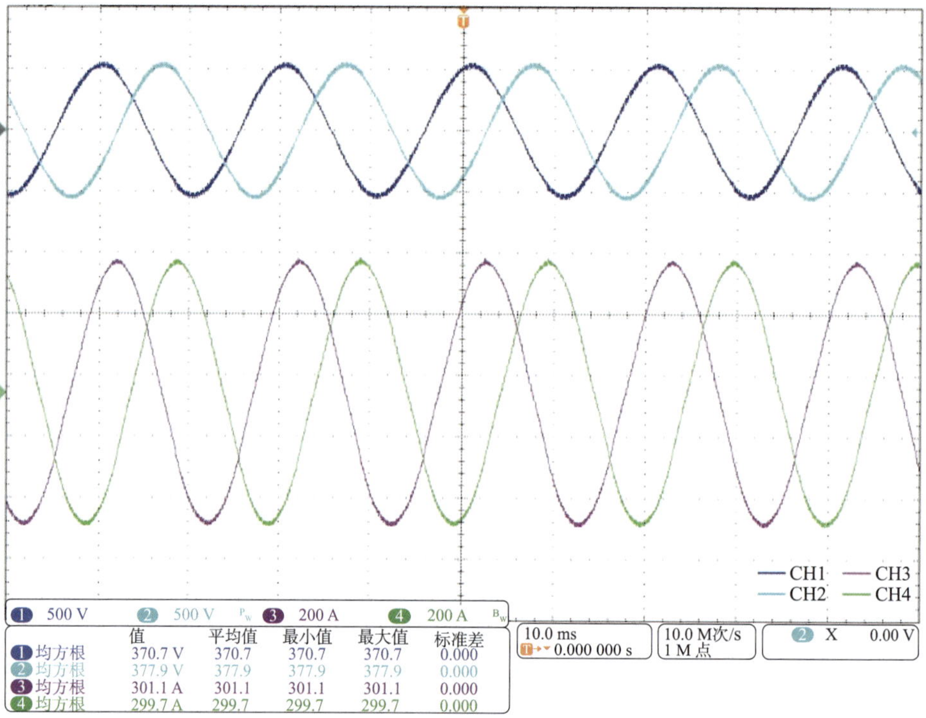

图 6-23　输出满载测试波形

第7章 城市轨道交通辅助供电系统

除动车组外，以中低速磁浮列车和导轨式胶轮列车为代表的城市轨道交通系统在我国北京、上海等大型城市中也得到了应用，为解决大城市存在的通勤问题做出了贡献，有益于完善城市轨道交通线网功能，辅助大城市骨干线收集末端客流，建立重点区域快速公共交通系统，符合当前城镇化发展对二三线城市轨道交通干线、大城市联络线和补偿线，以及大型机场、中央商务区、企业园区的中运量轨道交通建设需求。

7.1 城市轨道交通辅助供电系统简述

7.1.1 中低速磁悬浮列车辅助供电系统

1. 辅助供电系统特点

中低速磁悬浮列车在运行中利用安装在车辆上的悬浮电磁铁与线路导轨上铺设的磁铁产生的电磁吸力或斥力使车辆浮动，不需要车轮等传动机构，实现了车辆无摩擦运行，简化了日常运维工作。

从供电方式的角度来分析，中低速磁悬浮列车的供电方式为第三轨受流，从第三轨获取DC 1 500 V直流电。因此，与中国标准动车组相比，中低速磁悬浮列车的辅助供电系统省去了牵引变压器和辅助变流器中的整流电路。与此同时，除了充电机以外，中低速磁悬浮列车的辅助供电系统还包括为列车悬浮系统供电的悬浮电源。悬浮电源直接从第三轨取电并输出DC 330 V直流电，为列车上的DC 330 V直流母线供电，进而为列车的悬浮系统供电。由于中低速磁悬浮列车的输入直流电压较高，因此，辅助供电系统中的辅助变流器由前端DC/DC变换电路以及后端三相逆变电路两部分构成。

2. 辅助供电系统电路拓扑

以广东清远中低速磁悬浮列车辅助供电系统为研究对象，电路拓扑如图7-1所示。辅助供电系统由第三轨获取DC 1 500 V直流电并将其供给辅助变流器以及悬浮电源，随后辅助变流器中DC/DC部分将此直流电降压至DC 660 V直流电，再经过逆变后输出3 AC 380 V/50 Hz。辅助变流器输出的交流电压为列车的交流负载和充电机供电。充电机将辅助变流器提供的交流电整流为 DC 110 V 直流电，为列车 110 V 直流负载以及 110 V 蓄电池组供电。悬浮电源为磁悬浮列车辅助供电系统特有部件，它将第三轨提供的 DC 1 500 V 直流电降压为 DC 330 V 直流电，主要为列车的悬浮控制器供电，同时也为列车的 DC 330 V 蓄电池组供电。

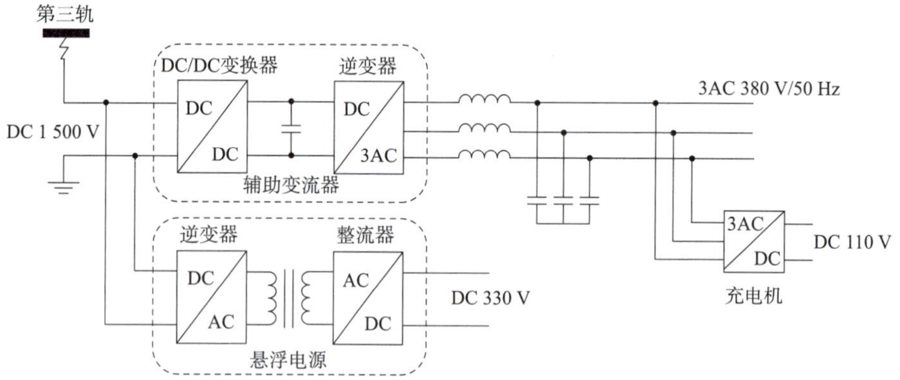

图 7-1　清远中低速磁悬浮列车辅助供电系统电路拓扑

3. 辅助供电系统整体结构

清远中低速磁悬浮列车共由 3 辆车组成，司机室在列车的首尾两端，可以方便列车双向运行。列车的辅助供电系统主要由辅助变流器、充电机、悬浮电源、DC 110 V 蓄电池组、DC 330 V 蓄电池组以及多种交直流负载组成，辅助供电系统如图 7-2 所示。

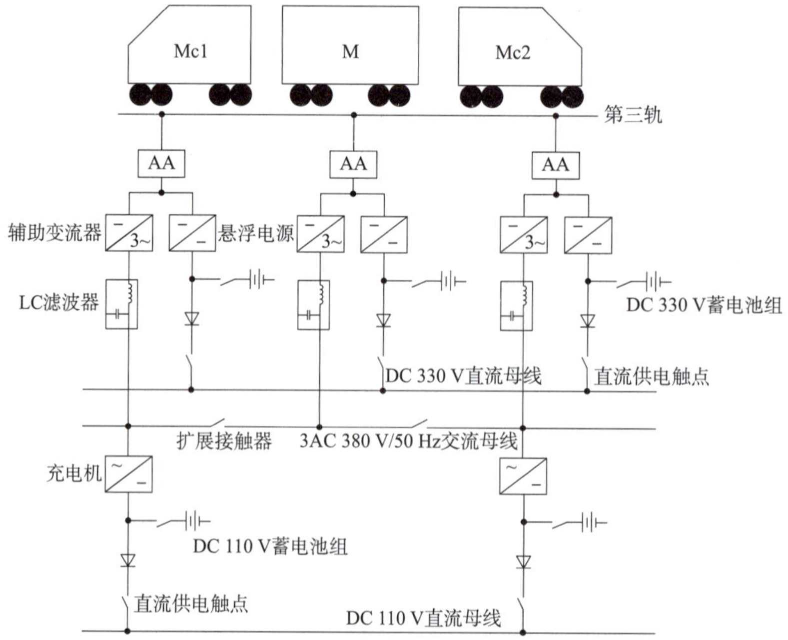

图 7-2　清远中低速磁悬浮列车辅助供电系统

其中，辅助变流器主要为系统中的交流负载和充电机提供电能，维持列车的正常工作；充电机主要承担为 DC 110 V 蓄电池组充电的任务，以满足蓄电池组在紧急工况下应急供电的要求；悬浮电源为悬浮控制器供电，以保证正常地面工作状况下的起浮与悬浮。

辅助供电系统共采用三种供电制式：空气压缩机、冷却风机等功率较大的交流负载由 380 V 交流母线供电；网络系统、照明系统等 110 V 直流负载由充电机供电；悬浮控制器等 330 V 直流负载由悬浮电源供电。列车辅助供电系统交、直流负载的容量情况见表 7-1 和表 7-2。

表 7-1　清远中低速磁悬浮列车辅助供电系统主要交流负载容量

交流负载	Mc 车/kW	M 车/kW
空调系统	32.55	32.55
风源系统	3	0
冷却系统	3.125	3.125
充电机	12.5	12.5
加热	1.2	0
其他	1	1

表 7-2　清远中低速磁悬浮列车辅助供电系统主要直流负载容量

直流负载		功率/kW
110 V 直流负载	PIS 系统	2.86
	网络系统	0.38
	照明系统	1.788 8
	牵引设备	3.994
	制动控制	3.025 5
	悬浮系统	3.9
	其他	2.967 8
330 V 直流负载	悬浮控制器	120
	紧急通风逆变器	4.8

4. 辅助供电系统工作逻辑

清远中低速磁悬浮列车的用电设备主要分为交流用电设备和直流用电设备两种，而直流用电设备又分为 DC 110 V 母线供电设备以及 DC 330 V 母线供电设备。针对辅助供电系统设备的用电需求，系统内应设置至少一条或多条交流母线和直流母线。

辅助供电系统的供电方式分为两种：一种是集中供电方式，在集中供电模式下，列车的辅助变流器集中安装在两节或两节以上的车辆上；另一种是分散供电方式，在分散供电模式下，每节车均配备一台辅助变流器。清远中低速磁悬列车采用分散供电方式，每节车均配有一台辅助变流器为列车交流负载供电。

按照辅助供电系统布线方式可将供电方式可以分为交叉供电、扩展供电以及并网供电三种。在列车正常工作时，三种供电方式的供电性能相同，降级模式下，各供电方式存在一定的差异。综合三种供电技术的实际应用情况，清远中低速磁悬浮列车的辅助供电系统采用扩展供电方式。

列车扩展供电的工作逻辑如下：在 Mc1 车或 M 车辅助变流器发生故障时，Mc1 车与 M 车之间的扩展接触器闭合，两车进行扩展供电，同时 Mc1 车与 M 车的空调系统执行减载操作，Mc2 车仍保持正常工作；在 Mc2 车辅助变流器故障时，Mc2 车与 M 车之间的扩展接触器闭合，两车进行扩展供电，同时 Mc2 车与 M 车的空调系统执行减载操作，Mc1 车仍保持正常工作。

若系统中两台辅助变流器均发生故障，则由系统中唯一一台未故障的辅助变流器为全列车负载供电，此时全列车的空调类负载仅保留风机以及送风单元的功率。辅助供电系统正常工作状态与减载工作状态下交流负载功率对比见表 7-3。

表 7-3　清远中低速磁悬浮列车交流负载功率对比

交流负载	正常工作状态/kW	空调减载工作状态/kW
空调系统	80.4	31.2
风源系统	7.2	7.2
冷却系统	9.6	9.6
充电机	12.5	12.5
加热	2.4	2.4
其他	2	2

7.1.2　导轨式胶轮列车辅助供电系统

1. 辅助供电系统特点

与传统城市轨道交通车辆相比，导轨式胶轮列车的主要特点为利用橡胶轮胎代替了传统的钢轮，降低了列车运行时的噪声，减轻了列车运行时的振动进而增强了旅客的舒适度。与此同时，导轨式胶轮列车只需要在地面架设导向轨而不需要架设走行钢轨，因此降低了施工的难度以及对周围环境的影响，拓展了列车的应用范围。

从供电方式的角度来分析，导轨式胶轮列车的供电方式为接触网受流，从接触网获取 DC 750 V 直流电。因此，与中国标准动车组相比，导轨式胶轮列车的辅助供电系统省去了牵引变压器和辅助变流器中的整流电路。与此同时，导轨式胶轮列车不存在三相交流母线，而是通过每节车的辅助变流器输出端自带的接触器与邻车的三相负载相连，当一节车辅助变流器发生故障后由邻车辅助变流器进行扩展供电。除此之外，导轨式胶轮列车每节车都带有两台 DC/DC 变换器，其中一台从接触网直接取电，输出 DC 124.5 V 直流电，为 124.5 V

直流负载和蓄电池组供电；另一台从 124.5 V 直流母线取电，输出 DC 24 V 直流电，为 24 V 直流负载供电。

2. 辅助供电系统电路拓扑

以中车浦镇阿尔斯通导轨式胶轮列车辅助供电系统为研究对象，电路拓扑如图 7-3 所示。辅助供电系统从直流牵引网获取 DC 750 V 直流电，并通过辅助变流器输出 3AC 380 V/50 Hz 三相交流电，为水泵、空调压缩机等三相交流负载供电。同时，辅助供电系统中的 124.5 V DC/DC 变换器将直流接触网获得的 DC 750 V 直流电降压为 DC 124.5 V 直流电，为 110 V 蓄电池组、24 V DC/DC 变换器、单相逆变器和 124.5 V 直流负载供电。24 V DC/DC 变换器将 DC 124.5 V 直流电降压为 DC 24 V 直流电，为 24 V 直流负载供电。单相逆变器将 DC 124.5 V 直流电逆变为 AC 220 V/50 Hz，主要为列车插座等设备供电。

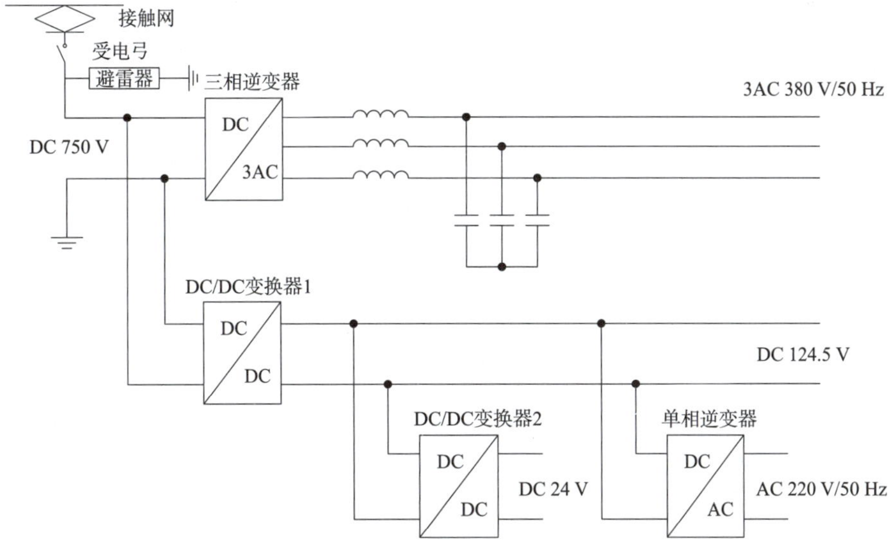

图 7-3　中车浦镇阿尔斯通导轨式胶轮列车辅助供电系统电路拓扑

3. 辅助供电系统整体结构

中车浦镇阿尔斯通导轨式胶轮列车共分为 2 辆车编组和 3 辆车编组两种编组形式。列车的辅助供电系统主要由辅助变流器、124.5 V DC/DC 变换器、24 V DC/DC 变换器和单相逆变器组成。列车的辅助供电系统结构如图 7-4 和图 7-5 所示。

其中，辅助变流器主要为列车的压缩机、冷凝风扇、液体冷却泵等三相负载供电；124.5 V DC/DC 变换器主要为 24 V DC/DC 变换器、单相逆变器和 124.5 V 直流负载供电，同时还为蓄电池组供电以满足应急供电的需要；24 V DC/DC 变换器主要为 24 V 负载供电；单相逆变器主要为列车提供生活用电。列车的主要三相交流负载及其容量见表 7-4。整套辅助供电系统采用水冷方式进行冷却。

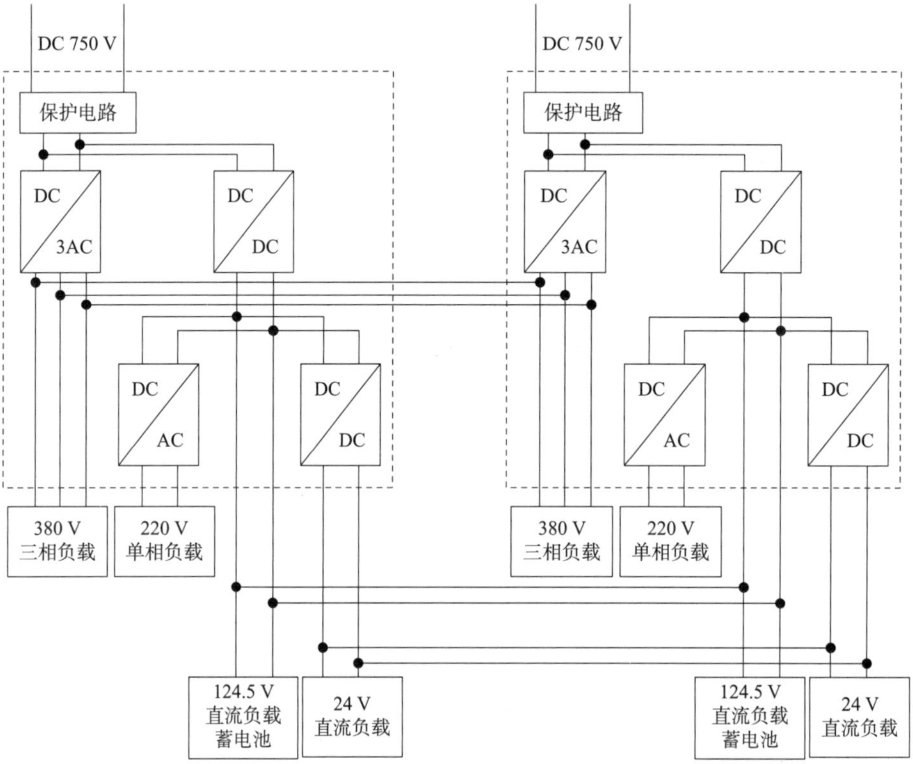

图 7-4 中车浦镇阿尔斯通导轨式胶轮列车辅助供电系统(2 车编组)

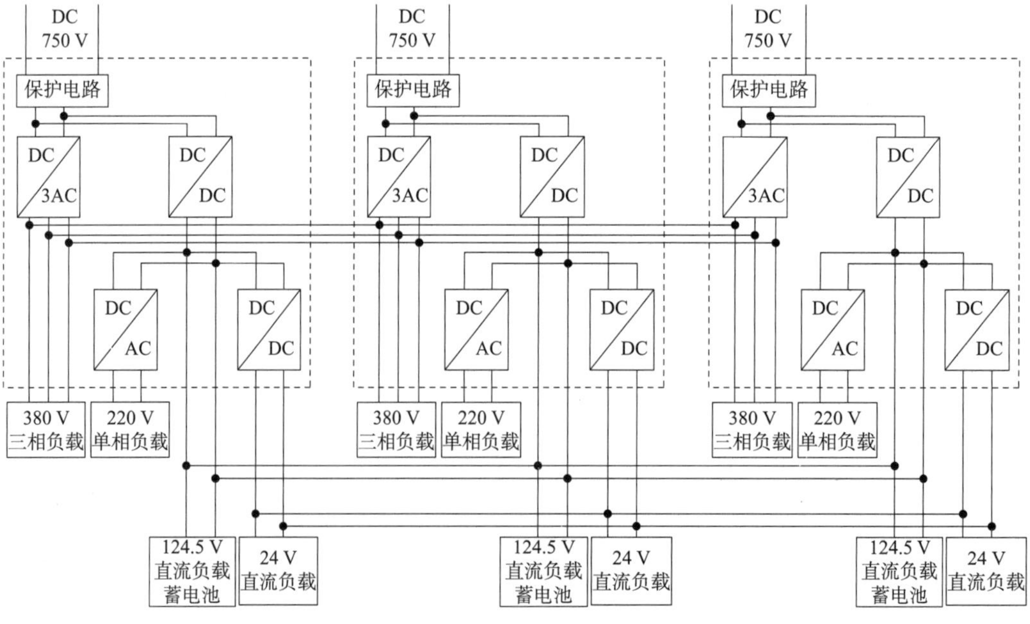

图 7-5 中车浦镇阿尔斯通导轨式胶轮列车辅助供电系统(3 车编组)

表 7-4　中车浦镇阿尔斯通导轨式胶轮列车三相交流负载

负载名称	负载功率/kW	功率因数
压缩机	20.8	0.82
冷凝风扇	2.2	0.88
液体冷却风扇	1.97	0.88
液体冷却泵	0.95	0.85
空气压缩机	3.5	0.8

4. 辅助供电系统工作逻辑

由图 7-3 可知，中车浦镇阿尔斯通导轨式胶轮列车辅助供电系统共包含 380 V 回路、124.5 V 回路和 24 V 回路三个回路。380 V 回路、124.5 V 回路和 24 V 回路以两车作为互为冗余的辅助动力单元。

其中，380 V 回路在正常工作时为断开分别供电，一节车的电源故障时，邻车电源可以扩展供电，提供基本负载。所谓扩展供电，是指在正常情况下每节车的辅助供电系统独立运行，邻车之间的接触器断开。当其中一节车的辅助变流器发生故障时，对发生故障的辅助变流器进行故障切除，同时闭合邻车之间的接触器，由邻车的辅助变流器为三相负载供电。该过程由司机人工控制。

与此同时，124.5 V 和 24 V 供电母线两车相连，正常工作时相连供电。当某节车的回路发生异常时，可通过切断回路断路器断开两车 110 V 和 24 V 母线。

7.2　辅助变流器建模与控制

7.2.1　中低速磁悬浮列车辅助变流器分析

清远中低速磁悬浮列车辅助供电系统中辅助变流器的电路拓扑如图 7-6 所示，主要包括高频逆变模块、变压器隔离模块、全桥整流模块、三相逆变模块以及 LC 滤波模块，结构为 DC/AC 型先降压后逆变模式。本节只研究三相逆变器部分，其电路拓扑如图 7-7 所示。

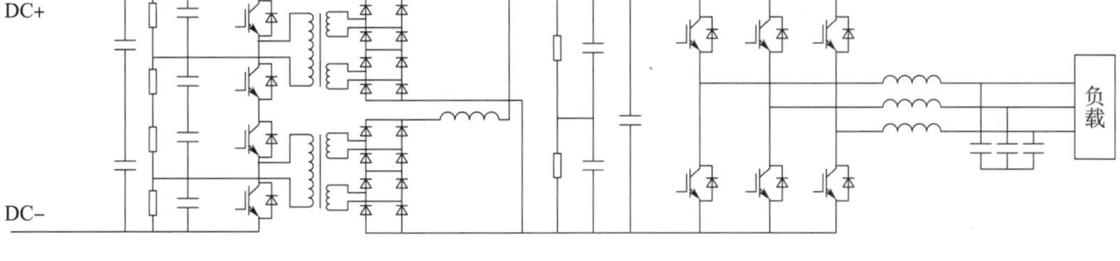

图 7-6　清远中低速磁悬浮列车辅助变流器主电路拓扑

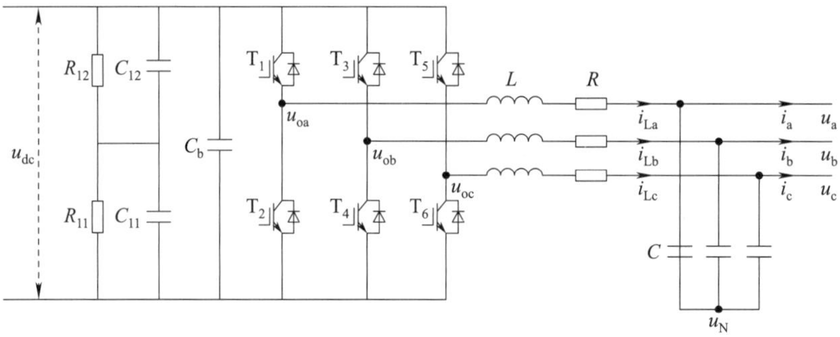

图 7-7 DC/AC 逆变器主电路拓扑

辅助变流器输出滤波电路中的滤波电容为三角形连接。为了方便后续研究现将滤波电容连接方式由三角形连接方式等效为星形连接方式，等效后滤波电容 C 与等效前的滤波电容 C_Δ 有如下关系

$$3C_\Delta = C \tag{7-1}$$

等效变换后的 DC/AC 逆变器主电路拓扑如图 7-7 所示，其中，u_a、u_b、u_c 为滤波后的逆变器三相输出电压；u_{oa}、u_{ob}、u_{oc} 为逆变器输出电压；i_{La}、i_{Lb}、i_{Lc} 为滤波电感电流；i_a、i_b、i_c 为滤波后的逆变器三相输出电流；L 为三相滤波电感值；C 为三相滤波电容值；R 为滤波电感等效电阻；u_{dc} 为直流输入电压；u_N 为中性点电压。

DC/AC 逆变器工作时，逆变器三相桥臂的开关管工作于“开通”或“关断”两种状态，若不考虑开关管的工作死区，各相桥臂的上下两个开关管总是处于不同的工作状态，因此定义了开关函数 S_k，有

$$S_k = \begin{cases} 1 & \text{上桥臂导通，下桥臂关断} \\ 0 & \text{上桥臂关断，下桥臂导通} \end{cases} \quad (k = \mathrm{A,B,C}) \tag{7-2}$$

由此可以得到逆变器三相输出电压的关系表达式为

$$\begin{pmatrix} u_{oa} \\ u_{ob} \\ u_{oc} \end{pmatrix} = u_{dc} \begin{pmatrix} S_A \\ S_B \\ S_C \end{pmatrix} \tag{7-3}$$

代入基尔霍夫定律，可以建立 DC/AC 逆变器的回路电压电流方程为

$$\begin{pmatrix} u_{oa} \\ u_{ob} \\ u_{oc} \end{pmatrix} = R \begin{pmatrix} i_{La} \\ i_{Lb} \\ i_{Lc} \end{pmatrix} + L\frac{\mathrm{d}}{\mathrm{d}t} \begin{pmatrix} i_{La} \\ i_{Lb} \\ i_{Lc} \end{pmatrix} + \begin{pmatrix} u_a \\ u_b \\ u_c \end{pmatrix} + \begin{pmatrix} u_N \\ u_N \\ u_N \end{pmatrix} \tag{7-4}$$

联立式(7-3)、式(7-4)可得

$$L\frac{\mathrm{d}}{\mathrm{d}t}\begin{pmatrix} i_{La} \\ i_{Lb} \\ i_{Lc} \end{pmatrix} = -\begin{pmatrix} 1 & 0 & 0 \\ 0 & 1 & 0 \\ 0 & 0 & 1 \end{pmatrix}\begin{pmatrix} u_a \\ u_b \\ u_c \end{pmatrix} + \begin{bmatrix} -R & 0 & 0 & \dfrac{2S_A-S_B-S_C}{3} \\ 0 & -R & 0 & \dfrac{2S_B-S_A-S_C}{3} \\ 0 & 0 & -R & \dfrac{2S_C-S_B-S_A}{3} \end{bmatrix}\begin{pmatrix} i_{La} \\ i_{Lb} \\ i_{Lc} \\ u_{dc} \end{pmatrix} \tag{7-5}$$

对滤波电容列写基尔霍夫电流公式可得

$$C\frac{\mathrm{d}}{\mathrm{d}t}\begin{pmatrix} u_a \\ u_b \\ u_c \end{pmatrix} = \begin{pmatrix} i_{La} \\ i_{Lb} \\ i_{Lc} \end{pmatrix} - \begin{pmatrix} i_a \\ i_b \\ i_c \end{pmatrix} \tag{7-6}$$

三相静止坐标系下的系统输入信号和输出信号均为随时间变化的交流信号，不易于分析计算。在逆变器模型研究中常通过坐标变换将交流变量从静止 abc 坐标系变换到同步旋转 dq 坐标系，从而将交流问题转变为直流问题，简化控制系统的设计。

在坐标变换中，首先使用 Clark 变换将交流变量从三相静止 abc 坐标系变换到两相静止 $\alpha\beta$ 坐标系。Clark 变换根据磁动势等效原则，将 abc 绕组上相位相差 120°的三相交流变量转变为 $\alpha\beta$ 绕组上的两相平衡交流变量，根据恒相恒幅原则，Clark 变换矩阵的变换关系为

$$\begin{pmatrix} x_\alpha \\ x_\beta \end{pmatrix} = \frac{2}{3}\begin{pmatrix} 1 & -1/2 & -1/2 \\ 0 & \sqrt{3}/2 & -\sqrt{3}/2 \end{pmatrix}\begin{pmatrix} x_a \\ x_b \\ x_c \end{pmatrix} \tag{7-7}$$

式中 x_α, x_β——两相静止坐标系下的 α 轴和 β 轴变量；

x_a, x_b, x_c——三相静止坐标系下的交流变量。

Park 变换可以将两相静止 $\alpha\beta$ 坐标系中的交流变量变换为 dq 旋转坐标系下的直流变量，Park 变换根据磁动势等效原则，将两相静止 $\alpha\beta$ 绕组上的两相平衡交流变量转换为两相旋转 dq 绕组上的直流变量，进一步简化 DC/AC 逆变器数学模型，降低分析难度。dq 坐标系下的 d、q 两轴相互垂直且旋转角速度相同，q 轴超前 d 轴 90°，Park 变换矩阵的变换关系为

$$\begin{pmatrix} x_d \\ x_q \end{pmatrix} = \begin{pmatrix} \cos\theta & \sin\theta \\ -\sin\theta & \cos\theta \end{pmatrix}\begin{pmatrix} x_\alpha \\ x_\beta \end{pmatrix} \tag{7-8}$$

式中 x_d, x_q——两相旋转坐标系中 d 轴和 q 轴直流变量；

θ——两相旋转坐标系旋转角。

Clark 变换与 Park 变换在三种坐标系下的位置关系如图 7-8 所示，图中 ω 为基波角频率。

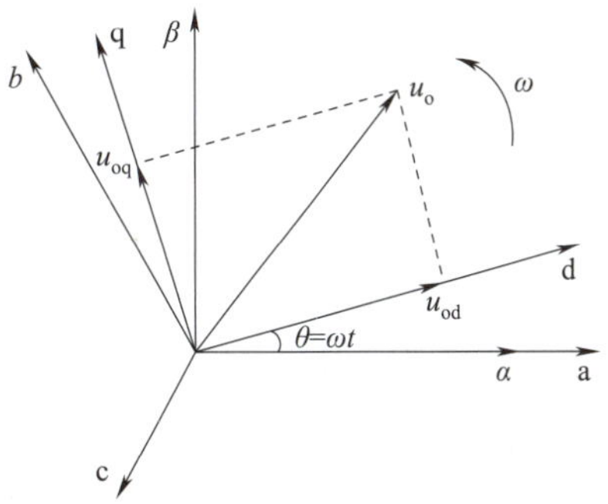

图 7-8 Clark 变换与 Park 变换在不同坐标系下位置关系

将式(7-5)、式(7-6)代入式(7-7)、式(7-8)进行坐

标变换后，可以得到 DC/AC 逆变器在两相旋转坐标系下的表达式为

$$L\frac{\mathrm{d}}{\mathrm{d}t}\begin{pmatrix} i_{\mathrm{Ld}} \\ i_{\mathrm{Lq}} \end{pmatrix}=-\begin{pmatrix} 1 & 0 \\ 0 & 1 \end{pmatrix}\begin{pmatrix} u_{\mathrm{d}} \\ u_{\mathrm{q}} \end{pmatrix}+\begin{pmatrix} -R & \omega L & S_{\mathrm{d}} \\ -\omega L & -R & S_{\mathrm{q}} \end{pmatrix}\begin{pmatrix} i_{\mathrm{Ld}} \\ i_{\mathrm{Lq}} \\ u_{\mathrm{dc}} \end{pmatrix} \tag{7-9}$$

式中 $u_{\mathrm{d}},u_{\mathrm{q}}$——逆变器在两相旋转坐标系下的输出电压，V；

$i_{\mathrm{Ld}},i_{\mathrm{Lq}}$——逆变器在两相旋转坐标系下的滤波电感电流，A；

ω——角速度，rad/s；

$S_{\mathrm{d}},S_{\mathrm{q}}$——dq 坐标系下的开关状态。

$$C\frac{\mathrm{d}}{\mathrm{d}t}\begin{pmatrix} u_{\mathrm{d}} \\ u_{\mathrm{q}} \end{pmatrix}=\begin{pmatrix} i_{\mathrm{Ld}} \\ i_{\mathrm{Lq}} \end{pmatrix}-\begin{pmatrix} i_{\mathrm{d}} \\ i_{\mathrm{q}} \end{pmatrix}+\omega C\begin{pmatrix} u_{\mathrm{q}} \\ u_{\mathrm{d}} \end{pmatrix} \tag{7-10}$$

式中 $i_{\mathrm{d}},i_{\mathrm{q}}$——逆变器在两相旋转坐标系下的输出电流，A。

由式(7-9)、式(7-10)可得 DC/AC 逆变器在 dq 坐标系下的控制框图如图 7-9 所示。

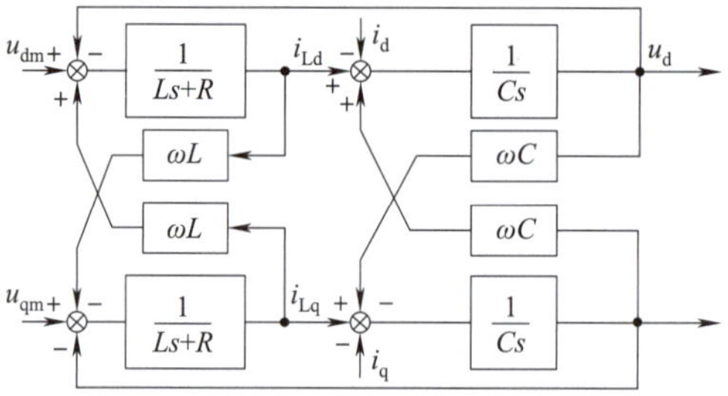

图 7-9 DC/AC 逆变器在 dq 坐标系下的控制框图

由图 7-9 中的控制框图可得：以逆变器 d 轴模型为例，DC/AC 逆变器模型 q 轴上的输出电压分量会对 d 轴的输出电流分量产生影响，同时 d 轴的输出电压分量也影响了逆变器 q 轴的输出电流分量。

7.2.2 导轨式胶轮列车辅助变流器建模与零序环流抑制分析

1. 基本电压矢量分析

中车浦镇阿尔斯通导轨式胶轮列车辅助供电系统的辅助变流器电路拓扑如图 7-10 所示，由两个并联三相全桥逆变器组成。由于该变流器交流侧采用共交流母线结构，为零序环流提供了通路。因此，除了后侧的 LC 滤波器以外，在每个三相全桥逆变器之后还存在共模电感，其作用在于抑制零序环流。

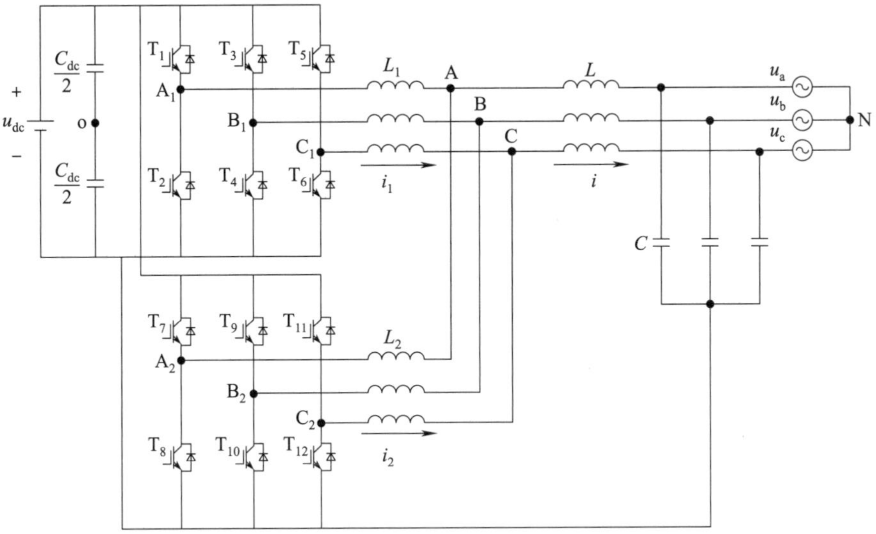

图 7-10　导轨式胶轮列车辅助变流器电路拓扑

图 7-10 中，A、B、C 点表示变流器各相并联点，A_1、B_1、C_1 点表示第 1 台逆变器的桥侧输出点，A_2、B_2、C_2 点表示第 2 台逆变器的桥侧输出点；N 点表示负载中性点，o 点表示逆变器虚拟中性点；L、L_1、L_2 分别表示滤波器电感和共模电感，一般情况下为避免系统参数不对称引入的低频环流通常令 $L_1=L_2$；C 为滤波器电容；T_1～T_{12} 表示 12 个开关管。

根据基尔霍夫电压定律，两台三相逆变器满足如下方程：

$$\begin{cases} u_{A1o}-u_{No}=u_a+L_1\dfrac{di_{a1}}{dt}+L\dfrac{di_a}{dt} \\ u_{B1o}-u_{No}=u_b+L_1\dfrac{di_{b1}}{dt}+L\dfrac{di_b}{dt} \\ u_{C1o}-u_{No}=u_c+L_1\dfrac{di_{c1}}{dt}+L\dfrac{di_c}{dt} \\ u_{A2o}-u_{No}=u_a+L_2\dfrac{di_{a2}}{dt}+L\dfrac{di_a}{dt} \\ u_{B2o}-u_{No}=u_b+L_2\dfrac{di_{b2}}{dt}+L\dfrac{di_b}{dt} \\ u_{C2o}-u_{No}=u_c+L_2\dfrac{di_{c2}}{dt}+L\dfrac{di_c}{dt} \end{cases} \tag{7-11}$$

式中　u_{Aio}，u_{Bio}，u_{Cio}——第 i 台三相逆变器输出电压($i=1,2$)，V；

i_{ai}，i_{bi}，i_{ci}——第 i 台三相逆变器输出电流($i=1,2$)，A；

u_a，u_b，u_c——并联三相逆变器输出电压，V；

i_a，i_b，i_c——并联三相逆变器输出电流，A；

u_{No}——并联三相逆变器共模电压，V。

由于并联变流器的输出电流等于每台逆变器输出电流的和，同时为了防止硬件参数不对称造成的环流问题，令 $L_1=L_2$，将式(7-11)中属于同一相的公式相加，得到：

$$\begin{cases}\dfrac{u_{\mathrm{A1o}}+u_{\mathrm{A2o}}}{2}-u_{\mathrm{No}}=u_{\mathrm{a}}+(L+L_1/2)\dfrac{\mathrm{d}i_{\mathrm{a}}}{\mathrm{d}t}\\ \dfrac{u_{\mathrm{B1o}}+u_{\mathrm{B2o}}}{2}-u_{\mathrm{No}}=u_{\mathrm{b}}+(L+L_1/2)\dfrac{\mathrm{d}i_{\mathrm{b}}}{\mathrm{d}t}\\ \dfrac{u_{\mathrm{C1o}}+u_{\mathrm{C2o}}}{2}-u_{\mathrm{No}}=u_{\mathrm{c}}+(L+L_1/2)\dfrac{\mathrm{d}i_{\mathrm{c}}}{\mathrm{d}t}\end{cases} \tag{7-12}$$

由此，可以得到并联三相逆变器等效输出电压为

$$\begin{cases}u_{\mathrm{AN}}=\dfrac{u_{\mathrm{A1o}}+u_{\mathrm{A2o}}}{2}-u_{\mathrm{No}}\\ u_{\mathrm{BN}}=\dfrac{u_{\mathrm{B1o}}+u_{\mathrm{B2o}}}{2}-u_{\mathrm{No}}\\ u_{\mathrm{CN}}=\dfrac{u_{\mathrm{C1o}}+u_{\mathrm{C2o}}}{2}-u_{\mathrm{No}}\end{cases} \tag{7-13}$$

用 s_{a1}、s_{b1}、s_{c1} 和 s_{a2}、s_{b2}、s_{c2} 表示两台逆变器 A、B、C 三相桥臂 12 个开关管的状态。s_x(x=a1,b1,c1,a2,b2,c2)为单极性开关函数，$s_x=1$ 表示 x 相上桥臂开关管导通，下桥臂开关管关断；$s_x=0$ 表示 x 相上桥臂开关管关断，下桥臂开关管导通。因此，对于并联三相逆变器，其桥侧输出电压为

$$\begin{cases}u_{\mathrm{A1o}}=s_{\mathrm{a1}}u_{\mathrm{dc}}-\dfrac{u_{\mathrm{dc}}}{2} \quad u_{\mathrm{A2o}}=s_{\mathrm{a2}}u_{\mathrm{dc}}-\dfrac{u_{\mathrm{dc}}}{2}\\ u_{\mathrm{B1o}}=s_{\mathrm{b1}}u_{\mathrm{dc}}-\dfrac{u_{\mathrm{dc}}}{2} \quad u_{\mathrm{B2o}}=s_{\mathrm{b2}}u_{\mathrm{dc}}-\dfrac{u_{\mathrm{dc}}}{2}\\ u_{\mathrm{C1o}}=s_{\mathrm{c1}}u_{\mathrm{dc}}-\dfrac{u_{\mathrm{dc}}}{2} \quad u_{\mathrm{C2o}}=s_{\mathrm{c2}}u_{\mathrm{dc}}-\dfrac{u_{\mathrm{dc}}}{2}\end{cases} \tag{7-14}$$

由于并联三相逆变器输出电压为三相平衡电压，满足 $u_{\mathrm{AN}}+u_{\mathrm{BN}}+u_{\mathrm{CN}}=0$，因此，将式(7-14)代入式(7-13)，可以得到共模电压 u_{No} 的表达式为

$$u_{\mathrm{No}}=\frac{s_{\mathrm{a1}}+s_{\mathrm{a2}}+s_{\mathrm{b1}}+s_{\mathrm{b2}}+s_{\mathrm{c1}}+s_{\mathrm{c2}}}{6}u_{\mathrm{dc}}-\frac{u_{\mathrm{dc}}}{2}=\frac{u_{\mathrm{N1o}}+u_{\mathrm{N2o}}}{2} \tag{7-15}$$

式中 u_{N1o}，u_{N2o}——两台逆变器各自的共模电压，V。

其表达式为

$$\begin{cases}u_{\mathrm{N1o}}=\dfrac{s_{\mathrm{a1}}+s_{\mathrm{b1}}+s_{\mathrm{c1}}}{3}u_{\mathrm{dc}}-\dfrac{u_{\mathrm{dc}}}{2}\\ u_{\mathrm{N2o}}=\dfrac{s_{\mathrm{a2}}+s_{\mathrm{b2}}+s_{\mathrm{c2}}}{3}u_{\mathrm{dc}}-\dfrac{u_{\mathrm{dc}}}{2}\end{cases} \tag{7-16}$$

同时，还可以得到并联三相逆变器等效输出电压的表达式为

$$\begin{cases} u_{AN}=\dfrac{2s_{a1}+2s_{a2}-s_{b1}-s_{b2}-s_{c1}-s_{c2}}{6}u_{dc} \\ u_{BN}=\dfrac{2s_{b1}+2s_{b2}-s_{a1}-s_{a2}-s_{c1}-s_{c2}}{6}u_{dc} \\ u_{CN}=\dfrac{2s_{c1}+2s_{c2}-s_{a1}-s_{a2}-s_{b1}-s_{b2}}{6}u_{dc} \end{cases} \tag{7-17}$$

将式(7-17)进行 Clark 变换，得到三相电压在两相静止坐标系 $\alpha\beta$ 坐标系下的电压分量与开关函数之间的关系式为

$$\begin{cases} u_{\alpha}=\dfrac{2s_{a1}+2s_{a2}-s_{b1}-s_{b2}-s_{c1}-s_{c2}}{6} \quad u_{dc}=\dfrac{2u_{a}-u_{b}-u_{c}}{3} \\ u_{\beta}=\dfrac{s_{b1}+s_{b2}-s_{c1}-s_{c2}}{2\sqrt{3}} \quad u_{dc}=\dfrac{u_{b}-u_{c}}{\sqrt{3}} \end{cases} \tag{7-18}$$

式中　u_{α}，u_{β}——两相静止坐标系下并联三相逆变器输出电压，V；

u_{a}，u_{b}，u_{c}——三相静止坐标系下并联三相逆变器输出电压，V。

开关函数 $s_{x}(x=a1,b1,c1,a2,b2,c2)$共有 $2^6=64$ 种组合形式，将两台逆变器不同的开关组合形式代入式(7-17)，可以得到不同开关组合情况下的三相电压值以及等效的基本电压矢量。并联三相逆变器基本电压矢量如图 7-11 所示。

其中，按照矢量的长度，并联三相逆变器的基本电压矢量可分为以下四种：短矢量($\boldsymbol{V}_{11}\sim\boldsymbol{V}_{16}$)，矢量长度为 $V_{dc}/2$；中矢量($\boldsymbol{V}_{21}\sim\boldsymbol{V}_{26}$)，矢量长度为$\sqrt{3}V_{dc}/2$；长矢量($\boldsymbol{V}_{31}\sim\boldsymbol{V}_{36}$)，矢量长度为 V_{dc}；零矢量($\boldsymbol{V}_{0}$)。由此可知，与传统三相逆变器两电平输出相比，并联三相逆变器可以实现三电平输出。

同时，对于每个逆变器而言，不同的开关组合也对应着不同的基本电压矢量，如图 7-12 所示。从这个角度来说，并联三相逆变器的基本电压矢量可以看作是由两台三相逆变器的基本电压矢量合成得到的，其具体合成方式见表 7-5。

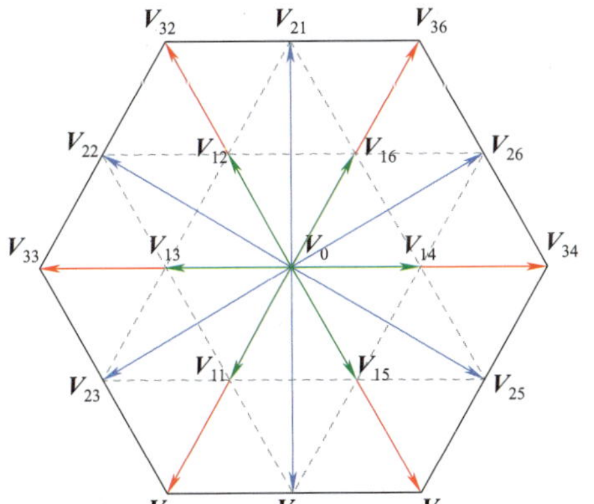

图 7-11　并联三相逆变器基本电压矢量

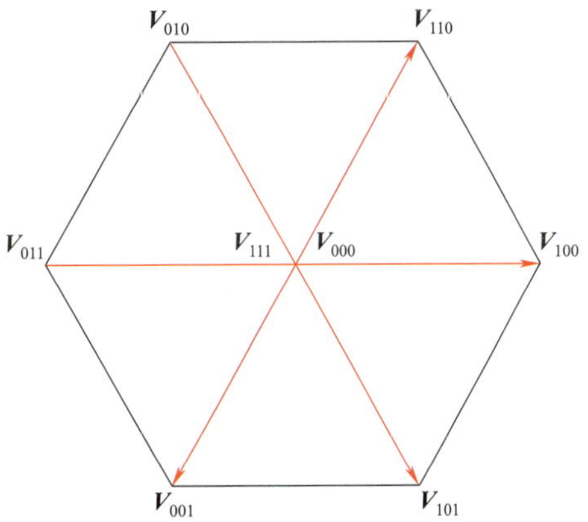

图 7-12　单台逆变器基本电压矢量

表 7-5 并联三相逆变器基本电压矢量合成方式

并联矢量		第一台逆变器矢量							
		$\mathbf{V}_{000}$	$\mathbf{V}_{001}$	$\mathbf{V}_{010}$	$\mathbf{V}_{011}$	$\mathbf{V}_{100}$	$\mathbf{V}_{101}$	$\mathbf{V}_{110}$	$\mathbf{V}_{111}$
第二台逆变器矢量	$\mathbf{V}_{000}$	$\mathbf{V}_0$	$\mathbf{V}_{11}$	$\mathbf{V}_{12}$	$\mathbf{V}_{13}$	$\mathbf{V}_{14}$	$\mathbf{V}_{15}$	$\mathbf{V}_{16}$	$\mathbf{V}_0$
	$\mathbf{V}_{001}$	$\mathbf{V}_{11}$	$\mathbf{V}_{31}$	$\mathbf{V}_{13}$	$\mathbf{V}_{23}$	$\mathbf{V}_{15}$	$\mathbf{V}_{24}$	$\mathbf{V}_0$	$\mathbf{V}_{11}$
	$\mathbf{V}_{010}$	$\mathbf{V}_{12}$	$\mathbf{V}_{13}$	$\mathbf{V}_{32}$	$\mathbf{V}_{22}$	$\mathbf{V}_{16}$	$\mathbf{V}_0$	$\mathbf{V}_{21}$	$\mathbf{V}_{12}$
	$\mathbf{V}_{011}$	$\mathbf{V}_{13}$	$\mathbf{V}_{23}$	$\mathbf{V}_{22}$	$\mathbf{V}_{33}$	$\mathbf{V}_0$	$\mathbf{V}_{11}$	$\mathbf{V}_{12}$	$\mathbf{V}_{13}$
	$\mathbf{V}_{100}$	$\mathbf{V}_{14}$	$\mathbf{V}_{15}$	$\mathbf{V}_{16}$	$\mathbf{V}_0$	$\mathbf{V}_{34}$	$\mathbf{V}_{25}$	$\mathbf{V}_{26}$	$\mathbf{V}_{14}$
	$\mathbf{V}_{101}$	$\mathbf{V}_{15}$	$\mathbf{V}_{24}$	$\mathbf{V}_0$	$\mathbf{V}_{11}$	$\mathbf{V}_{25}$	$\mathbf{V}_{35}$	$\mathbf{V}_{14}$	$\mathbf{V}_{15}$
	$\mathbf{V}_{110}$	$\mathbf{V}_{16}$	$\mathbf{V}_0$	$\mathbf{V}_{21}$	$\mathbf{V}_{12}$	$\mathbf{V}_{26}$	$\mathbf{V}_{14}$	$\mathbf{V}_{36}$	$\mathbf{V}_{16}$
	$\mathbf{V}_{111}$	$\mathbf{V}_0$	$\mathbf{V}_{11}$	$\mathbf{V}_{12}$	$\mathbf{V}_{13}$	$\mathbf{V}_{14}$	$\mathbf{V}_{15}$	$\mathbf{V}_{16}$	$\mathbf{V}_0$

2. 零序环流的成因

由于研究的并联三相逆变器直流侧采用共直流母线，交流侧采用并联结构，因此便为零序环流提供了通路。当两台逆变器硬件参数不一致或者控制信号无法完全同步时，便会产生零序环流。零序环流会增加系统的开关损耗，是影响系统寿命和运行状况的重要指标。

以第一台逆变器的电流方向为正方向，定义零序环流为

$$i_0=i_{a1}+i_{b1}+i_{c1}=-(i_{a2}+i_{b2}+i_{c2}) \tag{7-19}$$

将式(7-11)中属于同一相的公式相减，代入式(7-14)，得到：

$$\begin{cases}(s_{a1}-s_{a2})u_{dc}=L_1\dfrac{di_{a1}}{dt}-L_2\dfrac{di_{a2}}{dt}\\(s_{b1}-s_{b2})u_{dc}=L_1\dfrac{di_{b1}}{dt}-L_2\dfrac{di_{b2}}{dt}\\(s_{c1}-s_{c2})u_{dc}=L_1\dfrac{di_{c1}}{dt}-L_2\dfrac{di_{c2}}{dt}\end{cases} \tag{7-20}$$

将式(7-20)相加，代入零序环流的定义，得到：

$$(L_1+L_2)\frac{di_o}{dt}=(s_{a1}+s_{b1}+s_{c1}-s_{a2}-s_{b2}-s_{c2})u_{dc}=3(u_{N2o}-u_{N1o}) \tag{7-21}$$

由此可知，两台三相逆变器的共模电压差是造成零序环流的根本原因。

当并联三相逆变器正常运行时，两台三相逆变器运行工况对称，且两台三相逆变器参数对称，因此零序环流中不包含低频分量。然而，当两台三相逆变器调制信号不完全同步时，并联系统中便会出现瞬时共模电压差，产生高频零序环流。由于系统中的瞬时共模电压差直接由每一时刻的 6 个桥臂的开关状态决定，因此对于同一个电路，采用不同的调制策略会对高频零序环流的大小产生影响。

将式(7-21)进行变化，得到：

$$\frac{\mathrm{d}i_0}{\mathrm{d}t}=(s_{a1}+s_{b1}+s_{c1}-s_{a2}-s_{b2}-s_{c2})\frac{u_{dc}}{(L_1+L_2)} \tag{7-22}$$

为了构建零序环流变化率与调制方式之间的联系，将零序环流变化率以 $V_{dc}/(L_1+L_2)$ 为基值进行标幺化，定义零序环流变化率 k 为

$$k=s_{a1}+s_{b1}+s_{c1}-s_{a2}-s_{b2}-s_{c2} \tag{7-23}$$

由式(7-23)可以得到不同矢量组合下零序环流变化率的值，见表 7-6。

表 7-6　不同矢量组合下零序环流变化率的值

环流变化率		第一台逆变器矢量							
		$\boldsymbol{V}_{000}$	$\boldsymbol{V}_{001}$	$\boldsymbol{V}_{010}$	$\boldsymbol{V}_{011}$	$\boldsymbol{V}_{100}$	$\boldsymbol{V}_{101}$	$\boldsymbol{V}_{110}$	$\boldsymbol{V}_{111}$
第二台逆变器矢量	$\boldsymbol{V}_{000}$	0	+1	+1	+2	+1	+2	+2	+3
	$\boldsymbol{V}_{001}$	−1	0	0	+1	0	+1	+1	+2
	$\boldsymbol{V}_{010}$	−1	0	0	+1	0	+1	+1	+2
	$\boldsymbol{V}_{011}$	−2	−1	−1	0	−1	0	0	+1
	$\boldsymbol{V}_{100}$	−1	0	0	+1	0	+1	+1	+2
	$\boldsymbol{V}_{101}$	−2	−1	−1	0	−1	0	0	+1
	$\boldsymbol{V}_{110}$	−2	−1	−1	0	−1	0	0	+1
	$\boldsymbol{V}_{111}$	−3	−2	−2	−1	−2	−1	−1	0

由表 7-6 可知，k 按照其大小可以分为 0、±1、±2 和±3 四类。其中，长矢量只有环流变化率为 0 的矢量组合；中矢量只有环流变化率为±1 的矢量组合；短矢量具有环流变化率为 0、±1 和±2 的矢量组合；零矢量具有环流变化率为 0、±1 和±3 的矢量组合。

为了方便对零序环流的大小进行定量分析，将式(7-22)对时间进行积分，得到

$$\begin{aligned}\Delta i_0&=\int(s_{a1}+s_{b1}+s_{c1}-s_{a2}-s_{b2}-s_{c2})\frac{u_{dc}}{(L_1+L_2)}\mathrm{d}t\\&=\frac{u_{dc}T_x}{(L_1+L_2)}(s_{a1}+s_{b1}+s_{c1}-s_{a2}-s_{b2}-s_{c2})\\&=\frac{u_{dc}T_s}{(L_1+L_2)}(s_{a1}+s_{b1}+s_{c1}-s_{a2}-s_{b2}-s_{c2})d_x\end{aligned} \tag{7-24}$$

式中　T_x——某电压矢量的作用时间，下角 x 为编号，s；

T_s——逆变器的开关周期，s；

$d_x=T_x/T_s$——某电压矢量对应的占空比，其值大小在 0～1 之间。

由式(7-24)可知，并联三相逆变器的零序环流大小不仅受调制策略的影响，还与电路的输入电压、共模电感的大小以及开关频率等硬件参数有关。

3. 并联三相逆变器的调制方法

并联三相逆变器采用载波化空间电压矢量脉宽调制技术，即根据 SVPWM 的调制原理

计算调制波，再将调制波与载波进行比较，得到开关管的驱动信号。

对于两台并联型逆变器系统，传统的环流抑制主要采用破坏环流回路的方法，即采用隔离型并联逆变器拓扑，但隔离型逆变器会增加直流电容，造成系统体积过大，实用性大大降低。对于直接并联型逆变器，如果时刻保证两台逆变器各相开关状态时刻一致，则零序环流可被消除，但这种调制方式输出并联电流谐波较大，电流品质较差。因此并联逆变器一般不采用完全同步的调制方法，而是采用基于移相 180°的交错载波调制方法，这样可以提高系统等效的开关频率，从而有效提高输出电流品质。然而，交错载波造成并联逆变器之间存在瞬时共模电压差，该差值作用在共模电感上，便会产生高频的零序环流。

通常，零序环流峰值和有效值是零序环流评估的两个重要考核指标。零序环流的峰值直接影响桥侧共模电感体积，减小零序环流峰值，所需的共模电感体积也可随之减小，有利于提高系统的功率密度。因此在设计逆变器系统时，需要考虑零序环流峰值在所有运行工况下的最大值，并基于此选择共模电感。此外，环流有效值是衡量共模电感热特性的一个重要参数，在相同峰值情况下，较小的有效值意味着较小的共模电感热损耗，有利于系统效率的提高。由表 7-6 可以看出，两台并联型逆变器系统各空间矢量对零序环流的影响具有冗余度，因而可以通过制定合理的调制策略对零序环流进行优化，进而提升系统性能。两台并联型逆变器传统的调制策略主要为基于交错载波的空间矢量调制(ISVM)。

两台并联型逆变器基于移相 180°交错载波调制原理如图 7-13 所示。三相调制波分别与载波 1 比较从而得到第 1 台逆变器三相桥臂开关管的驱动信号；同时，三相调制波与载波 1 移相了 180°的载波 2 比较得到第 2 台三相桥臂开关管的驱动信号。两台逆变器具有相同的调制波并保持一致的开关动作规则，因此可仅对第 1 台逆变器进行讨论。

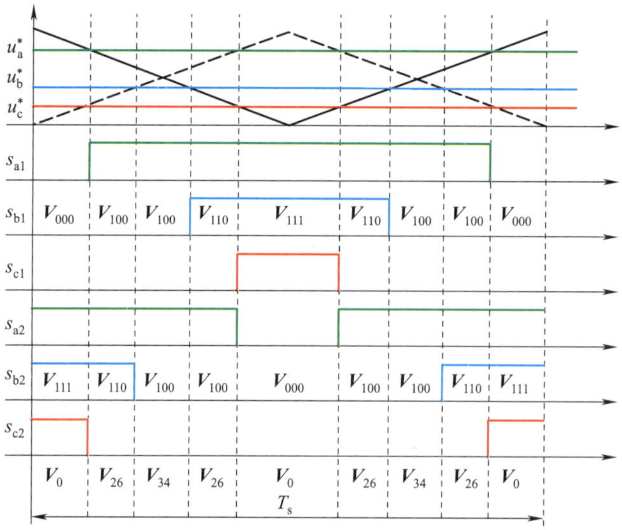

u_a^*，u_b^*，u_c^*—三相调制波；T_s—开关周期；s_{a1}，s_{b1}，s_{c1}，s_{a2}，s_{b2}，s_{c2}—开关函数。

图 7-13　ISVM 原理

两电平逆变器的空间矢量调制由于其高直流母线电压利用率在两电平拓扑中得到了广泛应用。以 0～60°的第一扇区为例，两电平空间矢量调制在前半开关周期内使用的矢量序列为 $\boldsymbol{V}_{000}$—$\boldsymbol{V}_{100}$—$\boldsymbol{V}_{110}$—$\boldsymbol{V}_{111}$。并联三相逆变器基于交错载波的空间矢量调制在两台逆变器各自使用两电平矢量调制的基础上，通过将第 2 台逆变器的载波设定为与第 1 台逆变器的载波交错 180°，得到 0～30°区域内前半开关周期矢量序列，见表 7-7。其中，并联矢量括号内为零序环流变化率。

表 7-7　0～30°区域内 ISVM 前半开关周期矢量序列

并联矢量	$\boldsymbol{V}_0(-3)$	$\boldsymbol{V}_{26}(-1)$	$\boldsymbol{V}_{34}(0)$	$\boldsymbol{V}_{26}(+1)$	$\boldsymbol{V}_0(+3)$
矢量组合	$(\boldsymbol{V}_{000},\boldsymbol{V}_{111})$	$(\boldsymbol{V}_{100},\boldsymbol{V}_{110})$	$(\boldsymbol{V}_{100},\boldsymbol{V}_{100})$	$(\boldsymbol{V}_{110},\boldsymbol{V}_{100})$	$(\boldsymbol{V}_{111},\boldsymbol{V}_{000})$

根据伏秒平衡原理，0～30°区域内各矢量占空比应满足：

$$\begin{cases} V_{34\alpha}d_{34}+V_{26\alpha}d_{26}=u_{r\alpha} \\ V_{34\beta}d_{34}=u_{r\beta} \\ d_0+d_{26}+d_{34}=1 \end{cases} \tag{7-25}$$

式中　$V_{34\alpha}$，$V_{34\beta}$——两相静止坐标系下 V_{34} 电压矢量的分量，V；

$V_{26\alpha}$，$V_{26\beta}$——两相静止坐标系下 V_{26} 电压矢量的分量，V；

$u_{r\alpha}$，$u_{r\beta}$——两相静止坐标系下参考电压的分量，V；

d_0，d_{34}，d_{26}——各并联矢量对应的占空比。

将各矢量在两相静止坐标系下的分量代入式(7-25)并标幺化，解得各矢量占空比为

$$\begin{cases} d_0=1+\dfrac{1}{2}u_{rc}^*-\dfrac{1}{2}u_{ra}^* \\ d_{34}=u_{rb}^*-u_{rc}^* \\ d_{26}=-\dfrac{3}{2}u_{rb}^* \end{cases} \tag{7-26}$$

式中　u_{ra}^*，u_{rb}^*，u_{rc}^*——三相静止坐标系下参考电压分量的标幺值。

结合其矢量序列，0～30°区域内各相占空比表达式为

$$\begin{cases} d_a=1-\dfrac{d_0}{2}=\dfrac{1}{2}+\dfrac{1}{2}u_{ra}^*-\dfrac{1}{4}(u_{ra}^*+u_{rc}^*) \\ d_b=\dfrac{1}{2}-\dfrac{d_{34}}{2}=\dfrac{1}{2}+\dfrac{1}{2}u_{rb}^*-\dfrac{1}{4}(u_{ra}^*+u_{rc}^*) \\ d_c=\dfrac{d_0}{2}=\dfrac{1}{2}+\dfrac{1}{2}u_{rc}^*-\dfrac{1}{4}(u_{ra}^*+u_{rc}^*) \end{cases} \tag{7-27}$$

同理可对其他区域进行计算，最终三相占空比可统一为

$$d_x=\frac{1}{2}+\frac{1}{2}u_{rx}^*-\frac{1}{4}(u_{rmax}^*+u_{rmin}^*)\quad x=a,b,c \tag{7-28}$$

式中 u^*_{rmax}——三相参考电压中的最大值；

u^*_{rmin}——三相参考电压中的最小值。

对于 ISVM 进行调制时的开关动作规则是：调制波大于载波时 $s_x=1$，调制波小于载波时 $s_x=0$。由此，可以得到 ISVM 三相调制波的表达式为

$$u^*_x=d_x=\frac{1}{2}+\frac{1}{2}u^*_{rx}-\frac{1}{4}(u^*_{\mathrm{rmax}}+u^*_{\mathrm{rmin}})\quad x=\mathrm{a,b,c} \tag{7-29}$$

由式(7-29)可见，ISVM 调制策略可以通过为三相调制波中注入共模分量实现，注入共模分量表达式为

$$u^*_{\mathrm{cm}}=-\frac{1}{4}(u^*_{\mathrm{rmax}}-u^*_{\mathrm{rmin}}) \tag{7-30}$$

7.3 DC/DC 变换器建模与控制

7.3.1 中低速磁悬浮列车充电机与悬浮电源分析

1. 充电机

清远中低速磁悬浮列车辅助供电系统中充电机的模型拓扑主要包括整流模块、高频逆变模块、变压器隔离模块、全波整流模块和 LC 滤波模块。充电机主电路拓扑如图 7-14 所示。

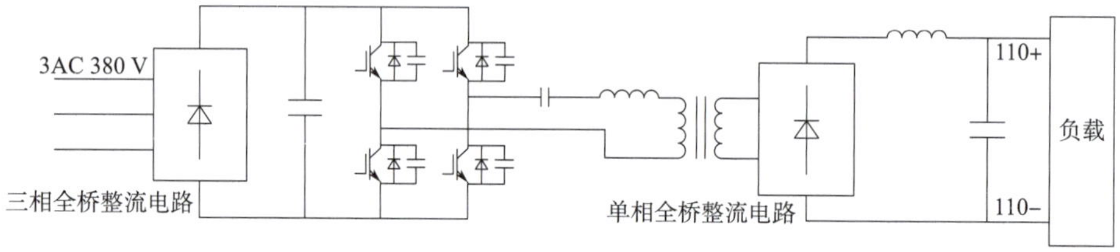

图 7-14 充电机主电路拓扑

充电机的高频逆变模块由 4 个 IGBT、4 个谐振电容和 1 个谐振电感组成。采用移相控制的方式对 4 个 IGBT 的开通和关断进行控制，移相控制的具体工作情况为：每个桥臂两个开关管 180°互补导通，两个桥臂导通之间相差一个相位，即移相角，通过调节移相角来调节输出电压。移相控制工作状态如图 7-15 所示。

工作状态 1 中，T_1、T_4 导通，之后 T_1 关断，进入工作状态 2，电容 C_1 充电，电容 C_3 放电，使电流按图 7-15(b)所示方向流动，同时电感放电，电流减小。当电容 C_3 完全放电后，进入工作状态 3，通过二极管 D_3 续流，与 T_4 形成回路，在此过程中，T_3 导通。之后 T_4 关断，进入工作状态 4，电容 C_2 放电，电容 C_4 充电，此时，由于原边不足以提供电感电流，所以副边电感开始放电，使副边变压器短路，造成了占空比丢失。当 C_2 放电完全后，进入工作

状态 5，通过二极管 D_2 进行续流，在此过程中，T_2 收到导通信号开始导通。当电感电流放完后，进入工作状态 6，T_2、T_3 导通，此时依然不能满足副边电感电流，依然处于占空比丢失状态。随着原边电流增大，变压器恢复正常状态，原边产生与工作状态 1 方向相反的电压，之后的工作情况与之前的工作状态相同。

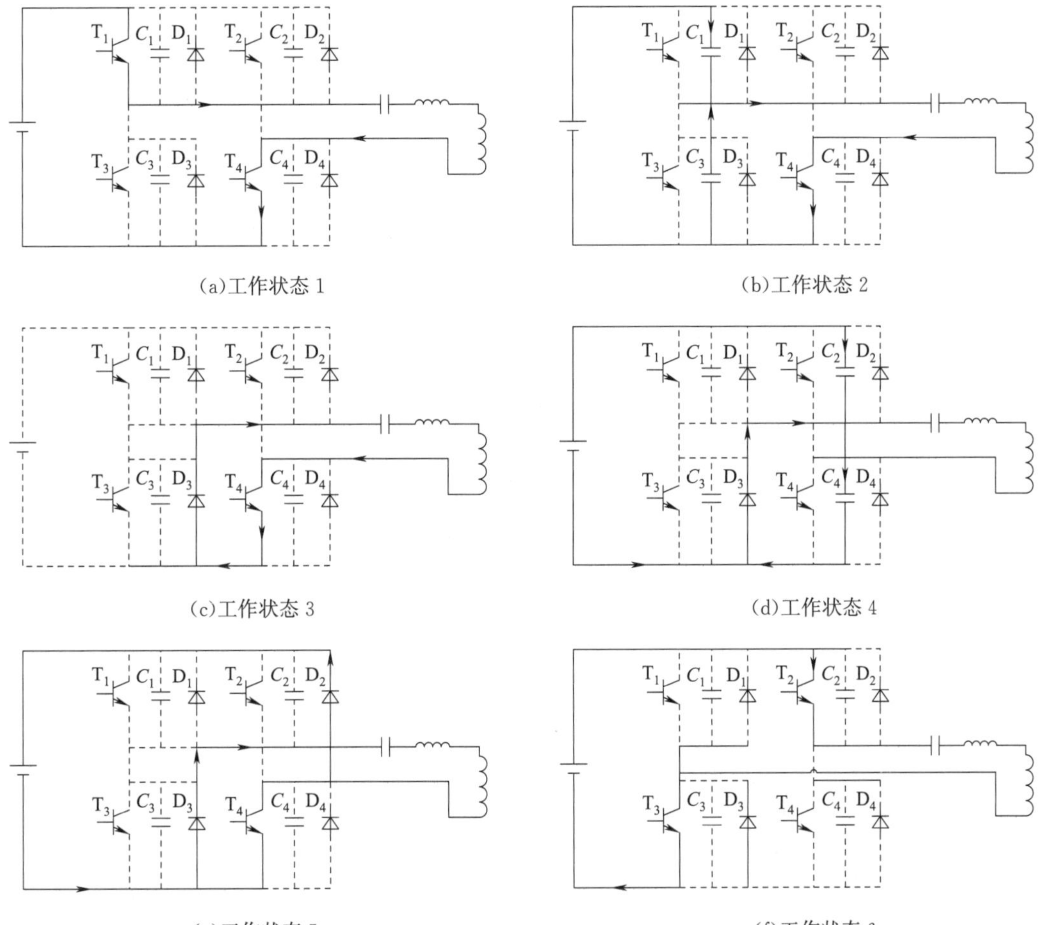

(a)工作状态 1　　(b)工作状态 2

(c)工作状态 3　　(d)工作状态 4

(e)工作状态 5　　(f)工作状态 6

图 7-15　移相控制工作状态

通过上述工作过程可以发现，每个开关器件都是在其对应的二极管发挥续流作用时导通的。因此，采用移相控制的方法可以实现 ZVS(零电压开关)变换，减小了开关损耗和开关噪声，创造了软开关条件，提高整机效率。在分析充电机控制系统模型时，首先需要建立充电机系统的状态空间方程，而充电机主要拓扑和控制部分为全桥 DC/DC 变换器部分，因此主要对这一部分进行建模分析。

建立充电机的理想电路如图 7-16 示，其中，输入电压为 $u_{dc}(t)$，输出电压为 $u_o(t)$，占空比信号为 $d(t)$，滤波电感的电压电流分别为 $u_L(t)$、$i_L(t)$，滤波电容的电压、电流分别为$u_C(t)$、$i_C(t)$，高频变压器变比为 $N:1$。在变换器的理想电路中，开关管和整流二极管均假设为理想开关，且开关管工作过程中所产生的扰动信号频率和幅值均远小于开关频率和稳态幅值。

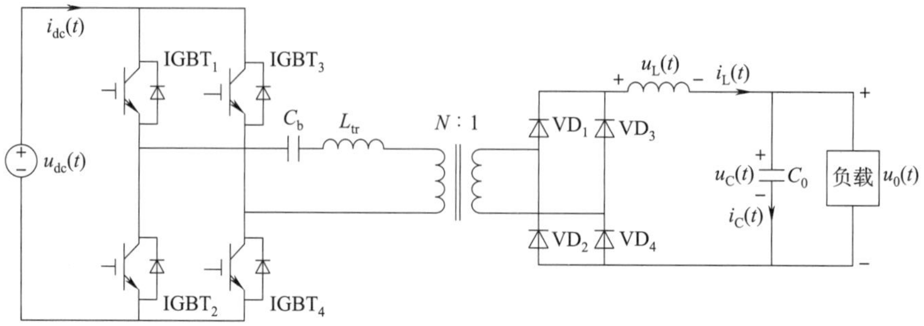

图 7-16　充电机理想电路

按照图 7-14 所示的 DC/DC 电路分析进而对充电机进行建模，在理想电路的基础上对电路模型进行分析。建立状态空间方程，首先确定输入、输出及状态变量为

$$x=\begin{pmatrix} i_L(t) \\ u_C(t) \end{pmatrix} \tag{7-31}$$

$$u=u_{dc}(t) \tag{7-32}$$

$$y=u_o(t) \tag{7-33}$$

设定开关导通时间为 d，当开关导通时可建立式(7-34)所示的状态方程。

$$\begin{cases} \dot{x}=\boldsymbol{A}_1 x+\boldsymbol{B}_1 u \\ y=\boldsymbol{C}_1^{T} x \end{cases} \tag{7-34}$$

式中　$\dot{x}$——变量 x 的一阶导数；

$\boldsymbol{A}_1,\boldsymbol{B}_1,\boldsymbol{C}_1$——系数矩阵。

根据基尔霍夫电流定律和电压定律可以解出状态方程为

$$\begin{pmatrix} \dfrac{di_L(t)}{dt} \\ \dfrac{du_C(t)}{dt} \end{pmatrix}=\begin{pmatrix} -\dfrac{ESR}{L\left(1+\dfrac{ESR}{R}\right)} & -\dfrac{1}{L\left(1+\dfrac{ESR}{R}\right)} \\ \dfrac{1}{C\left(1+\dfrac{ESR}{R}\right)} & -\dfrac{1}{RC\left(1+\dfrac{ESR}{R}\right)} \end{pmatrix}\begin{pmatrix} i_L(t) \\ u_C(t) \end{pmatrix}+\begin{pmatrix} \dfrac{1}{N} \\ 0 \end{pmatrix}u_{dc} \tag{7-35}$$

$$u_o=\begin{pmatrix} \dfrac{ESR}{1+\dfrac{ESR}{R}} & \dfrac{1}{1+\dfrac{ESR}{R}} \end{pmatrix}\begin{pmatrix} i_L(t) \\ u_C(t) \end{pmatrix}+\begin{pmatrix} 0 \\ 0 \end{pmatrix}u_{dc} \tag{7-36}$$

式中　ESR——电容等效串联电阻；

R——负载电阻。

当开关关断时可建立式(7-37)所示的状态方程：

$$\begin{cases}\dot{x}=\boldsymbol{A}_2x+\boldsymbol{B}_2u\\ y=\boldsymbol{C}_2^{\mathrm{T}}x\end{cases} \tag{7-37}$$

式中　$\dot{x}$——变量 x 的一阶导数；

$\boldsymbol{A}_2,\boldsymbol{B}_2,\boldsymbol{C}_2$——系数矩阵。

根据基尔霍夫电流定律和电压定律同理可以解出状态方程为

$$\begin{pmatrix}\dfrac{\mathrm{d}i_{\mathrm{L}}(t)}{\mathrm{d}t}\\ \dfrac{\mathrm{d}u_{\mathrm{C}}(t)}{\mathrm{d}t}\end{pmatrix}=\begin{bmatrix}-\dfrac{ESR}{L\left(1+\dfrac{ESR}{R}\right)} & -\dfrac{1}{L\left(1+\dfrac{ESR}{R}\right)}\\ \dfrac{1}{C\left(1+\dfrac{ESR}{R}\right)} & -\dfrac{1}{RC\left(1+\dfrac{ESR}{R}\right)}\end{bmatrix}\begin{pmatrix}i_{\mathrm{L}}(t)\\ u_{\mathrm{C}}(t)\end{pmatrix} \tag{7-38}$$

$$u_{\mathrm{o}}=\begin{pmatrix}\dfrac{ESR}{1+\dfrac{ESR}{R}} & \dfrac{1}{1+\dfrac{ESR}{R}}\end{pmatrix}\begin{pmatrix}i_{\mathrm{L}}(t)\\ u_{\mathrm{C}}(t)\end{pmatrix}+\begin{pmatrix}0\\0\end{pmatrix}u_{\mathrm{dc}} \tag{7-39}$$

将式(7-35)和式(7-36)对照式(7-34)，可以求解出系数矩阵 $\boldsymbol{A}_1$、$\boldsymbol{B}_1$、$\boldsymbol{C}_1$。将式(7-38)和式(7-39)对照式(7-37)，可以求解出系数矩阵 $\boldsymbol{A}_2$、$\boldsymbol{B}_2$、$\boldsymbol{C}_2$。由此可以求出 DC/DC 变换器状态方程的系数矩阵 $\boldsymbol{A}$、$\boldsymbol{B}$、$\boldsymbol{C}$，该系数矩阵满足式(7-40)所示的关系。

$$\begin{cases}\boldsymbol{A}=D\boldsymbol{A}_1+(1-D)\boldsymbol{A}_2\\ \boldsymbol{B}=D\boldsymbol{B}_1+(1-D)\boldsymbol{B}_2\\ \boldsymbol{C}=D\boldsymbol{C}_1+(1-D)\boldsymbol{C}_2\end{cases} \tag{7-40}$$

式中　D——占空比。

按照式(7-40)，根据不同开关情况建立的方程，可以推出 DC/DC 变换器状态方程的系数矩阵 $\boldsymbol{A}$、$\boldsymbol{B}$、$\boldsymbol{C}$ 为

$$\boldsymbol{A}=\begin{bmatrix}-\dfrac{ESR}{L\left(1+\dfrac{ESR}{R}\right)} & -\dfrac{1}{L\left(1+\dfrac{ESR}{R}\right)}\\ \dfrac{1}{C\left(1+\dfrac{ESR}{R}\right)} & -\dfrac{1}{RC\left(1+\dfrac{ESR}{R}\right)}\end{bmatrix} \tag{7-41}$$

$$\boldsymbol{B}=\begin{pmatrix}\dfrac{D}{N}\\ 0\end{pmatrix} \tag{7-42}$$

$$\boldsymbol{C}=\begin{bmatrix}\dfrac{ESR}{1+\dfrac{ESR}{R}}\\ \dfrac{1}{1+\dfrac{ESR}{R}}\end{bmatrix} \tag{7-43}$$

建立状态方程之后，为了更好地研究 DC/DC 变换器的动态工作过程，解析变换器的数学模型，在状态空间方程的基础上建立该变换器的小信号等效电路模型。引入 $\hat{u}_{dc}(t)$、$\hat{i}_{dc}(t)$、$\hat{d}(t)$、$\hat{i}_L(t)$、$\hat{u}_o(t)$作为输入电压、输入电流、占空比、电感电流和输出电压的低频小信号扰动，将变换器的动态工作过程转化为静态工作点在小信号的扰动下转向另一个静态工作点的过程。同时，定义输入电压、输入电流、占空比、电感电流和输出电压的稳态工作值分别为 U_{dc}、I_{dc}、D、I_L、U_o。加入扰动后的 DC/DC 变换器小信号模型方程为

$$\begin{cases} L\dfrac{d\hat{i}_L(t)}{dt}=\dfrac{U_{dc}}{N}\hat{d}(t)+\dfrac{D}{N}\hat{u}_{dc}(t)-\hat{u}_o(t) \\ C\dfrac{d\hat{u}_o(t)}{dt}=\hat{i}_L(t)-\dfrac{\hat{u}_o(t)}{R} \\ \hat{i}_{dc}(t)=\dfrac{D}{N}\hat{i}_L(t)+\dfrac{I_L}{N}\hat{d}(t) \end{cases} \tag{7-44}$$

为更好表示变换器模型，在建立的小信号模型方程的基础上建立小信号等效电路，如图 7-17 所示。引入电压电流受控源、电感、电容等元件模拟 DC/DC 变换器模型。

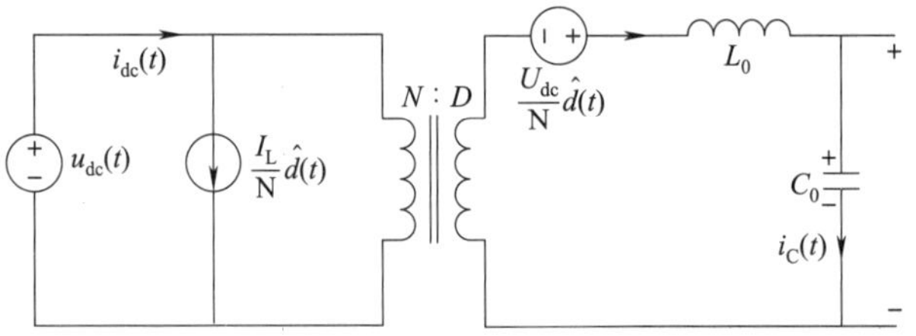

图 7-17 全桥 DC/DC 变换器小信号等效电路

根据建立的小信号模型，当变换器输入电压不变时，其小信号扰动 $\hat{u}_{dc}(t)=0$，由建立的状态方程可以推出系统从占空比扰动到输出电压扰动的开环传递函数为

$$G_{vd}(s)=\left.\frac{\hat{u}_o(s)}{\hat{d}(s)}\right|_{\hat{u}_{dc}(s)=0}$$
$$=\frac{\left(\dfrac{1}{N}u_{dc}ESR^2\cdot RC+\dfrac{1}{N}u_{dc}ESR\cdot R^2C\right)s+\dfrac{1}{N}u_{dc}ESR(R+ESR)}{(R+ESR)^2LCs^2+(R+ESR)(R\cdot ESR\cdot C+L)s+R(R+ESR)} \tag{7-45}$$

同理，在输入电压不变时推出系统从占空比扰动到输出电感电流扰动的传递函数为

$$G_{id}(s)=\left.\frac{\hat{i}_L(s)}{\hat{d}(s)}\right|_{\hat{u}_{dc}(s)=0}$$
$$=\frac{\dfrac{1}{N}u_{dc}(R+ESR)^2Cs+\dfrac{1}{N}u_{dc}(R+ESR)}{(R+ESR)^2LCs^2+(R+ESR)(R\cdot ESR\cdot C+L)s+R(R+ESR)} \tag{7-46}$$

2. 悬浮电源

悬浮电源是中低速磁悬浮列车辅助供电系统的主要部件。悬浮电源的主电路拓扑如图 7-18 所示，悬浮电源主要由半桥逆变模块、高频变压器模块、不控整流模块以及 LC 滤波模块构成。第三轨输入的 DC 1 500 V 电压通过半桥逆变模块逆变、变压器隔离后，经整流、滤波后输出稳定的 DC 330 V 直流电。

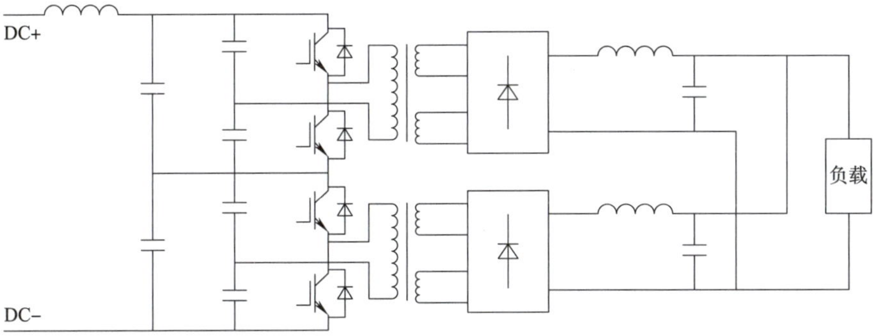

图 7-18　清远中低速磁悬浮列车悬浮电源主电路拓扑

悬浮电源的主要功能是将从第三轨获得的 DC 1 500 V 直流电转换为 DC 330 V 直流电，为辅助供电系统的 330 V 直流负载如悬浮控制器等供电。清远中低速磁悬浮列车的悬浮电源参数见表 7-8。

表 7-8　清远中低速磁悬浮列车悬浮电源参数

参数指标	数值
额定输入电压/V	1 500
额定功率/kW	60
输出电压纹波因数	≤5%
效率	≥90%

悬浮电源主电路可看成由两个相同的 DC/DC 变换器构成，各模块输出端均与 LC 滤波电路连接以稳定输出电压。假设模块内的器件均为理想元件，忽略开关器件的损耗，可将 DC/DC 变换器简化为如图 7-19 所示电路。其中，L 为滤波电感，C 为滤波电容，r 为线路电阻，R 为支撑电阻；输入电压为 u_{dc}，滤波电感两端电压以及电流分别为 u_L 和 i_L，线路电阻两端电压为 u_r，输出电压为 u_o，流过滤波电容、支撑电阻的电流分别为 i_c、i_R，输出电流为 i_o。

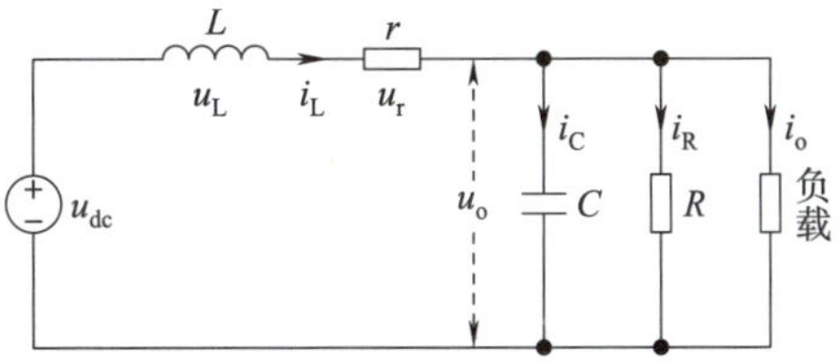

图 7-19　悬浮电源单一模块简化电路

由基尔霍夫电压定律和电流定律可得：

$$\begin{cases} u_{\mathrm{L}}=u_{\mathrm{dc}}-u_{\mathrm{r}}-u_{\mathrm{o}} \\ i_{\mathrm{c}}=i_{\mathrm{L}}-i_{\mathrm{R}}-i_{\mathrm{o}} \end{cases} \tag{7-47}$$

其中 $u_{\mathrm{L}}=L\dfrac{\mathrm{d}i_{\mathrm{L}}}{\mathrm{d}t}, u_{\mathrm{r}}=i_{\mathrm{L}}r, i_{\mathrm{c}}=C\dfrac{\mathrm{d}u_{\mathrm{o}}}{\mathrm{d}t}, i_{\mathrm{R}}=\dfrac{U_{\mathrm{o}}}{R}$,代入式(7-47)可得

$$\begin{cases} L\dfrac{\mathrm{d}i_{\mathrm{L}}}{\mathrm{d}t}=u_{\mathrm{dc}}-i_{\mathrm{L}}r-u_{\mathrm{o}} \\ C\dfrac{\mathrm{d}u_{\mathrm{o}}}{\mathrm{d}t}=i_{\mathrm{L}}-\dfrac{u_{\mathrm{o}}}{R}-i_{\mathrm{o}} \end{cases} \tag{7-48}$$

对式(7-48)进行变换可得

$$\begin{cases} \dfrac{\mathrm{d}i_{\mathrm{L}}}{\mathrm{d}t}=\dfrac{u_{\mathrm{dc}}}{L}-\dfrac{r}{L}i_{\mathrm{L}}-\dfrac{1}{L}u_{\mathrm{o}} \\ \dfrac{\mathrm{d}u_{\mathrm{o}}}{\mathrm{d}t}=\dfrac{i_{\mathrm{L}}}{C}-\dfrac{u_{\mathrm{o}}}{RC}-\dfrac{i_{\mathrm{o}}}{C} \end{cases} \tag{7-49}$$

由式(7-59)得到 DC/DC 变换器的状态空间表达式为

$$\begin{pmatrix} \dfrac{\mathrm{d}u_{\mathrm{o}}}{\mathrm{d}t} \\ \dfrac{\mathrm{d}i_{\mathrm{L}}}{\mathrm{d}t} \end{pmatrix}=\begin{pmatrix} -\dfrac{1}{RC} & \dfrac{1}{C} \\ -\dfrac{1}{L} & -\dfrac{r}{L} \end{pmatrix}\begin{pmatrix} u_{\mathrm{o}} \\ i_{\mathrm{L}} \end{pmatrix}+\begin{pmatrix} 0 \\ \dfrac{1}{L} \end{pmatrix}u_{\mathrm{dc}}+\begin{pmatrix} -\dfrac{1}{C} \\ 0 \end{pmatrix}i_{\mathrm{o}} \tag{7-50}$$

假设存在 $y=U_{\mathrm{o}}$,则有

$$y=(1\quad 0)\begin{pmatrix} U_{\mathrm{o}} \\ I_{\mathrm{L}} \end{pmatrix} \tag{7-51}$$

由式(7-60)和式(7-61)可得矩阵

$$\boldsymbol{A}=\begin{pmatrix} -\dfrac{1}{RC} & \dfrac{1}{C} \\ -\dfrac{1}{L} & -\dfrac{r}{L} \end{pmatrix}\quad \boldsymbol{B}_0=\begin{pmatrix} 0 \\ \dfrac{1}{L} \end{pmatrix}\quad \boldsymbol{B}_1=\begin{pmatrix} -\dfrac{1}{C} \\ 0 \end{pmatrix}\quad \boldsymbol{C}=(1\quad 0) \tag{7-52}$$

利用状态空间方程求解系统传递函数,可得传递函数的表达式为

$$G(s)=\boldsymbol{C}\cdot\boldsymbol{\Phi}(s)\cdot\boldsymbol{B} \tag{7-53}$$

式中,$\boldsymbol{\Phi}(s)=(s\boldsymbol{I}-\boldsymbol{A})^{-1}$;$\boldsymbol{I}$ 为二阶单位矩阵;矩阵 $\boldsymbol{B}$ 为矩阵 $\boldsymbol{B}_0$ 或 $\boldsymbol{B}_1$。

$$\boldsymbol{\Phi}^{-1}(s)=s\boldsymbol{I}-\boldsymbol{A}=\begin{pmatrix} s & 0 \\ 0 & s \end{pmatrix}-\begin{pmatrix} -\dfrac{1}{RC} & \dfrac{1}{C} \\ -\dfrac{1}{L} & -\dfrac{r}{L} \end{pmatrix}=\begin{pmatrix} s+\dfrac{1}{RC} & \dfrac{1}{C} \\ \dfrac{1}{L} & s+\dfrac{r}{L} \end{pmatrix} \tag{7-54}$$

由式(7-64)可得

$$\boldsymbol{\Phi}(s)=(s\boldsymbol{I}-\boldsymbol{A})^{-1}=\frac{1}{\Delta(s)}\begin{pmatrix} s+\dfrac{r}{L} & \dfrac{1}{C} \\ -\dfrac{1}{L} & s+\dfrac{1}{RC} \end{pmatrix} \tag{7-55}$$

式中 $\Delta(s)=s^2+\left(\frac{1}{RC}+\frac{r}{L}\right)s+\frac{r}{RLC}+\frac{1}{LC}$，则输入电压对输出电压的传递函数为

$$G_1(s)=\boldsymbol{C}(s\boldsymbol{I}-\boldsymbol{A})^{-1}\cdot\boldsymbol{B}_0=\frac{\frac{1}{LC}}{s^2+\left(\frac{1}{RC}+\frac{r}{L}\right)s+\frac{1}{LC}\left(\frac{r}{R}+1\right)} \tag{7-56}$$

输入电压对输出电流的传递函数为

$$G_2(s)=\boldsymbol{C}(s\boldsymbol{I}-\boldsymbol{A})^{-1}\cdot\boldsymbol{B}_1=\frac{-\frac{1}{LC}(Ls+r)}{s^2+\left(\frac{1}{RC}+\frac{r}{L}\right)s+\frac{1}{LC}\left(\frac{r}{R}+1\right)} \tag{7-57}$$

根据传递函数可以推导出图 7-20 所示的系统框图。

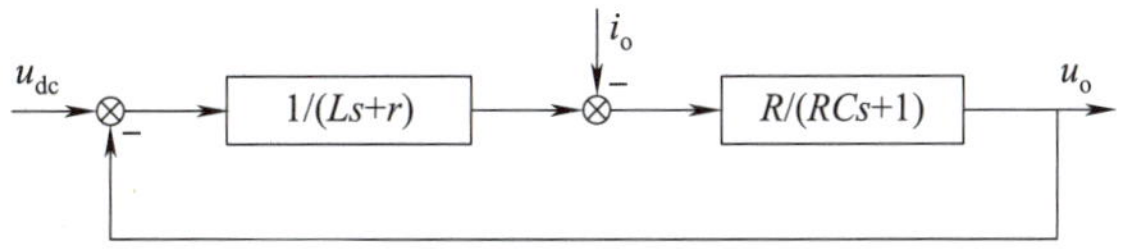

图 7-20　悬浮电源系统模型框图

7.3.2　导轨式胶轮列车 DC/DC 变换器分析

1. 124.5 V DC/DC 变换器

124.5 V DC/DC 变换器的电路拓扑如图 7-21 所示。该变换器将输入侧 750 V 直流电压转变为输出侧 124.5 V 直流电压，电路主要由逆变电路、高频变压器、整流电路和 LC 滤波电路组成。其中，电容 C_1、C_2 起到分压作用，逆变电路由 4 个 SKM150GAR12T4 器件构成，该器件由 1 个 IGBT 和 1 个二极管串联组成，且两器件中间存在一个抽头用作输出使用；整流电路采用了半桥整流电路。

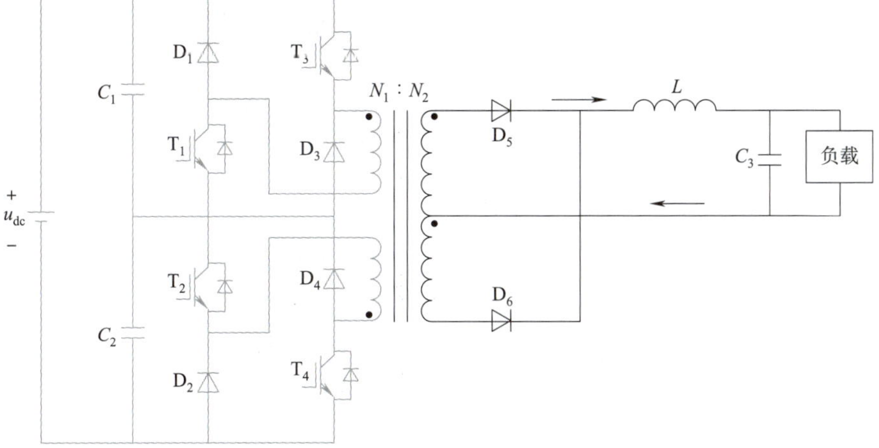

图 7-21　124.5 V DC/DC 变换器电路拓扑

变换器的工作原理与推挽电路的工作原理相似，即在一个工作周期内，电能从电源侧经过高频变压器以及滤波电感最终流向负载侧。在一个周期内，滤波电感电流保持连续，电路工作在连续导通模式，电感储能总体保持不变。同时，高频变压器在一个周期内储能总体保持不变，磁链呈周期性变化。根据以上要求，可以将电路的工作原理分为以下四个状态。

（1）状态 1$\left(0<t<\dfrac{DT_s}{2}\right)$

此时，开关管 T_1、T_3 导通，二极管 D_1、D_3 截止，二极管 D_5 导通、D_6 截止，如图 7-22 所示。

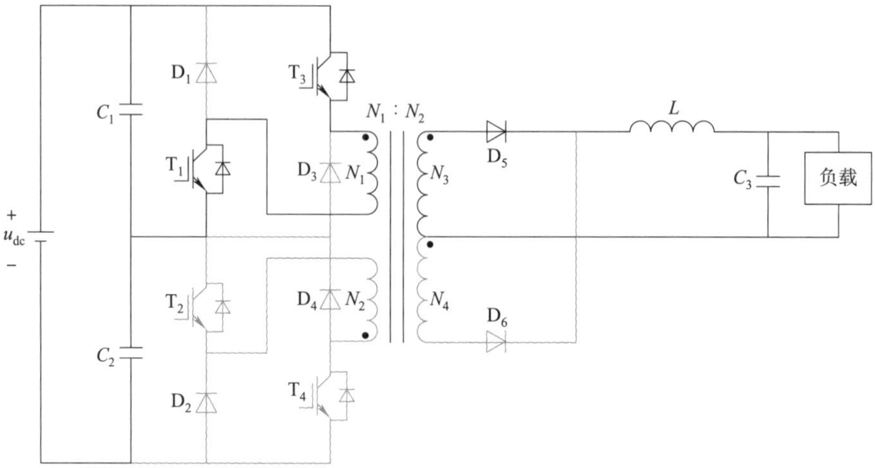

图 7-22　状态 1

变压器高压侧绕组 N_1“•”端极性为正，电压大小与 C_1 两端电压相同，均为输入电压的一半，二极管 D_1、D_3 承受反压关断；由于变压器高压侧绕组 N_2“•”端极性为正，因此开关管 T_2、T_4 承受正向电压，大小为输入电压的一半，同时二极管 D_2、D_4 两端电压为 0；变压器低压侧绕组“•”端极性为正，D_5 导通，D_6 承受反压关断；电感储能增加，电流上升，电感两端电压为

$$U_L=\frac{N_2}{N_1}\frac{u_{dc}}{2}-u_o \tag{7-58}$$

式中　u_o——输出电压。

（2）状态 2$\left(\dfrac{DT_s}{2}<t<\dfrac{T_s}{2}\right)$

此时，开关管 T_1、T_3 关断，二极管 D_5、D_6 同时导通，如图 7-23 所示。

由于原边四个开关管均关断，无法形成电流通路，因此变压器低压侧绕组和高压侧绕组电压均为 0。因此，原边各开关器件(包括开关管和二极管)均衡分压，开关管正向电压大小与二极管反压大小均为电源电压的四分之一。

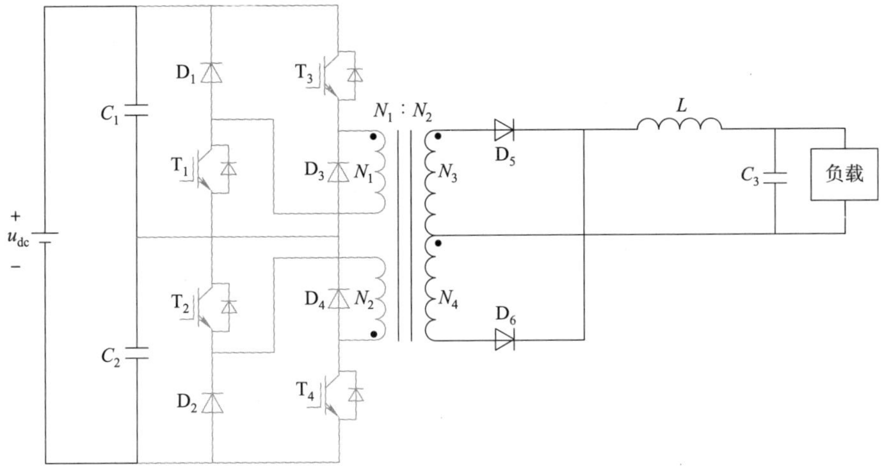

图 7-23　状态 2

同时，为保持电感电流不变，电感两端产生反压，导致二极管 D_6 导通，电感储能下降，电感两端电压为

$$U_L=-u_o \tag{7-59}$$

根据电感电压伏秒平衡的原则，在 $0<t<\frac{T_s}{2}$ 时间段内，有

$$\left(\frac{N_2}{N_1}\frac{u_{dc}}{2}-u_o\right)D\,\frac{T_s}{2}=u_o(1-D)\frac{T_s}{2} \tag{7-60}$$

由此，可以得到占空比的表达式为

$$D=2\,\frac{N_1}{N_2}\frac{u_o}{u_{dc}} \tag{7-61}$$

同时，还可以得到 124.5 V DC/DC 变换器输出电压的表达式为

$$u_o=D\,\frac{N_2}{N_1}\frac{u_{dc}}{2} \tag{7-62}$$

(3) 状态 3$\left(\frac{T_s}{2}<t<\frac{T_s+DT_s}{2}\right)$

此时，开关管 T_2、T_4 导通，二极管 D_2、D_4 截止，二极管 D_5 截止、D_6 导通，如图 7-24 所示。

变压器高压侧绕组 N_2“•”端极性为正，电压大小与 C_2 两端电压相同，均为输入电压的一半；二极管 D_2、D_4 承受反压关断；由于变压器高压侧绕组 N_1“•”端极性为正，因此开关管 T_1、T_3 承受正向电压，大小为输入电压的一半，同时二极管 D_1、D_3 两端电压为 0；变压器低压侧绕组“•”端极性为正，D_6 导通，D_5 承受反压关断；电感储能增加，电流上升，电感两端电压为

$$U_L = \frac{N_2}{N_1}\frac{u_{dc}}{2} - u_o \tag{7-63}$$

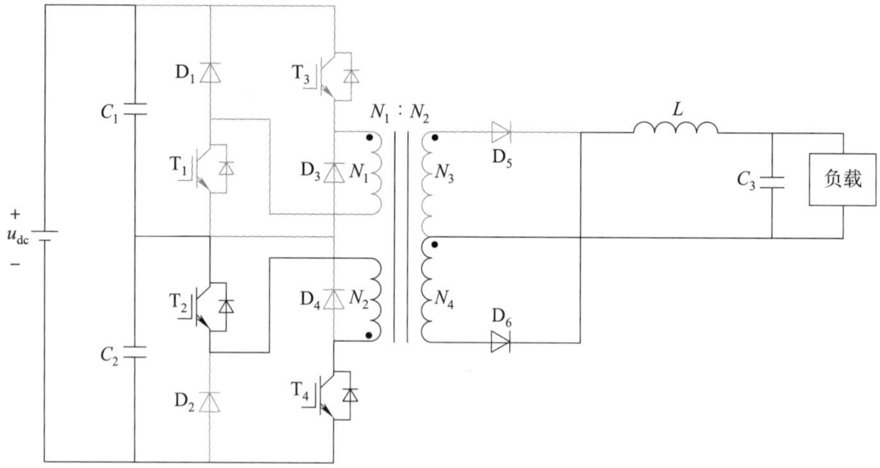

图 7-24　状态 3

(4) 状态 4$\left(\frac{T_s + DT_s}{2} < t < T_s\right)$

此时，开关管 T_2、T_4 关断，二极管 D_5、D_6 同时导通，如图 7-25 所示。

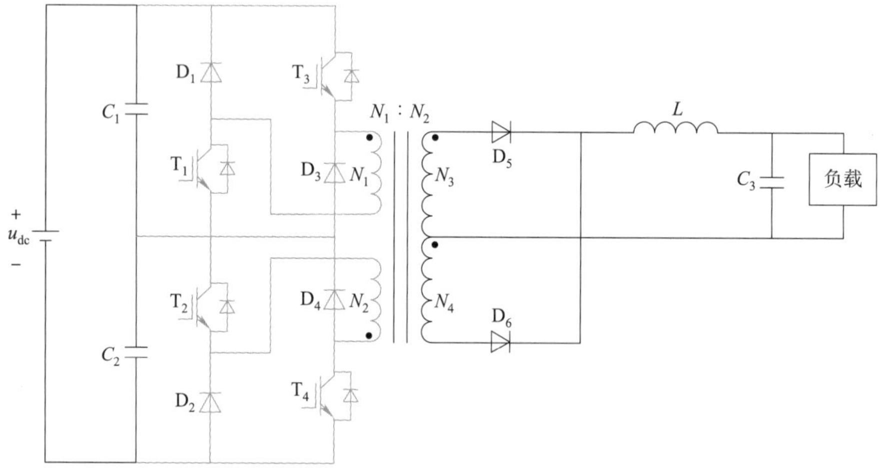

图 7-25　状态 4

由于原边四个开关管均关断，无法形成电流通路，变压器低压侧绕组和高压侧绕组电压均为 0。原边各开关器件(包括开关管和二极管)均衡分压，开关管正向电压大小与二极管反压大小均为电源电压的四分之一。

同时，为保持电感电流不变，电感两端产生反压，导致二极管 D_5 导通。此时，电感储能

下降，电感两端电压为

$$U_{L}=-u_{o} \tag{7-64}$$

在$\frac{T_s}{2}<t<T_s$时间段内，电感电压的变化规律与在$0<t<\frac{T_s}{2}$时间段内变化规律相同。

根据以上分析的规律，可以得到变换器工作在理想状态下的开关管 $T_1 \sim T_4$ 两端电压($U_{T1} \sim U_{T4}$)，二极管 D_5、D_6 两端电压(U_{D5}、U_{D5})，高频变压器磁链(ϕ)，电感电流(I_L)与电压(V_L)的波形，如图 7-26 所示。

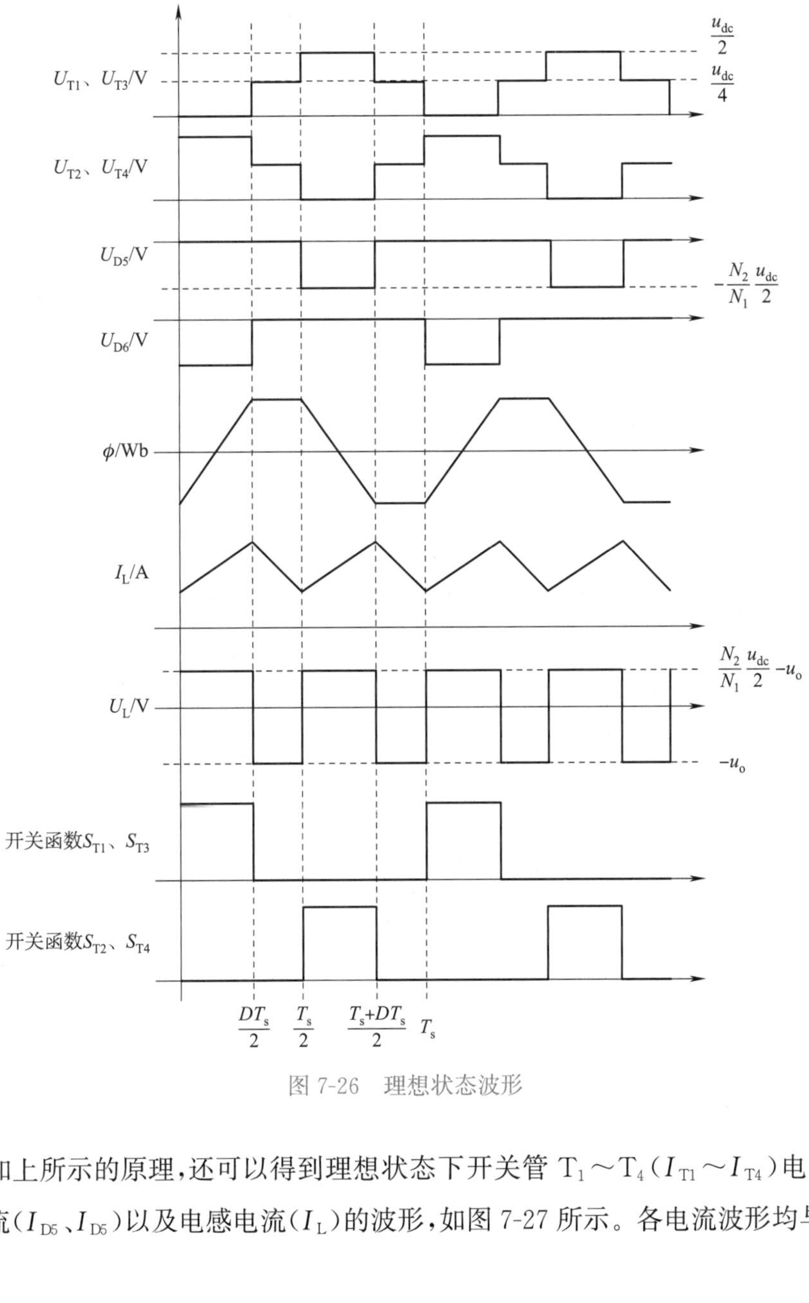

图 7-26　理想状态波形

根据如上所示的原理，还可以得到理想状态下开关管 $T_1 \sim T_4$($I_{T1} \sim I_{T4}$)电流，二极管 D_5、D_6 电流(I_{D5}、I_{D5})以及电感电流(I_L)的波形，如图 7-27 所示。各电流波形均与电感电流波形有联系，且当开关管开通或者闭合时，各电流波形会发生突变。

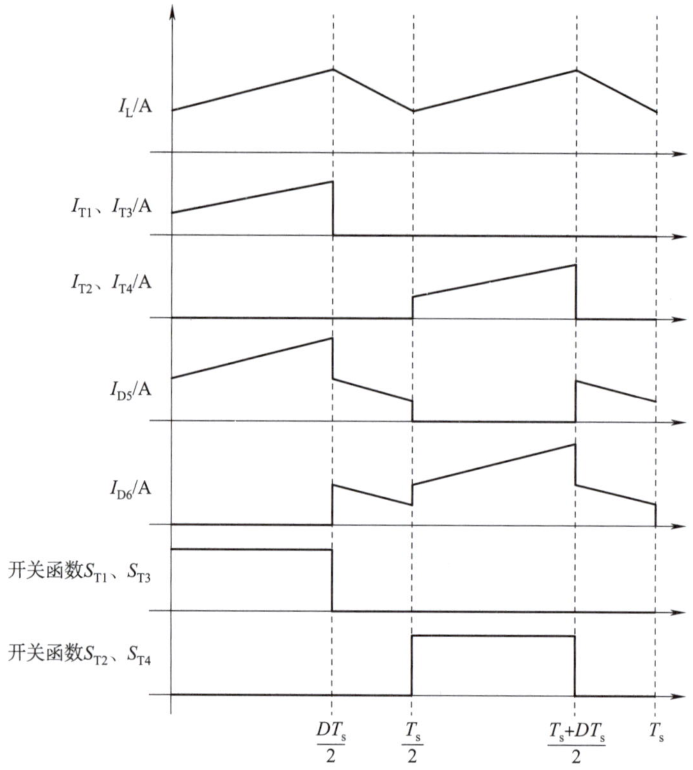

图 7-27　理想状态电流波形

然而在实际情况下，由于高频变压器存在漏感，使得高频变压器绕组的电流无法突变。考虑高频变压器漏感的 DC/DC 变换器电路如图 7-28 所示，高频变压器高压侧绕组的电流与逆变电路开关管和二极管的电流相同，低压侧绕组电流与二极管 D_5、D_6 的电流相同。

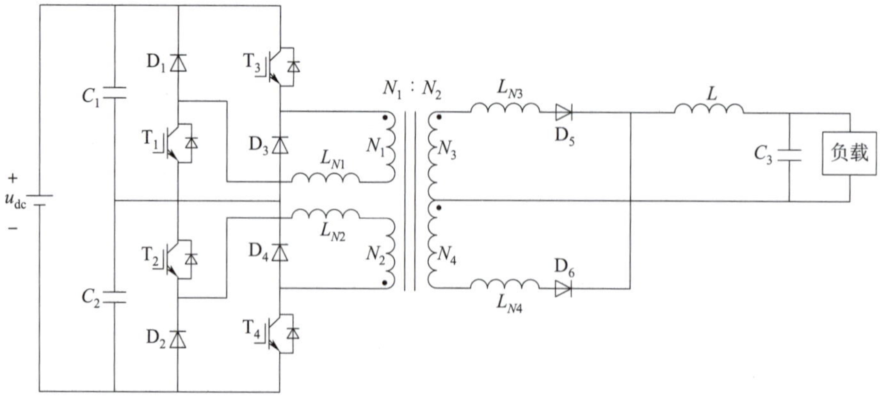

图 7-28　考虑高频变压器漏感的 LVPS1 电路

因此，LVPS1 的工作状态除了之前提到的四种正常工作状态之外，还应该存在四种暂态。

(1)暂态 1($0<t<\Delta t_1$)

此时，开关管 T_1、T_3 导通，由于漏感 L_{N1} 的存在，开关管电流线性上升。同时，由于漏感 L_{N3}、L_{N4} 的存在，二极管 D_5 电流线性上升，二极管 D_6 电流线性下降。因此，此时二极管 D_5、D_6 均维持导通状态，导致此时滤波电感两端电压仍为 $-u_o$，滤波电感储能继续下降，如图 7-29 所示。

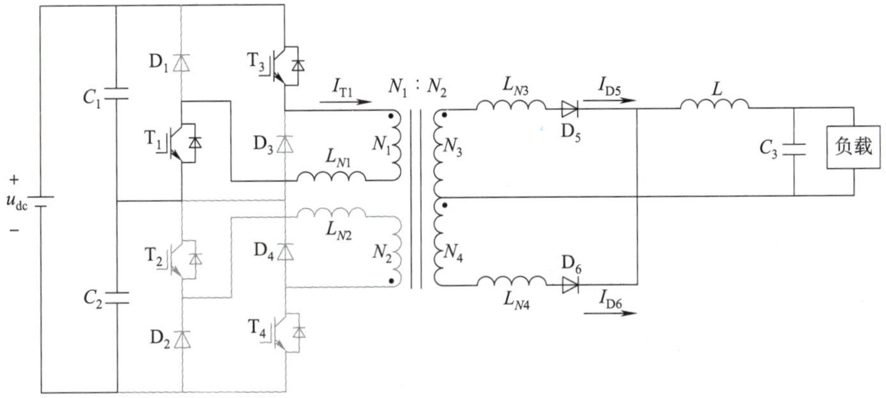

图 7-29　暂态 1

(2)暂态 2$\left(\dfrac{DT_s}{2}<t<\dfrac{DT_s}{2}+\Delta t_2\right)$

此时，开关管 T_1、T_3 关断，但这时由于漏感 L_{N1} 存在，电流无法突变，因此产生反压使二极管 D_1、D_3 导通，导致变压器高压侧绕组 N_1 两端的电压与 C_1 两端电压相同，均为 $u_{dc}/2$，且“•”端极性为负。同时，滤波电感产生反压，二极管 D_6 导通，但由于漏感 L_{N3}、L_{N4} 的存在，二极管 D_6 电流线性上升，二极管 D_5 电流线性下降，如图 7-30 所示。

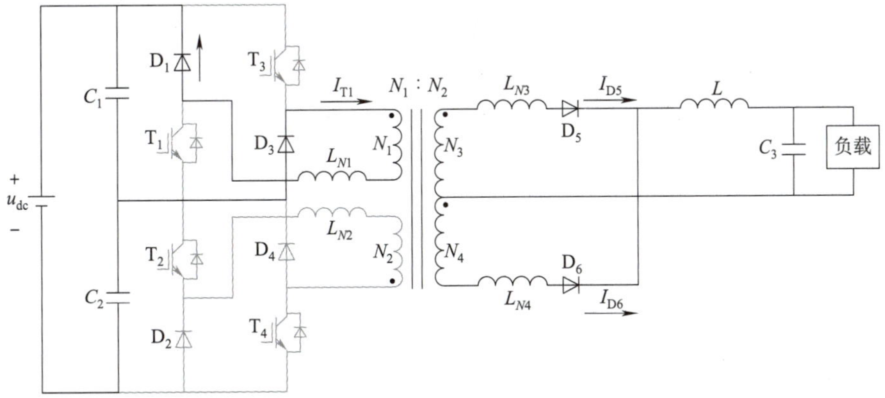

图 7-30　暂态 2

(3)暂态 3 $\left(\frac{T_s}{2}<t<\frac{T_s}{2}+\Delta t_1\right)$

此时，开关管 T_2、T_4 导通，由于漏感 L_{N2} 的存在，开关管电流线性上升。同时，由于漏感 L_{N3}、L_{N4} 的存在，二极管 D_6 电流线性上升，二极管 D_5 电流线性下降。因此，此时二极管 D_5、D_6 均维持导通状态，导致此时滤波电感两端电压仍为 $-u_o$，滤波电感储能继续下降，如图 7-31 所示。

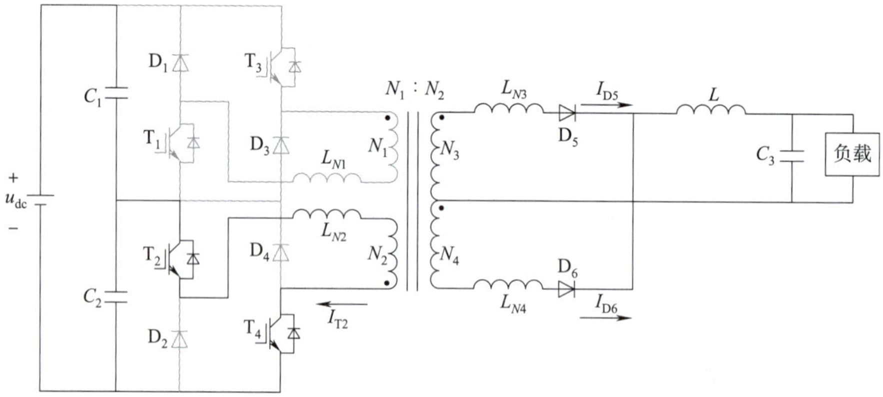

图 7-31　暂态 3

(4)暂态 4 $\left(\frac{T_s+DT_s}{2}<t<\frac{T_s+DT_s}{2}+\Delta t_2\right)$

此时，开关管 T_2、T_4 关断，但这时由于漏感 L_{N2} 存在，电流无法突变，因此产生反压使二极管 D_2、D_4 导通，导致变压器高压侧绕组 N_2 两端的电压与 C_2 两端电压相同，均为 $u_{dc}/2$，且"•"端极性为正。同时，滤波电感产生反压，二极管 D_5 导通，但由于漏感 L_{N3}、L_{N4} 的存在，二极管 D_5 电流线性上升，二极管 D_6 电流线性下降，如图 7-32 所示。

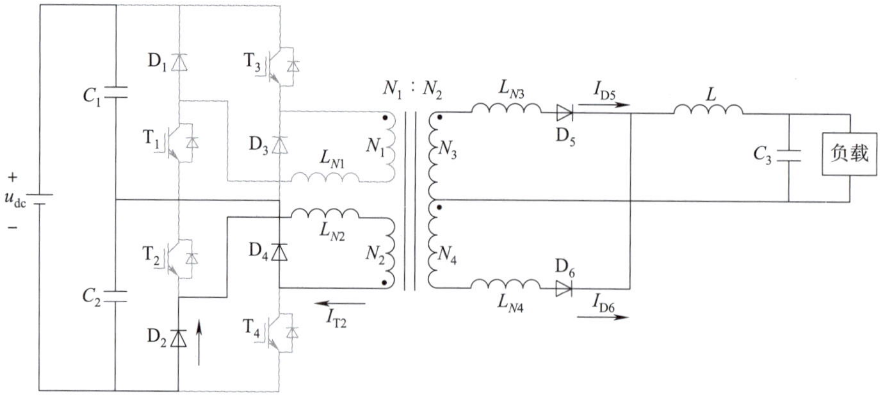

图 7-32　暂态 4

由以上的分析可知，在考虑高频变压器漏感的情况下，LVPS1 在一个周期以内的工作状态满足以下顺序：暂态 1→状态 1→暂态 2→状态 2→暂态 3→状态 3→暂态 4→状态 4。

可以得到在考虑高频变压器漏感的情况下开关管 $T_1 \sim T_4$ 电流，二极管 $D_1 \sim D_6$ 电流以及电感电流波形，如图 7-33 所示。

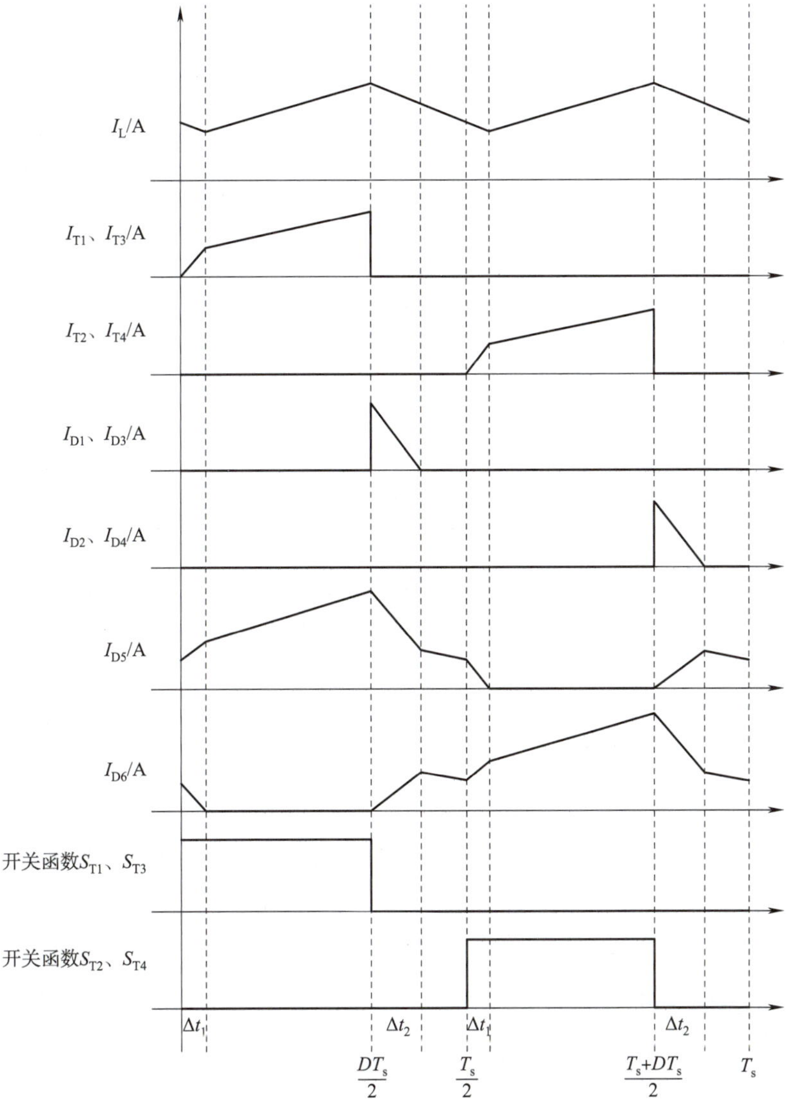

图 7-33　考虑高频变压器漏感的电流波形

四种暂态按照其产生原理又可以分为两类（暂态 1 和暂态 3，暂态 2 和暂态 4），其持续时间分别为 Δt_1 和 Δt_2。由图 7-33 可知，当电路处于暂态 1 或暂态 3 时，开关管导通，但电感电流仍在下降。由于电路遵循电感电压伏秒平衡的原则，因此暂态 1 或暂态 3 会导致占空比的浪费，甚至会导致电路发生故障。

2. 24 V DC/DC 变换器

24 V DC/DC 变换器拓扑如图 7-34 所示，该电路由两个 Buck 级联推挽变换器并联组成。Buck 级联推挽变换器主要由前级 Buck 电路、逆变电路、高频变压器、整流电路组成，其中，逆变电路采用推挽式结构，由两个 MOSFET 组成。由于该逆变器的输出电流很大，因此整流部分采用通态内阻较小的 MOSFET 代替二极管以减小开关损耗。

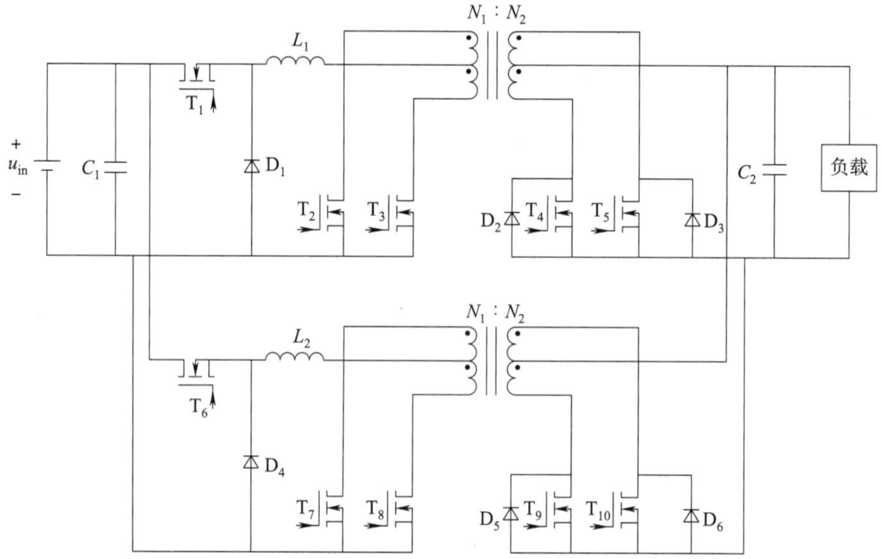

图 7-34 24 V DC/DC 变换器拓扑

Buck 级联推挽变换器的工作原理如图 7-35 所示。

状态 1 如图 7-35(a)所示，开关管 T_2、T_5 闭合，T_1 闭合，二极管 D_1 承受反压关断，电感电流值上升，电感储能增加。

状态 2 如图 7-35(b)所示，开关管 T_2、T_5 闭合，T_1 关断，二极管 D_1 导通，电感电流值下降，电感储能减少。

状态 3 如图 7-35(c)所示，开关管 T_3、T_4 闭合，T_1 闭合，二极管 D_1 承受反压关断，电感电流值上升，电感储能增加。

状态 4 如图 7-35(d)所示，开关管 T_3、T_4 闭合，T_1 关断，二极管 D_1 导通，电感电流值下降，电感储能减少。

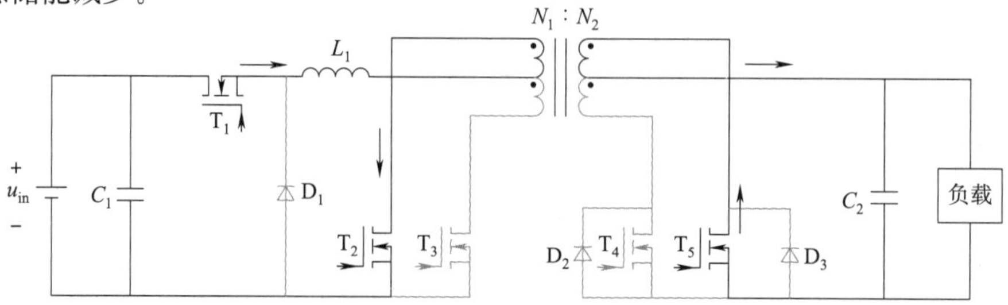

(a)状态 1

图 7-35

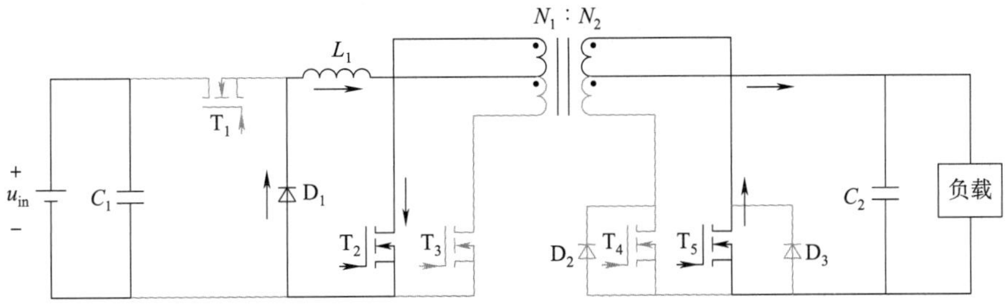

(b)状态 2

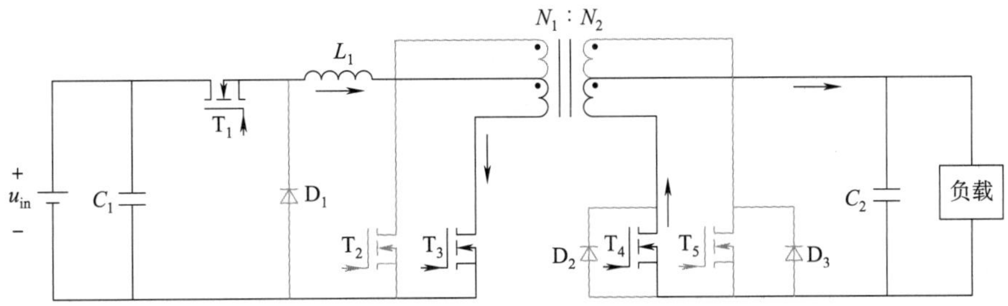

(c)状态 3

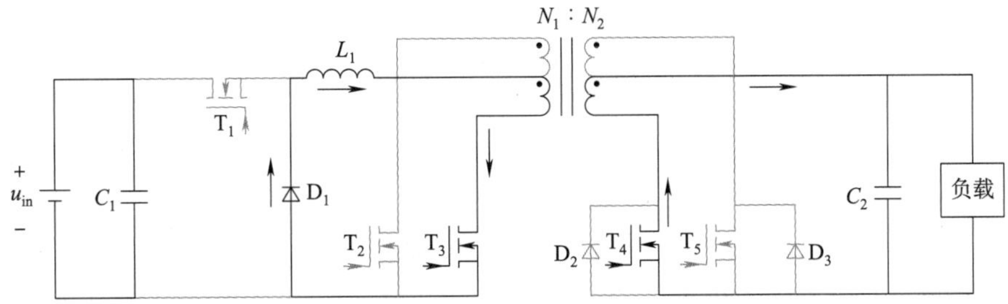

(d)状态 4

图 7-35　Buck 级联推挽变换器工作原理

第8章 展　　望

以动车组为代表的高速铁路装备在长期技术积累和自主探索基础上，经过引进消化吸收再创新、自主创新和深化创新，成功研制多代先进产品，技术发展日新月异。我国在高速列车辅助供电系统的设计研发过程中，根据不同的应用需求，开发出多种多型辅助供电系统产品。根据高速列车平台和型号的差异，辅助供电系统的结构与工作原理仍存在着较大差别，基于创新发展，仍有较多问题有待研究。

8.1 辅助变流器

1. 三相四桥臂逆变器

高速列车的交流负载由辅助变流器进行供电，包括三相 AC 380 V 和单相 AC 220 V。由于三相三线制系统在接入不对称负载时，无法继续输出三相对称电压，因此需采用三相四线制结构来应对三相不平衡问题。

一般的辅助变流器为只有三个桥臂的三相半桥式逆变器，当给不对称负载供电时，就必须在输出端接入一个△/Y 输出变压器，或接入一个中性点形成变压器(简称 NFT)。NFT 是一个变比为 1∶1 的自耦变压器，它虽然比△/Y 输出变压器的体积重量小些，但它的体积重量随负载不对称的程度而变化，不对称度越大，体积重量也越大。为了除掉输出变压器，减小逆变器的体积重量，可以在三相半桥式逆变器的基础上加入一个桥臂来形成中性点 N，这样就构成了适应不对称负载输出的三相四桥臂逆变器。

三相四桥臂逆变器通过在三相三桥臂逆变器的基础上加入第四桥臂，并将三相滤波电容的中点与第四桥臂中点连接，利用该桥臂对零序电流进行控制，从而保证三相负载电压的对称输出。这种方案省去了母线分裂电容，提升了辅助电源设备整体可靠性。四桥臂调制方法主要有两种：三维空间矢量调制和三桥臂常规控制加第四桥臂单独调制。

2. 基于下垂控制的正负零序电流均分

辅助供电系统配置形式分为集中式和分布式。集中式供电指整个动车组车辆的供电由 2 个逆变器并联共同完成。如果其中一台逆变器出现故障，就需要将列车上的一些重要级别不高的用电设备切除。分布式供电指每列车由 4 台辅助逆变器供电。因此,集中式尽管供电冗余较差,但因其结构简单、重量轻和成本低的优势而被广泛应用。

现有技术中,逆变器普遍采用的下垂控制法,选择与传统发电机相似的频率一次下垂特性曲线作为控制方式,即对每台逆变器输出的有功功率和无功功率分别进行控制,以获取稳定的频率和电压,无需通信线路,成本较低,控制方法简单,可以实现即插即用的效果,是逆变器控制方法中的首选。但传统的下垂控制法依赖于线路阻抗的特性,线路阻抗不一致会导致逆变器输出的功率无法均分,甚至产生严重的环流;因此,这种方法大多只针对相同容量的逆变器并联,而实际运用中不同容量的逆变器是不可避免地存在的,不同容量的逆变器并联导致功率分配不均,甚至对设备产生严重影响。

为实现不依赖通信的功率均分和自同步功能,采用基于下垂的并联控制方法。正常情况下,每台逆变器的功率指令相同,经过下垂功率环之后生成参考电压,再经虚拟阻抗算法实现功率解耦,最后由电压电流双环实现控制。由于三相负载不对称会引入零序和负序分量,研究自适应虚拟阻抗设计方法,对于精确地实现各序电流均分很有必要。

8.2 隔离型直流变换器

1. Boost+LLC 级联拓扑

LLC(电感—电感—电容)谐振变换器因其突出的软开关性能得到了广泛的研究。当其工作频率在谐振频率点附近时,所有开关管均可实现零电压开关,且变压器副边整流二极管均可实现零电流开关,此时开关损耗最低。但考虑到列车实际运行工况,需通过调频控制来应对宽范围的输入电压,需要在谐振回路中串入较大的谐振电感。这极大地增加了磁件损耗以及调压过程中软开关效果变差引起的器件损耗,不利于 LLC 变换器工作频率的提升。因此,在 LLC 电路前级加入稳压电路很有必要。

近年来,随着前级调压变换器+定频 LLC 谐振变换器拓扑与定频 LLC 谐振变换器+后级调压变换器拓扑的推广,有学者开始研究 LLC 谐振变换器在中频辅助供电系统的应用。传统 Boost 电路具有调压能力好的特点,将其作为前级,利用闭环控制输出电压恒定;后级级联 LLC 谐振变换器并采用固定工作频率控制,让其工作在谐振频率点附近,以达到最好的软开关效果。因此,应用像这种 Boost+LLC 将两个变换器级联的拓扑成为解决宽范围调压和兼顾效率的趋势。通过合理设计谐振参数,可以实现使 LLC 谐振变换器持续工作在最高效率点,并实现全负载范围内的软开关。

2. 三电平半桥结构拓扑

应用于中大功率场合的双向 DC/DC 变换器拓扑主要有两电平半桥结构[图 8-1(a)]、

两电平 H 桥结构和三电平半桥结构[图 8-1(b)]。假设三种拓扑中负载功率和开关器件耐压均相同,在 H 桥结构中,每个开关器件的电压应力为 U_{dc},电流应力为 I_o。在两电平半桥结构中,每个开关器件的电压应力为 U_{dc},电流应力为 $2I_o$。在三电平半桥结构中,每个开关器件的电压应力为 $U_{dc}/2$,电流应力为 $2I_o$。在负载功率和输入电压都相同的条件下,半桥结构中开关器件承受的电流应力是全桥结构的两倍。三电平结构中开关器件的电压应力是两电平结构的 1/2。在开关器件耐压等级相同的情况下,三电平半桥结构可以通过提高输入电压来减小电流应力,输入电压增大为原来的 2 倍,则开关器件的电流应力降低为原来的一半。因此,三电平半桥结构拓扑适用于高输入电压的情况,可以进一步提高 DC/DC 变换器的电压等级。

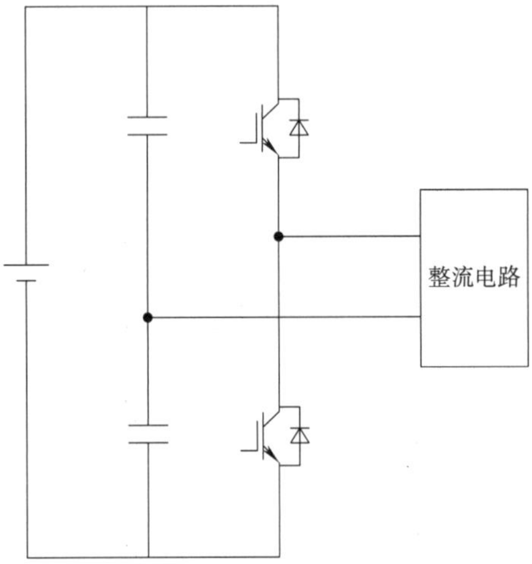

(a)两电平半桥结构

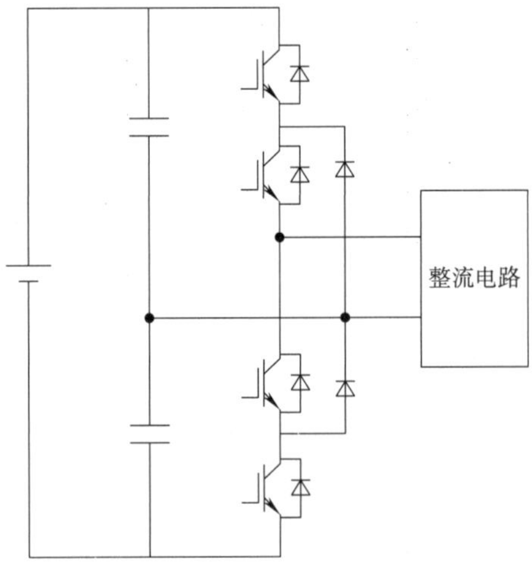

(b)三电平半桥结构

图 8-1 DC/DC 变换器拓扑

三电平半桥结构的原理如下:在逆变器滤波电感输出正向电流时,由两个相互串联电源之一的第一电源正极依次连于第一个三电平双降压式电路的两只相互串联的第一功率开关管,第二功率开关管和第一个滤波电感及滤波电容,并通过接地线将滤波电容负极与第一电源的负极相连,以及在第一电源负极与第一功率开关管阴极(或第二功率开关管阳极)之间正向连接一个续流二极管,第二功率开关管阴极与第二电源负极之间反向连接一个续流二极管,从而组成第一个三电平降压式电路调制滤波输出,在逆变器滤波电感输出负向电流时,由两个相互串联的电源之一的第二电源负极依次连于第二个三电平降压式电路的两只相互串联的第三功率开关管、第四功率开关管和第二个滤波电感及滤波电容,并通过接地线将滤波电容的负极与第二电源正极(即两个电源的串联点)相连,以及在第三功率开关管阳极与滤波电容负极之间正向连接一个续流二极管,在第四功率开关管阳极与第一电源正极之间反向连接一个续流二极管,组成第二个三电平降压式电路调制滤波输出。

8.3 碳化硅器件在辅助供电系统中的应用

从20世纪50年代真空管被固态器件代替以来,以硅材料为主的功率半导体器件就一直占据着主导地位。在不断开发新类型器件和改进器件生产工艺的同时,以碳化硅和氮化镓为代表的新一代宽禁带半导体材料也引发了电力电子器件制造的变革。

目前,在高速列车中广泛应用的牵引变流器主要采用基于硅材料的IGBT(绝缘栅双极型晶体管)功率器件。随着中高压IGBT的问世及交流传动控制技术的发展成熟,IGBT逆变器实现了车辆的牵引变流,在高速列车牵引系统中得到了广泛的应用,并占据了市场主导地位。但是,IGBT器件的性能已趋近于硅材料的性能极限,随着轨道交通的特殊应用环境和车辆对节能的要求不断提高,限制了牵引变流器向高效、高功率密度方向的发展。碳化硅等新型半导体材料的出现,为上述问题提供了解决方案。

近年来,碳化硅(SiC)作为一种新型的宽禁带半导体材料,由于其出色的物理特性和电学特性,受到科学界和工业界越来越多的关注,因此基于SiC的电力电子器件及其应用的研究已成为电力电子领域的热门课题之一。碳化硅材料相比于传统硅材料,其主要特征表现为宽能带、高击穿场强、高饱和速度和高热传导率等。碳化硅的优异性能使得碳化硅功率器件与硅基功率器件相比主要有如下优势:

(1)高运行温度和高耐压。碳化硅材料的禁带宽度决定了其在高温下仍有很好的工作特性,碳化硅材料的高导热率也更有利于器件散热,碳化硅器件的极限温度可达到300 ℃,远高于Si器件的150 ℃。碳化硅材料的击穿场强高达2.2 MV/cm,决定了其同等条件下耐压值约为硅的10倍。因此,碳化硅的耐高温和高压特性使其能更好适应各种复杂工况。

(2)低导通阻抗。一般而言,半导体的导通阻抗和其禁带宽度成反比,在相同耐压条件下，碳化硅宽禁带使得其具有更薄的漂移区，因而容易获得更低的导通阻抗，同时也减小了器件尺寸。相较于硅材料，碳化硅的导通阻抗受温度影响更小，在温度升高时导通损耗变化不大。

(3)高开关频率。碳化硅的宽禁带和高饱和漂移速度使其开关速度更快，开关损耗更低，开关频率的高频化有利于提升系统性能，提高系统效率，减小装置体积。在中大功率电力电子装置中，能够达到传统 Si 基功率器件难以实现的更高的开关频率。

碳化硅具有高温、高压、高频和低损耗的特点，上述优势使其成为电力电子功率器件的理想半导体材料，碳化硅器件可以大幅提高电力电子装置的工作效率和整体的电气性能，更加符合未来功率半导体的发展需求。随着对半导体器件的研究逐步深入，可以肯定的是，宽禁带半导体器件必将逐步取代传统半导体器件，给电力电子装置带来革命性的改变。

8.4 辅助供电系统未来发展方向

1. 基于母线电容寿命评估的主动运维方法

尽管大量应用电力电子设备对辅助供电系统的轻量化设计有积极作用，但较高的复杂度会带来装置可靠性的相关问题。其中，直流母线电容被认为是最薄弱的环节，工程上通常采取多个铝电解电容串并联的方式。但随着时间推移，其电解液将逐渐蒸发，导致电容特性退化。一般来说，典型电解电容工作在 105 ℃的环境温度下寿命一般不超过 7 年。近年来有研究提出采用薄膜电容进行替换，但存在电容容量小、价格高等实际问题。因此，未来的研究应侧重于对电解电容进行可靠性评估，采用主动运维来替代传统的定期运维，为工程问题的解决提供足够的理论依据。

母线电容的寿命通常采用倒计时法和母线电容的容值计算法得到。母线电容寿命倒计时法是将母线电容在产品最恶劣的工况下测试得出电容寿命，根据产品运行时间倒计时电容寿命，得出母线电容的剩余寿命。但是，产品实际运行状态与产品测试状态大不相同，因此，倒计时法得到的电容寿命与实际情况不符。可能电容未失效就被倒计时法得出电容失效，造成器件浪费。母线电容的容值计算法是通过额外增加一个电容放电电路放电，记录母线电容两个时间点的电压差，以判断母线容值来判断母线寿命。该方法只能在产品非正常工作时间测试，不能及时得出电容寿命。而且电容失效并不完全都是容值变化，因此，母线电容的容值计算法得到的母线电容寿命也与实际情况不符。因此，如何找到一种科学的母线电容容值计算方法将是辅助供电系统下一步研究重点。

2. 高频磁性元件的材料选型与优化设计

随着电力电子变压器容量需求不断提高，变压器体积不断增大，可通过提升工作频率的方法减小高频变压器的体积。但工作频率越高,可供散热的表面积也随之减小,铁芯和绕组的高频损耗随之迅速增加,导致电能传输效率低。非晶材料由于兼备硅钢片饱和磁通密度大和铁氧体高频损耗低的优点,被认为是今后发展大容量高频变压器的最佳选择。此外,高频磁性元件的优化设计也至关重要。例如,有研究提出将铁芯总损耗与高频变压器视在功率的比值定义为损耗因子,以最低损耗因子水平结合体积与成本因素作为铁芯材料选择标准。

除此之外,软磁复合材料(金属磁粉芯)的出现为高频变压器的发展提供了一种全新的思路。金属磁粉芯是在铁磁性粉末颗粒表面包裹绝缘介质后,采用粉末冶金工艺压制成所需形状得到的磁芯,具有分布式气隙、温度特性良好、损耗小、直流偏置特性佳、饱和磁通密度高等特点,结合了传统金属软磁和铁氧体软磁的优势,可以满足电力电子器件小型化、高功率密度、高频化、集成化的要求。

从结构来看,软磁复合材料(金属磁粉芯)可以理解为一个多相系统,通过在基体铁磁性颗粒表面包覆至少一层绝缘层来达到增加电阻率、减少涡流损耗的目的。金属磁粉芯综合了铁氧体软磁和金属软磁特性,同时具有损耗低、磁导率高、饱和磁感强度高、电阻率高、优良的磁和热各向同性、工作频率范围较宽等特点,不仅克服了铁氧体饱和磁感强度较低的缺点,而且弥补了金属软磁合金高频下涡流损耗大的缺陷,在中高频有着广阔的应用前景。

金属磁粉芯是未来高频、高功率应用场景的最佳选择。铁氧体软磁由于饱和磁通密度很小,只有金属的几分之一,提供同样磁通量,体积会比金属磁性材料大好几倍,因此不符合器件小型化的趋势。另外,因其亚铁磁结构的耦合,弱于铁磁性的耦合,居里温度较低,在大功率应用场合下热稳定性差。金属磁粉芯的高饱和磁感应强度、高磁导率和低损耗都为磁性器件的小型化、智能化、高集成化、节能化提供了可能,更加契合第三代半导体的应用场景。

参考文献

[1] 宋永丰. 350 km/h 中国标准动车组辅助变流器并网控制研究[J]. 机车电传动,2019(2):24-27.

[2] 刘民. 动车组辅助供电系统研究[D]. 成都:西南交通大学,2016.

[3] 李传海,李峰,曲继圣,等. 空间矢量脉宽调制(SVPWM)技术特点及其优化方法[J]. 山东大学学报(工学版),2005,35(2):27-31.

[4] 张东,卓放,师洪涛,等. 分布式发电系统三相变流器软件锁相环设计[J]. 电力电子技术,2013,47(10):43-45.

[5] 李叔恒. 中国标准动车组辅助供电系统负荷能耗测试与分析[D]. 成都:西南交通大学,2017.

[6] 云蓝斯. 中国标准动车组辅助供电系统仿真研究[D]. 北京:北京交通大学,2020.

[7] 张群. 三相逆变器的优化 PWM 控制策略的研究[D]. 沈阳:东北大学,2012.

[8] 胡亚硕. 基于虚拟阻抗的三相逆变器并联控制策略研究[D]. 石家庄:河北科技大学,2023.

[9] 何亮,王劲松. 三相 PWM 逆变器输出 LC 滤波器设计方法[J]. 电气传动,2013,43(12):33-36.

[10] 于综来. 多模块 ISOP 组合变换器及其控制策略研究[D]. 长春:长春工业大学,2023.

[11] 罗登. 动车组辅助供电系统拓扑及其控制策略研究[D]. 成都:西南交通大学,2018.

[12] 于洋. 混合动力动车组辅助逆变器并联技术研究与实现[D]. 北京:北京交通大学,2017.

[13] 齐昕,周珂,王长松,等. 中高功率交流电机逆变器的低开关频率控制策略综述[J]. 中国电机工程学报,2015,35(24):6445-6458.

[14] 陈杰,刘名凹,陈新,等. 基于下垂控制的逆变器无线并联与环流抑制技术[J]. 电工技术学报,2018,33(7):1450-1460.

[15] 杨贵杰,孙力,崔乃政,等. 空间矢量脉宽调制方法的研究[J]. 中国电机工程学报,2001,21(5):79-83.

[16] 王利,聂颖,孙宁. 动车组辅助供电系统的冗余设计[J]. 铁路技术创新,2014(4):43-45.

[17] 杨二林,董侃,马颖涛. 一种无互联线并联的辅助变流器新启机方法[J]. 机车电传动,2019(3):29-32.

[18] 申疏湿. 基于模糊控制的移相全桥 DC/DC 变换器的优化研究[D]. 南京:南京师范大学,2021.

[19] 定明芳. 基于 DSP 的全数字化 SVPWM 三相逆变器闭环系统[D]. 武汉:华中科技大学,2006.

[20] 魏凯,张志学,尚敬. 高速动车组辅助变流器的并联控制[J]. 大功率变流技术,2014(5):17-23.

[21] 吴云飞,杨美传,张云飞. 基于 CRH5 型动车组辅助电源系统的负载启动研究[J]. 铁道车辆,2017,55(8):5-8.

[22] 尚志坚. 城市轨道交通车辆辅助供电系统研究及其发展趋势[J]. 城市轨道交通研究,2022(4):190-193.

[23] 杨阳. 高速动车组蓄电池移车系统方案设计[D]. 北京:北京交通大学,2018.

[24] 梁光胜,付国强,赖程鹏,等. 基于 SOC 的电池均衡控制技术的仿真研究[J]. 电源技术,2016,40(2):332-334.

[25] 康熊. 高速动车组列车牵引仿真计算技术研究[J]. 中国工程科学,2011,13(1):62-68.

[26] 苏剑,李红兵. 钛酸锂电池在动车组上的应用研究[J]. 机车电传动,2011(4):38-40.

[27] 王占国,龚敏明.动车组钛酸锂电池管理系统[J].中国铁路,2011(12):64-66.

[28] 肖利芬.锂离子电池若干应用基础问题研究[D].武汉:武汉大学,2003.

[29] 马骏杰,耿新,高俊山,等.新能源电源变换技术[M].北京:机械工业出版社,2021.

[30] 殷振环,董侃,陈嘉楠.基于碳化硅 MOSFET 的中频辅助变流器在高速列车上的应用[J].铁道机车车辆,2023,43(1):128-132.

[31] 万金,施浚珲,戴琦.基于混合碳化硅器件的城市轨道交通车辆牵引节能研究[J].城市轨道交通研究,2023(3):253-257.

[32] 金干.大功率碳化硅 MOSFET 在逆变器中应用研究[D].武汉:华中科技大学,2017.

[33] 张凯歌.基于碳化硅 MOSFET 的高频逆变器研究[D].天津:河北工业大学,2019.

[34] 张波,邓小川,张有润,等.宽禁带半导体 SiC 功率器件发展现状及展望[J].中国电子科学研究院学报,2009(2):111-118.

[35] 张斌锋,许津铭,钱强,等. SiC MOSFET 特性及其应用的关键技术分析[J].电源学报,2016,14(4):39-51.

[36] 陈月琪.中低速磁悬浮列车辅助供电系统仿真研究[D].北京:北京交通大学,2022.

[37] 盛况,郭清,张军明,等. 碳化硅电力电子器件在电力系统的应用展望[J].中国电机工程学报,2012,32(30):1-7.

[38] 张利军,赵许强,杨东军,等. CRH2 型 350 km/h 动车组用辅助电源装置设计[J].电力电子技术,2018,52(1):84-87.

[39] 董雯燕.基于 CRH3 型动车组辅助供电系统的仿真平台研究[D].北京:北京交通大学,2019.

[40] 王丽娟. CRH3A 型动车组辅助供电系统优化设计[J].铁道车辆,2014,52(9):15-18.

[41] 刘瑶,杨美传,吴云飞. CRH3 型动车组辅助供电系统的仿真分析[J].机械工程与自动化,2017(5):77-79.

[42] 刘陈. CRH5 型高速动车组半实物仿真系统[D].北京:北京交通大学,2014.

[43] 程林,张海峰,范洪伟.国外电动车组辅助供电系统的比较[J].国外铁道车辆,2013,50(2): 1-4.

[44] WEI Y,MIN C,MATAS J,et al. Design and analysis of the droop control method for parallel inverters considering the impact of the complex impedance on the power sharing[J]. IEEE Transactions on Industrial Electronics,2011,58(2):576-588.

[45] LIU Y H,HSIEH C H,LUO Y F. Search for an optimal five-step charging pattern for Li-ion batteries using consecutive orthogonal arrays[J]. IEEE Transactions on Energy Conversion, 2011, 26(2):654-661.

[46] GAO L J, LIU S Y, DOUGAL R A. Dynamic lithium-ion battery model for system simulation [J]. IEEE Transactions on Components and Packaging Technologies,2002,25(3):495-505.

[47] HU X S,SUN F CH,ZOU Y. Online model identification of lithium-ion battery for electric vehicles[J]. Journal of Central South University,2011(18):1525-1531.

[48] HU CH,YOUN B D,CHUNG J. A multiscale framework with extended Kalman filter for lithium-ion battery SOC and capacity estimation[J]. Applied Energy,2011(92):694-704.

[49] ZHANG S S,XU K,JOW T R. Charge and discharge characteristics of a commercial $LiCoO_2$-based 18650 Li-ion battery[J]. Journal of Power Sources,2006,160(2):1403-1409.

[50] WANG S C,LIU Y H. A PSO-based fuzzy-controlled searching for the optimal charge pattern of

Li-ion batteries[J]. IEEE Transactions on Industrial Electronics,2015,62(5):2983-2993.

[51] OGGIER G G,GARCiA G O,OLIVA A R. Modulation strategy to operate the dual active bridge DC-DC converter under soft switching in the whole operating range[J]. IEEE Transactions on Power Electronics,2011,26(4):1228-1236.

[52] GUERRER J M,VICUNAL C,MATAS J,et al. Output impedance design of parallel connected UPS inverters with wireless load-sharing control[J]. IEEE Transactions on Industrial Electronics,2005,52(4):1126-1135.

[53] ELASSER A,CHOW T P. Silicon carbide benefits and advantages for power electronics circuits and systems [J]. Proceedings of the IEEE,2002:969-986.

[54] YANG F,QIAO Y L,GAN D G,et al. Lithium-ion battery polarization characteristics at different charging modes[J]. Transactions of China Electrotechnical Society,2017,32(12):171-178.

高速铁路基础研究与技术创新丛书

第一期(16 册)

(一)基础理论与基础技术系列

高速铁路散体道床宏细观力学行为 赵春发 翟婉明 张 徐 著

ISBN 978-7-113-28857-0

高速铁路线路系统动力学 龙许友 时 瑾 王英杰 编著

ISBN 978-7-113-28997-3

高速铁路弓网关系研究 韩通新 著

ISBN 978-7-113-28941-6

(二)动车组系列

高速列车轻量化设计 李 明 伊召锋 米莉艳 等编著

ISBN 978-7-113-28972-0

(三)供电系列

高速铁路受电弓 韩通新 编著

ISBN 978-7-113-28975-1

高速铁路接触网检测技术 韩通新 著

ISBN 978-7-113-28961-4

(四)工程设计系列

高速铁路桥梁抗震设计 陈兴冲 张永亮 编著

ISBN 978-7-113-28964-5

高速铁路轨道工程 BIM 正向设计软件开发及实践 姚 力 刘大园 董凤翔 等编著

ISBN 978-7-113-28934-8

(五)工程施工与组织系列

高速铁路桥梁 BIM 技术研究与实践 盛黎明 苏 伟 刘延宏 宋树峰 编著

ISBN 978-7-113-28938-6

高速铁路岩溶路基边坡变形与稳定 白明洲 师 海 田 岗 等编著

ISBN 978-7-113-28880-8

高速铁路工程地质灾害超前预报图形判别和解译　　李　忠　郝娜娜　等编著

ISBN 978-7-113-28935-5

（六）通信与列控系列

高速铁路宽带无线信道测量与建模技术　　周　涛　何睿斯　艾　渤　编著

ISBN 978-7-113-28930-0

（七）测量与检测系列

（八）高铁运营与经济系列

高速铁路社会效益研究——基于时空经济分析　　李红昌　夏璇璇　著

ISBN 978-7-113-28942-3

（九）现代信息技术系列

高速铁路物联网技术　　史天运　孙　鹏　张惟皎　陈瑞凤　编著

ISBN 978-7-113-29029-0

（十）安全·健康·维护系列

高速铁路道砟飞溅机理及防治　　高　亮　石顺伟　殷　浩　著

ISBN 978-7-113-28906-5

高速列车多目标均衡综合节能技术　　张　雷　李　明　司志强　等编著

ISBN 978-7-113-28976-8

第二期（23 册）

（一）基础理论与基础技术系列

高速列车空气动力学数值模拟——基于 STAR-CCM+软件

李　明　李　田　戴志远　等编著

ISBN 978-7-113-30059-3

高速铁路沿线地面沉降研究与防治　　李国和　黄大中　尚海敏　王少林　编著

ISBN 978-7-113-30176-7

高速铁路路基智能填筑技术　　王同军　闫宏业　杨　斌　尧俊凯　等著

ISBN 978-7-113-30047-0

季冻区高速铁路路基服役性能与孕灾风险研究

叶阳升　蔡德钩　毕宗琦　李善珍　等著

ISBN 978-7-113-29934-7

高速铁路隧道内附属设施气动效应及安全性研究

彭立敏　杨伟超　施成华　雷明锋　著

ISBN 978-7-113-30104-0

高速铁路钢轨打磨理论与技术　王文健　郭　俊　周　坤　著

ISBN 978-7-113-30061-6

高速列车动态性能正向设计　周劲松　宫　岛　孙文静　著

ISBN 978-7-113-30050-0

高速列车自动驾驶控制理论　宿　帅　李开成　唐　涛　袁　磊　等编著

ISBN 978-7-113-30147-7

高速铁路行车调度与控制一体化　唐　涛　宿　帅　孟令云　阴佳腾　编著

ISBN 978-7-113-30112-5

高速铁路无砟轨道结构水泥基材料理论与技术

龙广成　曾晓辉　马昆林　谢友均　著

ISBN 978-7-113-30056-2

(二)动车组系列

高速列车空气动力学设计技术　丁叁叁　著

ISBN 978-7-113-30055-5

(三)供电系列

高速铁路电力牵引供电工程智能建造技术

胡志华　陈建明　奚金柱　吴命利　等编著

ISBN 978-7-113-30205-4

(四)工程设计系列

现代铁路枢纽规划设计　许佑顶　高丰农　吴学全　李传勇　等编著

ISBN 978-7-113-27468-9

高速铁路隧道底部结构动力响应特性及设计方法

彭立敏　施成华　黄　娟　丁祖德　著

ISBN 978-7-113-30133-0

(五)工程施工与组织系列

高速铁路工程勘察技术创新与实践　陈则连　著

ISBN 978-7-113-30189-7

高速铁路工程质量系统管理(第2版)　卢春房　等著

ISBN 978-7-113-30108-8

高速铁路路基沉降分析与控制技术　宋绪国　郭帅杰　编著

ISBN 978-7-113-30154-5

深埋高速铁路地下车站施工关键技术　杨新安　马明杰　李路恒　罗　驰　编著

ISBN 978-7-113-30001-2

高速铁路施工组织创新与实践　魏　强　编著

ISBN 978-7-113-30136-1

高速铁路路基沥青混凝土防水封闭结构　蔡德钧　闫宏业　楼梁伟　石越峰　等著

ISBN 978-7-113-30033-3

(六)通信与列控系列

高速铁路信号系统雷电防护技术研究　向念文　徐宗奇　阳　晋　编著

ISBN 978-7-113-30135-4

(七)测量与检测系列

(八)高铁运营与经济系列

(九)现代信息技术系列

智能高速铁路图像大数据分析技术及应用　李　平　李　瑞　赵　冰　编著

ISBN 978-7-113-30134-7

(十)安全·健康·维护系列

高速列车横风效应及气动安全控制动力学　毛　军　柳润东　郗艳红　著

ISBN 978-7-113-30028-9

第三期(18册)

(一)基础理论与基础技术系列

高速铁路桥梁抗风技术　何旭辉　邹云峰　敬海泉　等著

ISBN 978-7-113-31329-6

高速铁路智能选线理论与方法　蒲　浩　宋陶然　李　伟　张　洪　著

ISBN 978-7-113-31670-9

(二)动车组系列

高速列车风阻制动技术　田　春　周嘉俊　马天和　吴萌岭　编著

ISBN 978-7-113-31648-8

高速列车制动防滑控制基础理论与试验技术 田 春 朱文良 马天和 吴萌岭 编著

ISBN 978-7-113-31585-6

高速铁路轮轨廓形设计及应用 沈 钢 陈迪来 编著

ISBN 978-7-113-31307-4

高速列车辅助供电系统 张立伟 姜东杰 徐海大 编著

ISBN 978-7-113-31574-0

高速列车被动安全系统技术理论 丁叁叁 编著

ISBN 978-7-113-31996-0

(三)供电系列

高速铁路供电系统电磁暂态分析与防护 刘明光 刘 铁 编著

ISBN 978-7-113-31249-7

(四)工程设计系列

(五)工程施工与组织系列

寒区高速铁路隧道低温影响与工程对策 马志富 田四明 杨昌贤 王志杰 等编著

ISBN 978-7-113-31456-9

高速铁路路基边坡生态防护技术与实践 叶阳升 蔡德钩 魏少伟 吕 宋 著

ISBN 978-7-113-31741-6

(六)通信与列控系列

真空管磁浮高速飞行列车车地无线通信技术 刘 留 艾 渤 编著

ISBN 978-7-113-31382-1

(七)测量与检测系列

高速铁路运营监测技术 赵 斗 张冠军 王长进 梁 永 编著

ISBN 978-7-113-31182-7

高速铁路精密工程测量技术 王长进 刘 成 张冠军 石德斌 编著

ISBN 978-7-113-31519-1

铁路工程地质遥感技术创新与应用 刘桂卫 著

ISBN 978-7-113-31354-8

(八)高铁运营与经济系列

高速铁路列车开行决策理论与技术 周文梁 史 峰 徐光明 等著

ISBN 978-7-113-31563-4

(九)现代信息技术系列

高速铁路数据中心设计技术 杨德修　樊　艳　赵　耀　崔校玉　编著

ISBN 978-7-113-31126-1

(十)安全·健康·维护系列

绿色高速铁路技术 蒋　辉　编著

ISBN 978-7-113-31460-6

高速列车驾驶人因安全保障理论及方法 方卫宁　唐　涛　等著

ISBN 978-7-113-31311-1